إعجاز القرآن

إعجاز القرآن
دراسة وبيان

الجزء الأول
الإعجاز البياني والتاريخي والغيبي

رشيد المغربي

OASIS
www.OasisLifePublishing.com

فهرست

مقدمة للقمص زكريا بطرس

قام فقهاء الإسلام على مر العصور والأجيال بإجراء عملية «غسيل مخ» للمسلمين، ولازالوا يقومون ببرمجة عقولهم من جديد بمقولات عديدة، من أشهرها مقولة «الإعجاز القرآني بكل أنواعه» حتى يثبتوا أنه موحى به من الله. والواقع أن هذا الإعجاز القرآني مجرد وَهْم كبير، إذ يخفون أخطاء القرآن اللغوية، والعلمية والتاريخية والجغرافية ... إلخ.

الأخ المحبوب رشيد، بصفته دارس للقرآن ومتخصص في المقارنات بين الإسلام والمسيحية، كما أنه واحد من الذين تركوا الإسلام وقبلوا المسيح، قام في مرحلة صراعه الشخصي قبل العبور إلى المسيح، بالبحث في موضوع «إعجاز القرآن» ليرى بنفسه صحة ذلك من عدمه. وكانت النتيجة تأكده من بطلان هذا الادعاء. لهذا سررت جدا بأن يقوم بكتابة هذا الكتاب الثمين ليعرض فيه نتائج أبحاثه، مؤيدا كلامه بالدليل والبرهان، موثقا ما فيه بآيات القرآن وأقوال كتب الإسلام التراثية.

إني أشكره من أجل هذا الجهد المبارك، وأرجو أن يستخدم الله هذا الكتاب بكل أجزائه بركة وخلاصا لكل من يقرؤه. آمين.

القمص زكريا بطرس

مقدمة الكاتب

إن الدارس الباحث في مجال الأديان، أو أي متعطش لدراسة الكتب المقدسة، لا بد وأن يصطدم بموضوع إعجاز القرآن أثناء مسيرته سواء شاء أم أبى. فإعجاز القرآن صار اليوم عقيدة إيمانية عند المسلمين جميعا، وبصفتي دارس للقرآن ومتخصص في المقارنات خصوصا بين الإسلام والمسيحية، وأحد الذين تركوا الإسلام وقبلوا المسيح في حياتهم، فإني وجدت من الواجب علي أن أفرد كتابا خاصا لهذا الموضوع، خصوصا وأنه في فترة صراعي الداخلي مع نفسي ومعاناتي في البحث، كان «إعجاز القرآن» هو الدليل القاطع المتبقي لدي والذي يثبت بشكل لا غبار عليه أن القرآن وحي من عند الله، فكان لزاما علي أن أخوض هذا البحث مع نفسي أولا لأرى هل صحيح فعلا أن هناك معجزات إلهية لغويا وعلميا.. في القرآن؟ وهل فعلا هو كتاب فريد لا يستطيع أحد - سواء لوحده أو مجتمعا مع الجن والإنس- أن يحاكيه؟ لقد كان لزاما علي أن أكون علميا في بحثي ودقيقا في أسئلتي حتى أكون صادقا مع نفسي أولا وأخيرا، وصادقا مع الآخرين حين يطلعون على بحثي. وبالتالي فهذا الكتاب هو ثمرة تجربة شخصية تطورت خلال مسيرتي لتتحول إلى ما هي عليه اليوم وستستمر في التطور كلما جد هناك شيء في هذا الموضوع.

ومما يجعل عملا كبحثنا هذا ذا أهمية كبيرة، هو ندرة الكتب المتخصصة في دراسة الإعجاز القرآني من كل جوانبه أمام الكم الهائل من المقالات والكتب الإسلامية المروجة لفكرة الإعجاز، سواء العلمية منها أو تلك التي تفتقد حتى إلى أبسط معايير البحث والدراسة. فبغض النظر عن بعض المحاولات البسيطة والتي تطرقت إلى مواضيع الإعجاز بسطحية دون تعمق أودراسة مستوفية، لم أجد شيئا يشفي الغليل ويروي الظمأ في هذا الميدان.

بتقديمي لهذا العمل والذي هو بداية مشروع للدراسة في هذا الباب، أتمنى أن نجعل منه كدارسين في المستقبل عملا أوفى وأعم، وأن نخدم كل باحث عن الحقيقة، وأن نجيب على أسئلة كثيرة يطرحها المتعطشون للمعرفة، لا لشيء إلا لتمجيد الحق وإعلاء كلمته.

وبصفتي مسيحي أطلب من الإله أن يجعل هذا العمل مباركا لتمجيد إسمه، وأن ينير به درب الكثيرين من بني جلدتي .

أخيرا أرجو من كل قارئ مسلم أن يتمعن في الأسئلة المطروحة وأن يأخذها على محمل الجد، لأنها أسئلة خطيرة يتعلق بها مصيره، فلا يتخذها على أساس أنها هجوم عليه أو على دينه، بقدر ما هي أسئلة نابعة من أعماق إنسان كان مسلما مثله، وعاش نفس الحيرة، وتخبط في نفس الدوامة. فالحق ليس ملكا لأحد، وليس حكرا على أحد، وإنما هو ملكنا جميعا وعلينا أن نبحث عنه بإخلاص وصدق مع النفس أولا قبل أن نكون صادقين مع الآخرين ثانيا.

رشيد المغربي

١
ما هو الإعجاز؟

«كان إعجاز القرآن فرعا من علم التفسير، ثم صار بابا من علم الكلام، أخيرا استقل في القرن الرابع الهجري علما قائما بنفسه، وأمسى اليوم عقيدة إيمانية». نظم القرآن والكتاب، الأستاذ الحداد

تعريف الإعجاز

قبل أن نبدأ البحث لا بد من تعريف دقيق لمعنى الإعجاز، فالتعريف سيضع أسساً كثيرة ينبغي علينا الالتزام بها إذا ما كنا نريد فعلا أن ندرس هذا الموضوع ونوفيه حقه، فالمرء يضيع بين سطحية المقالات التي تنشر كل يوم وتدعي أن هناك إعجازاً ما في هذا المبحث أو ذاك، حتى أنه لم يعد بالإمكان معرفة الفرق بين «الإعجاز» والأمر «العادي»، ولا بين «المعجزات» و«اللامعجزات»، واختلط الحابل بالنابل، وأحدثت المؤتمرات العالمية واللقاءات الدولية لموضوع «الإعجاز»، وصار كل حرف إعجازا، وكل فكرة معجزة، وكل مجاز أو تشبيه أو استعارة.. صارت إعجازاً، وحملت الكلمات ما لم تحمله قط في تاريخها من المعاني سواء التي لها أو التي أجبرت على حملها، فصار من اللازم أن توضع النقط على الحروف وأن نعرّف الأشياء ونسميها بمسمياتها، وبعدها يبنغي علينا أن نتساءل عن كل موضوع من المواضيع المطروحة أيها يلتزم بالتعريف ويلتزم بالمعاني ويلتزم بالمنهجية العلمية في طرحه، وأيها يخبط يمنة ويسرة ولا يراعي لا تعريفات ولا أسماء ولا مسميات، بل كل ما يسعى إليه هو إلصاق إسم الإعجاز بكل صغيرة

وكبيرة حتى نصفق له ونصفق للقرآن ونهلل للإسلام، سواء عن حق أو عن غير حق! إذن تعريف الإعجاز هو ضرورة حتمية لا بد منها لكل من يريد أن يعرف أو يتحدث عن موضوع «الإعجاز».

الإعجاز اصطلاحا

كل من يدرس هذا الموضوع سيجد بأنه لم يرد في الحديث ولا في القرآن ذكر للفظ المعجزة ولا للفظ الإعجاز، فهو مصطلح لا علاقة له بالقرآن إطلاقا. فالقرآن أولا لم يطلق على معجزات الأنبياء إسم «معجزة»، بل سمى ما يأتي به الأنبياء من دليل ب: «الآية، البرهان، السلطان» ولم تتم تسميته بالمعجزة قط، وهذه مجموعة من الآيات تثبت ما نقول:

{هذه ناقة الله لكم آية} الأعراف:٧٣

{وما كان لرسول أن يأتي بآية إلا بإذن الله} الرعد:٣٨

{ولقد أرسلنا موسى بآياتنا وسلطان مبين} غافر:٢٣

{يأيها الناس قد جاءكم برهان من ربكم} النساء:١٧٤

{فذانك برهانان من ربك} القصص:٣٢

وفي الأحاديث الصحيحة أيضا لم نجد ذكرا للمعجزات بل وجدنا الحديث يقول في نفس السياق: «ما من الأنبياء من نبي إلا قد أعطي من الآيات ما مثله آمن عليه البشر وإنما كان الذي أوتيت وحيا أوحى الله إلي فأرجو أن أكون أكثرهم تابعا يوم القيامة»[1]

لذلك قال الباحث محمود توفيق محمد إن تسمية القرآن لدلائل الأنبياء بالآيات كان كافيا في العصر الأول، حيث قال بالحرف:

«وكان هذا كافيا لكل مسلم، غير أنّه لم يبق الأمر على ما كان مستغنيا به حتى كان القرن الثاني الهجري، فنشأ في الأمة طائفة كأنّها رأت أنه لا يسعها ما وسع القرن الأول من العرفان بما جاء به الأنبياء، فنشأت فِرَقٌ اتخذت الكلام في باب العقيدة علما هو العمل عندهم، وكان مما اتخذوا الكلام فيه عملا ما آتاه الله تعالى أنبياءه من الآيات، فلم يكتفوا بما هو راسخ في فطرة القرن الأول، ولكنهم أبوا إلا التشقيق والاختلاف والتورك

---

١. صحيح البخاري: فضائل القرآن، صحيح مسلم: كتاب الإيمان

العقلي فيما لا يفتقر إلى العلم به بل اليقين به والطمأنينة إليه إلى شيء مما أغرقوا أنفسهم فيه، واستفرغوا جهدهم، وأنفقوا أعمارهم، فكان لهم أن يشترطوا في آيات الأنبياء شروطا حتى تحقق أنها آية : اشترطوا في آيات الأنبياء أن تكون خارقة للعادة التي يلزمها عجز الخليقة عن الإتيان بمثلها ولم يكتفوا بهذا بل أعرضوا عما جاء به القرآن من أسماء لما جاء به الأنبياء من نحو الآية، والبرهان والسلطان فأطلقوا على آيات الأنبياء اسم «المعجزة» وهو اسم لم يأت به القرآن الكريم أو السنة النبوية، ولا يعرف جريانه على لسان القرن الأول وهو إطلاقٌ لازم الصفة على الموصوف، فالإعجاز ليس هو الوصف الجوهري للآية بل الوصف الجوهري هو: الدلالة البينة على صدق النبي في مدعاة النبوة وفي البلاغ عن الله عز وجل، استبدلوا بهذا الوصف الجوهري لازمه، وذلك اللازم هو عجز الخليقة عن الإتيان بمثلها، فقالوا عن الآيات : معجزات»[1].

هذه إذن لمحة بسيطة لمصطلح الإعجاز ومصطلح المعجزة تثبت بلا شك أنه مصطلح دخيل على الفكر الإسلامي ولا وجود له في النصوص الإسلامية المقدسة إنما هو نتاج عصور لاحقة رأت في ذلك ضرورة لترسيخ النص وحمايته اعتمادا على تأويلات لنصوص قرآنية أخرى.

الإعجاز لغة

أما من الناحية اللغوية فإننا نجد أن الإعجاز مشتق من «العجز» والعجز في لغة العرب تدور أصوله الثلاثة (ع،ج،ز) على معنى التأخر، ويلزم هذا المعنى : الضعف، فيظنُّ أنهما أصلان لا رحم بينهما، ولكن الرحم بينهما موصولة، فإن الضعف من ولائد التأخر، فالذي يعجز عن الأمر أي يضعف عنه إنما هو آتيه في آخر ذلك الأمر، فلا يستقيم له الاقتدار عليه، وأهل الحكمة يقولون: «لا تُدبِّروا أَعْجازَ أمورٍ قد ولَّتْ صُدُورها» فإنَّ من فعل ذلك لا محال يضعف عن أن يقتدر عليها، فكلٌّ من تأخر عن القيام بالأمر في عجزه ضعف عنه وأيضًا من حاول في آخر أمره شيئًا في أوله لم يقتدر عليه، فسواء أكان التأخير من شأن الفاعل أو من شأن المفعول، فإنه يترتب على ذلك ضعف، ولا يقال : عجز عن كذا إذا لم يحاوله،

١. إعجاز القرآن الكريم بالصرفة/محمود توفيق محمد سعد ص: ٣

أو رغب في المحاولة، فعلم من نفسه ضعفها عنه، فكان علمه بحال نفسه، وحال ما يريد محاولته بمنزلة من أراد وحاول، فثبت له ضعفه عما حاوله، فقيل له حين ذلك: عجز عنه، وهذا يبين لك أنه لا يكون حكم بعجز إلا من إرادة ومحاولة على سبيل التحقيق أو التنزيل.»[١]

وجاء في المحيط

«عجز: العَجْز: نقيض الحَزْم، عَجَز عن الأَمر يَعْجِز وعَجِز عَجْزا فيهما؛ ورجل عَجِز وعَجُز: عاجِز. ومَرَةٌ عاجِز: عاجِزَة عن الشيء؛ عن ابن الأَعرابي. وعَجَّز فلانٌ رَأْيَ فلان إذا نسبه إلى خلاف الحَزْم كأنه نسبه إلى العَجْز. ويقال: أَعْجَزْت فلاناً إذا أَلفَيْتَه عاجِزا. والمَعْجِزَة والمَعْجَزَة: العَجز.

والعَجْز: الضعف، تقول: عَجَزْت عن كذا أَعْجِز. وفي حديث عمر: وَلا تُلِثُّوا بدار مَعْجِزَة أي لا تقيموا ببلدة يَعْجِزُون فيها عن الاكتساب والتعيش، وقيل بالثَّغْر مع العيال. والمَعْجَزَة، بفتح الجيم وكسرها، مفعلة من العَجْز: عدم القدرة. وفي الحديث: كلُّ شيءٍ بِقَدَرٍ حتى العَجْزُ والكَيْسُ، وقيل: أَراد بالعَجْز ترك ما يُحبُّ فعله بالتَّسويف وهو عامٌّ في أُمور الدنيا والدين. وفي حديث الجنة: ما لي لا يَدْخُلُني إلاَّ سَقَطُ الناس وعَجَزُهُم؛ جمع عاجِز كخادم وخَدَم، يريد الأَغْبِياءَ العاجِزين في أُمور الدنيا. وفحل عَجِيز: عاجز عن الضِّراب كعَجِيس؛ قال ابن دُرَيْد: فحل عَجِيز وعَجِيسٌ إذا عَجَز عن الضِّراب؛ قال الأَزهري وقال أَبو عبيد في باب العين: هو العَجِير، بالراء، الذي لا يأْتي النساء؛ قال الأَزهري: وهذا هو الصحيح، وقال الجوهري: العَجِيز الذي لا يأْتي النساء، بالزاي والراء جميعاً. وأَعْجَزَه الشيءُ: عَجَز عنه.

ومعنى الإِعْجاز الفَوْتُ والسَّبْقُ، يقال: أَعْجَزَني فلان أَي فاتني؛ ومنه قول الأَعشى:

فَذاكَ ولم يُعْجِزْ من الموت رَبَّه، ولكن أَتاه الموتُ لا يَتَأَبَّقُ وقال الليث: أَعْجَزَني فلان إذا عَجَزْت عن طلبه وإدراكه. ويقال: عَجَز يَعْجِز عن الأَمرإذا قَصَرَ عنه. وعاجَز إلى ثِقَة: مالَ إليه. وعاجز القومُ: تركوا شيئاً وأَخذوا في غيره. ويقال: فلان يُعاجِز عن الحق إلى الباطل أَي يلجأُ إليه. ويقال:

١. إعجاز القرآن الكريم بالصرفة/محمود توفيق محمد سعد ص: ٤

هو يُكارِزُ إِلى ثقة مُكارَزَةً إذا مال إِليه. والمُعْجِزَة : واحدة مُعْجِزات الأَنبياء، عليهم السلام.»[1]

أما السيوطي فقد عرف المعجزة قائلا: «اعلم أن المعجزة : أمر خارق للعادة، مقرون بالتحدي، سالم من المعارضة، وهي إما حسية أو عقلية»[2].

ويمكن القول بأن تعريف السيوطي تعريف دقيق ومختصر، ولتبسيطه أقول أن الإعجاز هو فعل التحدي المصاحب للمعجزة، والمعجزة ينبغي أن تكون واضحة جلية ودقيقة، لا تحتاج إلى توضيح، سالمة من المعارضة.

لكن هناك من يريد الإضافة إلى هذا التعريف، كون المعجزة ينبغي أن تحدث في إطار ما تتميز به الثقافة السائدة، وفي هذا الصدد قال الدكتور نصر حامد أبو زيد: «إن المعجزة -التي هي دليل الوحي- لا يجب أن تفارق حدود الإطار الذي تتميز به الثقافة التي ينزل فيها الوحي، لذلك كانت معجزة عيسى إبراء المرضى وإحياء الموتى، مادامت ثقافته تتميز بالتفوق بعلم الطب. ولأن قوم موسى كانوا متفوقين في السحر كانت معجزته من جنس ما تفوقوا فيه، والعرب الذين نزل فيهم القرآن كان «الشعر» مجال تفوقهم لذلك كانت المعجزة نصا لغويا هو ذاته نص الوحي».[3]

وفي نفس السياق قال الزركشي: «وقامت الحجة على العالم بالعرب، إذ كانوا أرباب الفصاحة ومظنة المعارضة، وكما قامت الحجة في معجزة عيسى بالأطباء، وفي معجزة موسى بالسحرة، فإن الله تعالى إنما جعل معجزات الأنبياء بالوجه الشهير أبرع ما تكون في زمن النبي الذي أراد إظهاره، فكان السحر في مدة موسى قد انتهى إلى غايته، وكذا الطب في زمان عيسى، والفصاحة في مدة محمد».[4]

غير أن هذا القيد مردود عليه، بحيث أن فكرة جنس المعجزة ينبغي أن يكون مما برع فيه المتلقي هي من اختراع علماء الإسلام فقط، ولا تجدها أبدا عند مفسري اليهود لتوراتهم ولا عند اللاهوتيين المسيحيين لكتابهم، ومردود عليها بأدلة كثيرة:

١. القاموس المحيط

٢. الإتقان في علوم القرآن، النوع الرابع والستون.ص٧١٠ طبعة ٢٠٠٤ دار الكتاب العربي.

٣. مفهوم النص ص: ١٣٨

٤. البرهان في علوم القرآن، جزء ٢، ص ٥٨

١. أن معجزات موسى لم تنحصر في العصا وفي الضربات التي استطاع السحرة تقليدها في بادئ الأمر، أليست معجزة المن والسلوى معجزة بعيدة عن السحر والسحرة وموجهة فقط لبني إسرائيل لتسد جوعهم في الصحراء؟ وماذا سنقول عن معجزة شق البحر والهروب منه؟ وماذا عن معجزة شق الماء من الصخر؟ ومعجزة الهالة البيضاء التي طبعت وجه موسى حتى صار يضع برقعا؟ ومعجزة الوصايا العشر المكتوبة على ألواح بنار إلهية؟ هل هذه معجزات من جنس ما يقوم به السحرة؟

٢. لم يكن الفراعنة بارعين في السحر فقط بل أيضا في الطب والدليل أن تحنيطاتهم لا زالت تقاوم الزمن إلى يومنا هذا حتى صارت سرا من الأسرار لم يستطع أحد كشف كنهه، فلماذا لم يكن لموسى معجزات من قبيل إحياء الموتى، وشفاء المرضى إذن؟

٣. معجزات المسيح لم تقتصر على معجزات الشفاء وإقامة الموتى، بل أعظم معجزة قال عنها المسيح هي موته ودفنه وقيامته، وهي معجزة لم تكن موجهة للأطباء، بل للجميع، على مر العصور! وبالإضافة إلى هذا فإنه أطعم الجياع من بضعة أرغفة وأسماك، ومشى على الماء، وظهر مع إيليا وموسى، وارتفع في السحاب !! أهذه معجزات لها علاقة بالطب؟

٤. من يستطيع أن يثبت أن عصر المسيح كان عصر التفوق الطبي؟ بل أكثر ما يقال عن البيئة التي كبر فيها المسيح هي بيئة دينية كثرت فيها الجدالات اللاهوتية والمدارس الدينية اليهودية، فكان بالأحرى أن تكون معجزته دينية لاهوتية محضة لو سلمنا بهذا القيد.

٥. ثم إن العصر الذي نعيشه هو عصر التفوق الطبي والتكنولوجي عصر التفوق في كل العلوم، فكان على محمد أن تكون معجزته تتحدى كل ما توصلنا إليه من علوم وصعود للقمر وغزو الكواكب ..إلخ، حتى تكون من جنس ثقافتنا.

٦. ثم ماذا عن معجزات الأنبياء الآخرين: نوح، وإيليا ويونان ويشوع ودانيال... وغيرهم؟؟ هل كانت من جنس الثقافة السائدة؟؟

إن هذا القول لهو واحد من أكبر المغالطات التي رددها بعض علماء الإسلام وتناقلها الآخرون عنهم دون تمحيص أو نقد فصارت تملأ كل كتاب تطرق إلى موضوع الإعجاز والمعجزات.

القرآن معجزة محمد

يمكننا أن نعتبر القرآن عند المسلمين هو: «المعجزة»، بالألف واللام، أي أنه هو معجزة المعجزات مقارنة مع معجزات الأنبياء السابقين، وهو المعجزة الوحيدة التي تثبت صحة الرسالة المحمدية.

قال ابن خلدون في المقدمة: «إن أعظم المعجزات وأشرفها وأوضحها دلالة القرآن الكريم المنزل على نبينا محمد».[1]

وقال السيوطي في الإتقان: «أكثر معجزات بني إسرائيل كانت حسية، لبلادتهم وقلة بصيرتهم، وأكثر معجزات هذه الأمة عقلية لفرط ذكائهم، وكمال أفهامهم، ولأن هذه الشريعة – لما كانت باقية على صفحات الدهر إلى يوم القيامة – خُصت بالمعجزة العقلية الباقية، ليراها ذوو البصائر، كما قال «ص» : «ما من نبي إلا أُعطي ما مثله آمن عليه البشر، وإنما كان الذي أوتيته وحيا أوحاه الله إلي، فأرجو أن أكون أكثرهم تابعا» أخرجه البخاري».[2]

وجاء في القرآن نفسه: {وقالوا لولا أُنزل عليه آيات من ربه قل إنما الآيات عند الله وإنما أنا نذير مبين أولم يكفهم أنا أنزلنا عليك الكتاب يتلى عليهم}.[3] فالكتاب هو الآية المعجزة.

قال الدكتور نصر حامد أبو زيد: «لقد فُهم النص (يقصد النص القرآني) في مجرى الثقافة بوصفه «معجزة» خارقة للعادة تساوي المعجزات الأخرى التي حدثت على أيدي الأنبياء مثل إحياء الموتى، بل اعتُبر القرآن معجزة أعظم من كل المعجزات السابقة».[4]

فالقرآن هو الوحي، وفي نفس الوقت هو المعجزة الدالة على صدق الوحي، وهو ما يسميه ابن خلدون اتحاد الدليل والمدلول حيث يقول : «فإن الخوارق في الغالب تقع مغايرة للوحي الذي يتلقاه النبي، ويأتي بالمعجزة شاهدة بصدقه والقرآن هو بنفسه الوحي المدعى وهو الخارق المعجز، فشاهده في عينه ولا يفتقر إلى دليل مغاير له كسائر المعجزات مع الوحي فهو أوضح دلالة لاتحاد الدليل

1. المقدمة : جزء ١ ص ٤٤
2. الإتقان في علوم القرآن، النوع الرابع والستون.ص٧١٠
3. العنكبوت ٥٠، ٥١
4. مفهوم النص ص ١٣٧

والمدلول فيه».[١]

والقرآن معجزة باقية مستمرة إلى يومنا هذا، حيث قال السيوطي: «معجزات الأنبياء انقرضت بانقراض أعصارهم، فلم يشاهدها إلا من حضرها. ومعجزة القرآن مستمرة إلى يوم القيامة، وخرقه العادة في أسلوبه وبلاغته وإخباره بالمغيبات، فلا يمر عصر من الأعصار إلا ويظهر فيه شيء مما أخبر به بأنه سيكون، يدل على صحة دعواه».[٢]

إذن يكاد كل علماء الإسلام يجمعون على أن القرآن هو «المعجزة» الكبرى في تاريخ الأنبياء على الإطلاق، وهو المعجزة الباقية الخالدة المخالفة لكل المعجزات التي قبلها، لأن كل المعجزات الأخرى قد ذهبت بذهاب أصحابها، هذه الاستنتاجات بنيت على أسس أخرى صارت شبه مسلمات وأهمها أن القرآن تحدى العرب (والبشرية جمعاء) ومازال التحدي مستمرا إلى يومنا هذا، وهذا ما سنحلله في الباب التالي.

١. المقدمة: جزء ١ ص ٤٤

٢. الإتقان ص ٧١٠

٢
التحدي القرآني

"وإذا تتلى عليهم آياتنا قالوا قد سمعنا لو نشاء لقلنا مثل هذا إن هذا إلا أساطير الأولين، وإذ قالوا اللهم إن كان هذا هو الحق من عندك فامطر علينا حجارة من السماء أو ائتنا بعذاب أليم " سورة الأنفال

القرآن يتحدى

بما أن القرآن هو المعجزة الواضحة الجلية المعطاة لمحمد فإن فعل الإعجاز أو فعل التحدي جاء فيه مؤيدا له. قال الدكتور صبحي الصالح: «تحدى القرآن فصحاء العرب بمعارضته، وطاولهم في المعارضة، ولكنهم انهزموا أمام تحديه، وأعلنوا عجزهم عن تقليده، لأنه يعلو وما يُعلى، وما هو بقول بشر.»[1]

و يقول القرآن في هذا السياق: {فليأتوا بحديث مثله إن كانوا صادقين}[2] وهنا يقول ابن كثير مفسرا: «هذا بيان لإعجاز القرآن وأنه لا يستطيع البشر أن يأتوا بمثله ولا بعشر سور ولا بسورة من مثله».[3]

ويمضي القرآن في تحديه قائلا:

{أم يقولون افتراه قل فاتوا بعشر سور مثله مفتريات وادعوا من استطعتم من دون الله إن كنتم صادقين فإن لم يستجيبوا لكم فاعلموا أنما أنزل بعلم الله}[4]

---

١. مباحث في علوم القرآن ص: ٣١٣

٢. يونس ٣٨

٣. تفسير ابن كثير لسورة يونس، جزء٤ ص ٢٣٤

٤. هود ١٣و١٤

ويقول في مكان آخر: {أم يقولون افتراه قل فأتوا بسورة مثله}[١] وفي نفس السياق يقول: {وإن كنتم في ريب مما نزلنا على عبدنا فأتوا بسورة من مثله}.[٢] ثم يلخص لنا الأمر كله قائلا: {قل لئن اجتمعت الإنس والجن على أن يأتوا بمثل هذا القرآن لا يأتون بمثله ولو كان بعضهم لبعض ظهيرا}.[٣]

قال أحد الكتاب المسلمين (أحمد عمر أبو حجر): «فالقرآن بلسانهم العربي (يقصد العرب) وألفاظه مكتوبة من حروفهم الهجائية التي يكونون منها ألفاظهم وأساليبه على منهاج أساليبهم، وفيهم ملوك الفصاحة والبلاغة وفرسان السباق في الشعر والخطابة وسائر فنون القول وفيهم أهل الحكمة والأمثال. وقد دعاهم القرآن إلى الاستعانة بمن أرادوا ليكملوا ما نقصهم ويتموا عدتهم».[٤]

وفي هذا السياق أيضا نجد رشيد الخيون يقول: «اتفق علماء ونحاة العربية أن القرآن كان معجزا لغويا، وأن جوهر هذا الإعجاز هو تحدي العرب في بيانه وفصاحته، وهم أهل ذلك، في أن يأتوا بمثله.»[٥]

ومما لا خلاف عليه أن المسلمين اليوم يرددون لفظ الإعجاز ملازما للفظ القرآن في كل نقاش وجدال حتى صار هو تحديهم وهو حجتهم ومنطقهم ودفاعهم عن كل اتهام وجه إلى القرآن أو إلى شخص محمد، فالقرآن هو كلام الله عندهم لأنه معجز وتحدى العرب أن يأتوا بمثله فلم يستطيعوا لذلك سبيلا، ومحمد هو نبي مرسل من عند الله في اعتقادهم، وحجتهم مرة أخرى هي القرآن لأنه كيف يستطيع رجل أمي أن يأتي بكلام معجز ويتحدى به أرباب اللغة العربية وجهابذتها لو لم يكن مرسلا من الله؟

كما أن التحدي عندهم هو دائم ومستمر إلى يوم القيامة، يتحدى كل من سولت له نفسه أن يأتي بمثيل للقرآن ولو سورة من مثله حتى لو اتخذ له الجن معينا ونصيرا.

---

١. يونس ٣٨

٢. البقرة ٢٣

٣. الإسراء ٨٨

٤. التفسير العلمي للقرآن في الميزان/ أحمد عمر أبو حجر ص: ١٢٦

٥. جدل التنزيل/ رشيد الخيون ص:٧٩

مسائل في التحدي

وهنا من المهم لنا جدا أن ننبه إلى عدة مسائل مصاحبة لهذا التحدي حتى نفهمه جيدا، لأن ما يستغله بعض المسلمين اليوم هو جهل الناس بحقائق وأمور كثيرة مرتبطة بما يعتبرونه تحديا قرآنيا للإنس والجن على مر العصور.

أ- تاريخ هذا التحدي

لم يأت هذا التحدي في بداية دعوة محمد ولا في نهايتها، وآيات التحدي هذه ليست موزعة على فترات متباعدة من حياة محمد، بل أتت متتالية في أواخر المرحلة المكية وبداية المرحلة المدنية، إذ أن أول آية جاء فيها التحدي هي الآية ٨٨ من سورة الإسراء: {قُلْ لَئِنِ اجْتَمَعَتِ الْإِنْسُ وَالْجِنُّ عَلَى أَنْ يَأْتُوا بِمِثْلِ هَذَا الْقُرْآنِ لَا يَأْتُونَ بِمِثْلِهِ وَلَوْ كَانَ بَعْضُهُمْ لِبَعْضٍ ظَهِيرًا} وسورة الإسراء مكية ترتيبها في (النزول) السورة الخمسون، وقد جاءت بعد حادثة الإسراء (بحسب أسباب النزول) حيث نجد في تفسير ابن كثير لسورة الإسراء: «قال الإمام الحافظ المتقن أبو عبد الله محمد بن إسماعيل البخاري: حدثنا آدم بن أبي إياس، حدثنا شعبة عن أبي إسحاق قال: سمعت عبد الرحمن بن يزيد، سمعت ابن مسعود رضي الله عنه قال في بني إسرائيل[1] والكهف ومريم: إنهن من العتاق الأول وهن من تلادي».[2] وحادثة الإسراء نادى بها محمد قبل الهجرة بسنة واحدة، أي اثنا عشر سنة من بداية الدعوة المحمدية، ثم تلتها سورة يونس الآية ٣٨: {أَمْ يَقُولُونَ افْتَرَاهُ قُلْ فَأْتُوا بِسُورَةٍ مِثْلِهِ وَادْعُوا مَنِ اسْتَطَعْتُمْ مِنْ دُونِ اللَّهِ إِنْ كُنْتُمْ صَادِقِينَ}. وسورة يونس أيضا مكية، ثم سورة هود الآية ١٣ : {أَمْ يَقُولُونَ افْتَرَاهُ قُلْ فَأْتُوا بِعَشْرِ سُوَرٍ مِثْلِهِ مُفْتَرَيَاتٍ وَادْعُوا مَنِ اسْتَطَعْتُمْ مِنْ دُونِ اللَّهِ إِنْ كُنْتُمْ صَادِقِينَ}. ثم سورة الطور ٣٤: {فَلْيَأْتُوا بِحَدِيثٍ مِثْلِهِ إِنْ كَانُوا صَادِقِينَ}. وكل هذه السور مكية ثم اختتم هذا التحدي بالآية ٢٣ من سورة البقرة وهي من أوائل السور المدنية: {وَإِنْ كُنْتُمْ فِي رَيْبٍ مِمَّا نَزَّلْنَا عَلَى عَبْدِنَا فَأْتُوا بِسُورَةٍ مِنْ مِثْلِهِ وَادْعُوا شُهَدَاءَكُمْ مِنْ دُونِ اللَّهِ إِنْ كُنْتُمْ صَادِقِينَ}. قال ابن كثير في بداية تفسيره لسورة البقرة: «والبقرة جميعها مدنية بلا خلاف وهي من أوائل ما نزل بها»[3] . إذن فالتحدي

---

١. تدعى سورة الإسراء سورة بني إسرائيل

٢. بداية تفسير ابن كثير لسورة الإسراء

٣. تفسير ابن كثير لسورة البقرة

جاء متتاليا خلال سنتين تقريبا من عمر الدعوة المحمدية ثم لم يعد له أثر بعد ذلك في القرآن كله.

ولعلي أتساءل مع القارئ:

لماذا اختفى هذا التحدي بعد الهجرة في سنتها الأولى؟

لماذا ابتدئ التحدي بأن يأتوا بمثل القرآن (لم يكن القرآن كاملا حينها ومعظمه كان عبارة عن سور قصيرة) ثم «سورة مثله» ثم «عشر سور» ثم «حديث مثله» وفي الأخير «سورة من مثله»؟ ألا يعلم الله ما مقدار التحدي الذي يستطيع أن يتحدى به العرب حتى يغيره عدة مرات؟ هل هذا نوع من المساومة الإلهية في التحدي؟ ألا يدل اختفاء التحدي تماما في الفترة المدنية أن السيف صار هو التحدي؟ فالسيف أصدق أنباء من الكتب!

من هذا يتضح أن التحدي بالقرآن كان طبيعة الدعوة السلمية المكية حين كان محمد ضعيفا ولم يكن له جيش يسانده، واختفى التحدي تماما في الفترة المدنية الجهادية حين صار السيف حجة وإقناعا!

قال الأستاذ الحداد: «ترك القرآن التحدي بإعجازه إلى التحدي بآية الحديد: {إنا أنزلنا الحديد فيه بأس شديد ومنافع للناس} الحديد ٢٥ تلك الآية التي ظهر بأسها للمشركين ومنافعها للمسلمين في بدر آل عمران ١٣ . مع ذلك ظل القوم متمسكين بها إلى اليوم، وجعلوها معجزة القرآن الكبرى التي تَفْضُلُ معجزات الأنبياء الأولين جميعها»[1].

ولنقرأ السياق الذي جاءت فيه الآية المذكورة: {لَقَدْ أَرْسَلْنَا رُسُلَنَا بِالْبَيِّنَاتِ وَأَنزَلْنَا مَعَهُمُ الْكِتَابَ وَالْمِيزَانَ لِيَقُومَ النَّاسُ بِالْقِسْطِ وَأَنزَلْنَا الْحَدِيدَ فِيهِ بَأْسٌ شَدِيدٌ وَمَنَافِعُ لِلنَّاسِ وَلِيَعْلَمَ اللَّهُ مَن يَنصُرُهُ وَرُسُلَهُ بِالْغَيْبِ إِنَّ اللَّهَ قَوِيٌّ عَزِيزٌ} فالرسل الأوائل دعيت معجزاتهم بالبينات أما معجزة محمد فقد صارت في المدينة هي: الحديد! «قال ابن كثير: وقوله تعالى: {وأنزلنا الحديد فيه بأس شديد} أي وجعلنا الحديد رادعاً لمن أبى الحق وعانده بعد قيام الحجة عليه، ولهذا أقام رسول الله صلى الله عليه وسلم بمكة بعد النبوة ثلاث عشرة سنة توحى إليه السور المكية، وكلها جدال مع المشركين وبيان وإيضاح للتوحيد وبينات

١. نظم القرآن والكتاب: سلسلة دروس قرآنية٣ صفحة ١٨٣ و١٨٤.

ودلالات، فلما قامت الحجة على من خالف، شرع الله الهجرة وأمرهم بالقتال بالسيوف وضرب الرقاب والهام لمن خالف القرآن وكذب به وعانده، وقد روى الإمام أحمد وأبو داود من حديث عبد الرحمن بن ثابت بن ثوبان عن حسان بن عطية عن أبي المنيب الجرشي الشامي عن ابن عمر قال: قال رسول الله صلى الله عليه وسلم: «بعثت بالسيف بين يدي الساعة حتى يعبد الله وحده لا شريك له، وجعل رزقي تحت ظل رمحي، وجعل الذلة والصغار على من خالف أمري ومن تشبه بقوم فهو منهم»»[١].

ب- التحدي رد فعل

ولنلاحظ مسألة أخرى: إن كل السياقات التي جاءت فيها آيات التحدي هذه، كانت ردود أفعال على تحدي العرب للنبي محمد بأن يأتي بمعجزة تثبت نبوته، وتقليلهم لشأن الآيات التي يتلوها عليهم.

• **الآية الأولى:** من سورة الإسراء وقد جاءت في السياق الآتي: {وَلَئِن شِئْنَا لَنَذْهَبَنَّ بِالَّذِي أَوْحَيْنَا إِلَيْكَ ثُمَّ لاَ تَجِدُ لَكَ بِهِ عَلَيْنَا وَكِيلاً إِلاَّ رَحْمَةً مِّن رَّبِّكَ إِنَّ فَضْلَهُ كَانَ عَلَيْكَ كَبِيراً قُل لَّئِنِ اجْتَمَعَتِ الإِنسُ وَالْجِنُّ عَلَى أَن يَأْتُواْ بِمِثْلِ هَـذَا الْقُرْآنِ لاَ يَأْتُونَ بِمِثْلِهِ وَلَوْ كَانَ بَعْضُهُمْ لِبَعْضٍ ظَهِيراً وَلَقَدْ صَرَّفْنَا لِلنَّاسِ فِي هَـذَا الْقُرْآنِ مِن كُلِّ مَثَلٍ فَأَبَى أَكْثَرُ النَّاسِ إِلاَّ كُفُوراً وَقَالُواْ لَن نُّؤْمِنَ لَكَ حَتَّى تَفْجُرَ لَنَا مِنَ الأَرْضِ يَنبُوعاً أَوْ تَكُونَ لَكَ جَنَّةٌ مِّن نَّخِيلٍ وَعِنَبٍ فَتُفَجِّرَ الأَنْهَارَ خِلالَهَا تَفْجِيراً أَوْ تُسْقِطَ السَّمَاءَ كَمَا زَعَمْتَ عَلَيْنَا كِسَفاً أَوْ تَأْتِيَ بِاللّهِ وَالْمَلآئِكَةِ قَبِيلاً أَوْ يَكُونَ لَكَ بَيْتٌ مِّن زُخْرُفٍ أَوْ تَرْقَى فِي السَّمَاءِ وَلَن نُّؤْمِنَ لِرُقِيِّكَ حَتَّى تُنَزِّلَ عَلَيْنَا كِتَاباً نَّقْرَؤُهُ قُلْ سُبْحَانَ رَبِّي هَلْ كُنتُ إَلاَّ بَشَراً رَّسُولاً وَمَا مَنَعَ النَّاسَ أَن يُؤْمِنُواْ إِذْ جَاءهُمُ الْهُدَى إِلاَّ أَن قَالُواْ أَبَعَثَ اللّهُ بَشَراً رَّسُولاً قُل لَّوْ كَانَ فِي الأَرْضِ مَلآئِكَةٌ يَمْشُونَ مُطْمَئِنِّينَ لَنَزَّلْنَا عَلَيْهِم مِّنَ السَّمَاءِ مَلَكاً رَّسُولاً قُلْ كَفَى بِاللّهِ شَهِيداً بَيْنِي وَبَيْنَكُمْ إِنَّهُ كَانَ بِعِبَادِهِ خَبِيراً بَصِيراً} الإسراء ٨٦-٩٦.

فالآية رغم وجودها في السياق قبل الآيات التي تليها إلا أنها مجرد رد على نفر من قريش جاؤوا يطلبون معجزات حسية من محمد: «تفجير ينبوع» أو «جنة» أو «يسقط السماء كسفا» أو يكون له «بيت من زخرف» أو «يصعد السماء» أو

---

١. تفسير ابن كثير لسورة الحديد الآية: ٢٥ (جـ٨ ص ٥٩)

«ينزل عليهم كتابا» مما يوحي بأنهم لم يكونوا قط مقتنعين بالآيات القرآنية التي كان يتلوها عليهم، فهي بالنسبة لهم لم تكن ترق إلى مستوى معجزات الأنبياء السابقين، فموسى قد فجر الصخر ينبوعا وأنزل كتابا، ولوط أسقط على قومه السماء كسفا، وسليمان كان له بيتا من زخرف، والمسيح صعد السماء، فأرنا معجزتك يا محمد غير هذه الآيات التي لا تعتبر كتابا ككتاب موسى، فما كان من الآية إلا أن أجابت عن محمد: {قُلْ سُبْحَانَ رَبِّي هَلْ كُنتُ إِلاَّ بَشَراً رَّسُولاً.. قُلْ كَفَىَ بِاللّهِ شَهِيداً بَيْنِي وَبَيْنَكُمْ}[1] ورد التهمة عن القرآن بأن قال: {قُل لَّئِنِ اجْتَمَعَتِ الإِنسُ وَالْجِنُّ عَلَى أَن يَأْتُواْ بِمِثْلِ هَـذَا الْقُرْآنِ لاَ يَأْتُونَ بِمِثْلِهِ وَلَوْ كَانَ بَعْضُهُمْ لِبَعْضٍ ظَهِيراً}. وما هذه إلا صيغة مبالغة لأنه متى اجتمعت الإنس والجن على أن يقوموا بعمل واحد فيما بينهم؟!

• **الآية الثانية:** من سورة يونس : {وَمَا كَانَ هَـذَا الْقُرْآنُ أَن يُفْتَرَى مِن دُونِ اللّهِ وَلَـكِن تَصْدِيقَ الَّذِي بَيْنَ يَدَيْهِ وَتَفْصِيلَ الْكِتَابِ لاَ رَيْبَ فِيهِ مِن رَّبِّ الْعَالَمِينَ أَمْ يَقُولُونَ افْتَرَاهُ قُلْ فَأْتُواْ بِسُورَةٍ مِّثْلِهِ وَادْعُواْ مَنِ اسْتَطَعْتُم مِّن دُونِ اللّهِ إِن كُنتُمْ صَادِقِينَ بَلْ كَذَّبُواْ بِمَا لَمْ يُحِيطُواْ بِعِلْمِهِ وَلَمَّا يَأْتِهِمْ تَأْوِيلُهُ كَذَلِكَ كَذَّبَ الَّذِينَ مِن قَبْلِهِمْ فَانظُرْ كَيْفَ كَانَ عَاقِبَةُ الظَّالِمِينَ} يونس الآيات ٣٧-٣٩

وهذه الآيات بطبيعة الحال يسبقها اتهام واضح للقرآن : «يفترى» «أم يقولون افتراه» نعم إنهم يقولون افتراه! فما جوابك يا محمد؟ {قل فاتوا بسورة مثله وادعوا من استطعتم..} إذن فالتحدي هنا هو رد فعل أيضا، لأن قريش كذبت بالقرآن بحسب الآية وقد قال ابن كثير في تفسيره لها : «بل كذب هؤلاء بالقرآن ولم يفهموه ولا عرفوه»[2]. فكيف يتحداهم القرآن وهم لم يفهموه أصلا؟ ولم يأتهم تأويله؟

• **الآية الثالثة :** {فَلَعَلَّكَ تَارِكٌ بَعْضَ مَا يُوحَى إِلَيْكَ وَضَآئِقٌ بِهِ صَدْرُكَ أَن يَقُولُواْ لَوْلاَ أُنزِلَ عَلَيْهِ كَنزٌ أَوْ جَاء مَعَهُ مَلَكٌ إِنَّمَا أَنتَ نَذِيرٌ وَاللّهُ عَلَى كُلِّ شَيْءٍ وَكِيلٌ أَمْ يَقُولُونَ افْتَرَاهُ قُلْ فَأْتُواْ بِعَشْرِ سُوَرٍ مِّثْلِهِ مُفْتَرَيَاتٍ وَادْعُواْ مَنِ اسْتَطَعْتُم مِّن دُونِ اللّهِ إِن كُنتُمْ صَادِقِينَ} هود ١٢-١٣، هنا أيضا نجد رد الفعل واضحا جليا، فالقوم قد تحدوا محمدا مرة أخرى وأصروا أنهم يطلبون معجزات حسية «كنز» أو «ملك»

---

١. راجع تفسير ابن كثير وراجع الحديث الذي ساقه الطبري تحت رقم: ١٧١٤٠

٢. راجع تفسير ابن كثير لسورة يونس الآيات ٣٧- ٤٠

حتى ضاق صدره ولعله تارك بعض ما أوحي إليه! بسبب هذا التحدي الذي عجز عن رده، لأنه إنما مجرد نذير والله هو وكيله في الرد، لذلك حتى لو قالوا إن هذا القرآن مجرد افتراء فاطلب منهم يا محمد أن يفتروا عشر سور مثيلة له!

• **الآية الرابعة:** {فَذَكِّرْ فَمَآ أَنتَ بِنِعْمَةِ رَبِّكَ بِكَاهِنٍ وَلَا مَجْنُونٍ أَمْ يَقُولُونَ شَاعِرٌ نَّتَرَبَّصُ بِهِ رَيْبَ الْمَنُونِ قُلْ تَرَبَّصُوا فَإِنِّي مَعَكُم مِّنَ الْمُتَرَبِّصِينَ أَمْ تَأْمُرُهُمْ أَحْلَامُهُم بِهَذَا أَمْ هُمْ قَوْمٌ طَاغُونَ أَمْ يَقُولُونَ تَقَوَّلَهُ بَل لَّا يُؤْمِنُونَ فَلْيَأْتُوا بِحَدِيثٍ مِّثْلِهِ إِن كَانُوا صَادِقِينَ} الطور ٢٩-٣٤ . الاتهامات الموجهة هنا إلى محمد هي أنه «كاهن» «مجنون» «شاعر» «تقوله»، قال ابن كثير: «أي لست بحمد الله بكاهن كما تقوله الجهلة من كفار قريش، والكاهن الذي يأتيه الرئي من الجان بالكلمة يتلقاها من خبر السماء {ولا مجنون} وهو الذي يتخبطه الشيطان من المس. ثم قال تعالى منكراً عليهم في قولهم في الرسول صلى الله عليه وسلم «أم يقولون شاعر نتربص به ريب المنون؟» أي قوارع الدهر، والمنون الموت، يقولون ننتظره ونصبر عليه حتى يأتيه الموت فنستريح منه ومن شأنه، قال الله تعالى: {قل تربصوا فإني معكم من المتربصين} أي انتظروا فإني منتظر معكم، وستعلمون لمن تكون العاقبة والنصرة في الدنيا والآخرة. قال محمد بن إسحاق عن عبد الله بن أبي نجيح عن مجاهد عن ابن عباس رضي الله عنهما: أن قريشاً لما اجتمعوا في دار الندوة في أمر النبي صلى الله عليه وسلم قال قائل منهم: احتبسوه في وثاق وتربصوا به ريب المنون حتى يهلك كما هلك من كان قبله من الشعراء زهير والنابغة إنما هو كأحدهم». [١]
فالآية إذن هي مجرد رد على اتهامات قريش .

• **الآية الأخيرة :** {وَإِن كُنتُمْ فِي رَيْبٍ مِّمَّا نَزَّلْنَا عَلَى عَبْدِنَا فَأْتُوا بِسُورَةٍ مِّن مِّثْلِهِ وَادْعُوا شُهَدَآءَكُم مِّن دُونِ اللَّهِ إِنْ كُنتُمْ صَادِقِينَ} البقرة ٢٣ . السؤال هنا موجه لقريش: هل أنتم في ريب مما عند محمد؟ نعم نحن في ريب كبير منه! إذن فأتوا بسورة من مثله! هذا رد فعل آخر أتى بعد شك القوم وتكذيبهم المتواصل للآيات القرآنية واحتقارها والنظر إليها من زاوية أنها لا ترق ولا تصلح أن تكون معجزة للإقناع مثلما كانت معجزات الأنبياء قديما حجة ودليلا!

لقد توقف التحدي القرآني في السنة الأولى من الهجرة للمدينة، مع العلم

---

١. ابن كثير تفسير سورة الطور الآيات ٢٩-٣٤

أن تحدي العرب لم يتوقف ومعارضتهم للقرآن واستهزاءهم به ظل متواصلا بعد ذلك: {وَإِذَا تُتْلَى عَلَيْهِمْ آيَاتُنَا قَالُواْ قَدْ سَمِعْنَا لَوْ نَشَاءُ لَقُلْنَا مِثْلَ هَذَا إِنْ هَذَا إِلاَّ أَسَاطِيرُ الأوَّلِينَ وَإِذْ قَالُواْ اللَّهُمَّ إِن كَانَ هَذَا هُوَ الْحَقَّ مِنْ عِندِكَ فَأَمْطِرْ عَلَيْنَا حِجَارَةً مِّنَ السَّمَاء أَوِ ائْتِنَا بِعَذَابٍ أَلِيمٍ وَمَا كَانَ اللَّهُ لِيُعَذِّبَهُمْ وَأَنتَ فِيهِمْ وَمَا كَانَ اللَّهُ مُعَذِّبَهُمْ وَهُمْ يَسْتَغْفِرُونَ} الأنفال٣١-٣٣ . فهاهو النضر بن الحارث يروي في المجالس أحاديث من بلاد فارس يتفوق فيها على ما يرويه محمد في القرآن من أخبار، حتى أنه كان يسأل القوم : «أينا أحسن قصصا أنا أو محمد» وهو الذي قال:«لوشئنا لقلنا مثل هذا إن هذا إلا أساطير الأولين» فما أجابه محمد إلا بالسيف في معركة بدر حيث تم أسره ولم يعامله محمد معاملة الأسرى بل أمر بقتله لأنه قلل من شأن القرآن وتحداه وشرح محمد سبب قتله: «لأنه كان يقول في كتاب الله ما يقول»[1] بينما قال أبوجهل[2] :«اللهم إن كان هذا هو الحق من عندك فأمطر علينا حجارة من السماء أو إئتنا بعذاب أليم!» وهي دعوة المتأكد بأن ما يتلى عليه من آيات ليس حقا وإلا كان فعلا قد أصابه العذاب، وكان جواب محمد عليه: «وماكان الله ليعذبهم وأنت فيهم (يا محمد)» مما يعني أن محمدا كان عاجزا عن الإتيان بمعجزة مادية ظاهرة، وأن العرب ما كانوا يعترفون بأن القرآن معجزة!

إذن بما أن كل آيات التحدي هي مجرد ردود أفعال، فإننا نطرح تساؤلا آخر: لماذا عجز محمد في الأول عن رد تحدي قريش بأن يأتي بمعجزات مادية تشبه معجزات الأنبياء الحقيقيين؟ ألا يعتبر رده دليل فشل في قبول تحديهم؟ هل يجاب التحدي بتحدٍ مغاير؟ لو كانت آيات القرآن في نظرهم معجزة ما كانوا ليطالبوا بمعجزات مادية حسية! وكأن محمدا يقول لهم: كل ما عندي هو مجرد «كلام»، إما أن تقبلوه على أنه معجزة أو تأتوا بمثله! وهو دليل واضح على فشل محمد في تقديم معجزات مادية ملموسة، كل ماقدمه كان مجرد كلام!

ج- المستهدف بالتحدي

لمن وجه محمد هذا التحدي؟ هل كان هذا تحديا موجها للمشركين وحدهم؟ أم للمشركين وأهل الكتاب على حد سواء؟ هل التحدي خاص بقريش؟ أم موجه

١. ابن كثير تفسير سورة الأنفال الآيات ٣١-٣٣

٢. صحيح البخاري كتاب تفسير القرآن، سورة الأنفال، باب: وإذ قالوا اللهم إن كان هذا.

لكل القبائل العربية؟ هل هو فعلا موجه لكل شعوب العالم كيفما كانت لغتهم وزمانهم؟ أم هو تحد خاص بأناس محدودين في فترة محدودة؟

أول ما يمكن أن يستنتجه الدارس للتحدي القرآني أنه لم يكن موجها لأهل الكتاب قط، لأن المرحلة المكية كانت تمتاز بمدح للنصارى، بدليل أن سورة مريم وهي مكية مدحت المسيح وأطرته هو وأتباعه، وهذا الإطراء نجده قد اختفى كليا بعد ذلك في الفترة المدنية، ولم تكن بعد قد أوقدت شرارة العداء بين اليهود ومحمد، حتى حلت الفترة المدنية. فالخطاب القرآني كان موجها أولا لأم القرى في مكة طيلة تلك الفترة، كما تبينه هذه الآيات: {وَهَـٰذَا كِتَابٌ أَنزَلْنَاهُ مُبَارَكٌ مُّصَدِّقُ الَّذِي بَيْنَ يَدَيْهِ وَلِتُنذِرَ أُمَّ الْقُرَىٰ وَمَنْ حَوْلَهَا}[١] {وَكَذَٰلِكَ أَوْحَيْنَا إِلَيْكَ قُرْآنًا عَرَبِيًّا لِّتُنذِرَ أُمَّ الْقُرَىٰ وَمَنْ حَوْلَهَا}.[٢] والتحدي بالمعجزات كان آتيا من قريش لأنها هي التي قصدها محمد بدعوته في أول أمره، كما أن هناك دليلا آخر نسوقه هنا للتأكيد بأن أهل الكتاب لم يكونوا قط بين من تحداهم القرآن، حيث يقول القرآن عن محمد في جواب له على العرب: {قُلْ فَأْتُوا بِكِتَابٍ مِّنْ عِندِ اللَّهِ هُوَ أَهْدَىٰ مِنْهُمَا أَتَّبِعْهُ إِن كُنتُمْ صَادِقِينَ}[٣] ويقصد هنا التوراة والقرآن. فالتحدي كان موجها للعرب ههنا على أن يأتوا بكتاب معجز في الهدى أكثر من التوراة والقرآن، وهذا ما وضحه الطبري في تفسيره حيث ساق حديثا قال فيه: «حدثني يونس، قال: أخبرنا ابن وهب، قال: قال ابن زيد، فقال الله ائْتُونِي بِكِتَابٍ مِنْ عِنْدِ اللَّهِ هُوَ أَهْدَى مِنْهُمَا من هذين الكتابين الذي بعث به موسى، والذي بعث به محمد صلى الله عليه وسلم».[٤] ثم أضاف القرآن مستنتجا أن العرب لن يستجيبوا للتحدي فقال: {فَإِن لَّمْ يَسْتَجِيبُوا لَكَ فَاعْلَمْ أَنَّمَا يَتَّبِعُونَ أَهْوَاءَهُمْ وَمَنْ أَضَلُّ مِمَّنِ اتَّبَعَ هَوَاهُ بِغَيْرِ هُدًى مِّنَ اللَّهِ إِنَّ اللَّهَ لَا يَهْدِي الْقَوْمَ الظَّالِمِينَ}[٥]. إذن لا يمكن أن يكون التحدي موجها لأهل الكتاب وهم أصحاب التوراة التي قارنها القرآن بنفسه وجعلها موازية له في الهدى المعجز الذي لن يستطيع العرب خلق كتاب مواز له في هداه.

---

١. سورة الأنعام ٩٢

٢. سورة الشورى الآية ٧

٣. سورة القصص الآية ٤٩

٤. تفسير الطبري سورة القصص الآية ٤٩ رقم الحديث ٢٠٩٤٥

٥. سورة القصص الآية ٥٠

دليل آخر نستنتج منه أن القرآن بصفته كتابا يحمل الهدى كان موجها في بدايته إلى العرب عموما، وإلى قريش ومن حولها خصوصا، ولذلك فالتحدي المصاحب لهذه الدعوة كان محدودا بمحدوديتها، حيث نجد القرآن يرد على تهمة افترائه في إحدى الآيات قائلا : ﴿أَمْ يَقُولُونَ افْتَرَاهُ بَلْ هُوَ الْحَقُّ مِن رَّبِّكَ لِتُنذِرَ قَوْماً مَّآ أَتَاهُم مِّن نَّذِيرٍ مِّن قَبْلِكَ لَعَلَّهُمْ يَهْتَدُونَ﴾[١]. أي إن العرب يقولون يا محمد إنك افتريت القرآن ولكنه في الحقيقة هو «الحق» الموجه إليهم خصيصا لكي تنذرهم بما أنهم لم يسبق أن أتاهم من قبل أي نذير ولم يكن لهم أي كتاب يهتدون به! فهل أهل الكتاب لم يسبق أن أتاهم نذير من قبل؟ إذن فالقرآن قد تحدى العرب وحدهم لأنه لم يكن لهم أي كتاب كاليهود والنصارى، وبعدما لم يستجيبوا لتحديه واستمروا في معاندته وفي إلحاحهم على طلب معجزات حقيقية التجأ إلى الحروب، وكانت حرب بدر هي التحدي الفاصل الذي قلب الموازين رأسا على عقب.

أما باقي الشعوب غير الناطقة للعربية فلا يمكن إدراجها ضمن هذا التحدي لأنهم أصلا لا يعلمون ما في القرآن ولا يتذوقون عربيته ولا معانيه، ولا يمكن أن تتحدى شخصا في أمر لا يفهمه أصلا، والقول بأن القرآن تحدى العالم جميعا فيه مبالغة، فالعالم لا يتكلم العربية، والقول هنا عام يفتقر إلى المنطق والدقة في المقاصد. قال السيوطي : «والذي نقوله: إن الأعجمي لا يمكن أن يعلم إعجازه إلا استدلالا، وكذلك من ليس ببليغ»[٢] وبالتالي يمكننا القول أن تحدي القرآن كان محصورا في العرب وحدهم وبالأخص قريش!

١. سورة السجدة (مكية) الآية ٣

٢. الإتقان ص ٧٢١ طبعة ٢٠٠٤

٣
بعض أوجه الإعجاز

"وإذا كان المعجز هو القدرة الإلهية الخارقة التي تدخلت لتمنع العرب من الإتيان بمثله فالنص في ذاته -أي من حيث هو نص لغوي- كان مقدورا للبشر الإتيان بمثله لو خُلي بينهم وبين قدراتهم العادية"

نصر حامد أبو زيد

أوجه الإعجاز (التحدي)

من الغريب جدا أن يصير الإعجاز معجزة وحيدة يتمسك بها المسلمون بعدما وجدوا أن القرآن في غير ما موضع يذكر بأن الآيات التي أتى بها الأنبياء، والتي كانت قولا فاصلا في صدق نبوتهم، لم تكن من نصيب محمد {وَمَا مَنَعَنَآ أَن نُّرْسِلَ بِالآيَاتِ إِلاَّ أَن كَذَّبَ بِهَا الأَوَّلُونَ} [1] {قُلْ إِنَّمَا الْعِلْمُ عِندَ اللَّهِ وَإِنَّمَا أَنَا نَذِيرٌ مُّبِينٌ} [2] {وَقَالُوا لَوْلَا أُنزِلَ عَلَيْهِ آيَاتٌ مِّن رَّبِّهِ قُلْ إِنَّمَا الْآيَاتُ عِندَ اللَّهِ وَإِنَّمَا أَنَا نَذِيرٌ مُّبِينٌ} [3] لذلك تجد المسلمين جميعهم يتفقون كليا على أن القرآن تحدى قريشا آنذاك وتحدى البشرية جمعاء منذ ظهور محمد إلى يومنا هذا، ولكنهم أغفلوا جوانب عديدة لهذا التحدي المزعوم، وأول هذه الجوانب وأهمها وجه هذا التحدي! فلنسأل كل عالم وكل مسلم يدعي إعجاز القرآن، بقولنا له أي وجه من الإعجاز تقصد؟ سيعدد وجوها كثيرة دون أن يكون دقيقا في واحد منها!! لقد أطلق القرآن تحديا فضفاضا يقبل أكثر من معنى،

---

١. الإسراء الآية ٥٩

٢. سورة الملك الآية ٢٦

٣. سورة العنكبوت الآية ٥٠

وفي الأخير لا تجد له أي معنى. هل وقف محمد في يوم من الأيام وتحدى العرب وقال بصريح العبارة: يا قوم ها هي كم سورة معي هي كل قرآني اليوم، فاجمعوا شعراءكم وخطباءكم وفصحاءكم ولكم مهلة شهر أو شهرين على أن تأتوا بمثل سورة واحدة من إحدى السور التي معي، فإن استطعتم فما قرآني إلا افتراء وإن لم تستطيعوا فاعترفوا بأني رسول الله إليكم؟؟ هل فعل ذلك في يوم من الأيام؟ لا!! كل ما هناك كانت تصله أقوال وتعليقات بني قومه على دعواه وكانوا يناصبونه العداء ويقاطعونه فيطلق هو أيضا كلاما يرد به لا أقل ولا أكثر، كانت حربا نفسية كلامية تشبه الحروب الإعلامية في عصرنا الحالي تفتقر إلى عناصر عديدة حتى نستطيع وصفها بالتحدي المعقول، فالتحدي له شروطه ومن أهمها وجه هذا التحدي الذي ينبغي أن يكون محددا ودقيقا، وهو أمر كما سنرى غير وارد في القرآن، ثم من سيكون الحكم ؟ فمحمد والمسلمون هم طرف في هذا التحدي ويريدون تنصيب أنفسهم حكما! هل يعقل هذا؟ وإلى أي مقاييس سنحتكم ؟ هل إلى مقاييس علمية أم إلى الذوق وحده؟ وهل يقبلون النتائج العكسية لهذا التحدي؟! ليس هناك من جواب على هذه الأسئلة، إنه مجرد تحد منطوق طبعت به الأمة الإسلامية في كل كلامها، كمن يقول لك بلدي أحسن بلد في العالم لن تجد مثيلا له! ولذلك اختلف المسلمون ولا زالوا في قضية الإعجاز، بل في أحيان كثيرة وجدت أقوالهم متعارضة ومتباينة إلى درجة التناقض، ولو لم يكن التحدي غامضا أشد الغموض ما وقع فيه كل هذا الاختلاف! وتأكيدا لهذا الكلام جاء في الإتقان: «لما ثبت كون القرآن معجزة نبينا (ص) وجب الاهتمام بمعرفة وجه الإعجاز، وقد خاض الناس في ذلك كثيرا، فبين محسن ومسيء»[١] وقال أيضا: «ما لا يمكن الوقوف عليه لا يتصور التحدي به»[٢]. فهل نقبل تحديا في شيء لا نعلمه ولا نستطيع الوقوف عليه؟

فلنتأمل معا أوجه هذا الإعجاز باختلاف مراحل الكلام فيه وباختلاف مدارسه، ولعل التقسيم الأسلم هو تقسيم من قال بالإعجاز خارج النص القرآني والإعجاز داخل النص القرآني أو هما معا وهذا ما سأناقشه في الصفحات التالية.

---

١. الإتقان، ص ٧١٢

٢. نفس المصدر

الإعجاز خارج القرآن

وهو بدوره مقسم إلى قسمين:

١. إعجاز الكلام القديم

هو إعجاز في صفة الذات الإلهية القديمة - الكلام - أي أن الإعجاز واقع في صفة الكلام لا في القرآن الذي هو دال على هذه الصفة، حيث قال السيوطي تعبيرا عن القائلين بهذا الرأي: «فزعم قوم: أن التحدي وقع بالكلام القديم الذي هو صفة الذات، وأن العرب كُلِّفت في ذلك ما لا يطاق وبه وقع عجزها وهو قول مردود لأن ما لا يمكن الوقوف عليه لا يُتصور التحدي به، والصواب ما قاله الجمهور: أنه وقع بالدَّال على القديم وهو الألفاظ»[1] وقد ذكره الباقلاني أيضا في كتابه (إعجاز القرآن)، وهذا الرأي بكل بساطة يقول أن الإعجاز واقع في كلام الله كصفة لا في القرآن بحد ذاته، لأن القرآن هو مجرد ألفاظ تعبر عن هذه الصفة وليس هو الصفة نفسها.

وسواء أكان هذا الرأي مقبولا من الجمهور أو مرفوضا منه، فذاك لا يهمنا في هذا الباب، إنما ما يهمنا الآن هو واحد من أوجه الإعجاز الذي رأى بعض المسلمين أنه هو وجه التحدي القرآني. ولكن السيوطي لا يذكر لنا من هؤلاء القوم الذين تبنوا هذا الموقف من الإعجاز.

٢. إعجاز التدخل الإلهي

أو ما أُصطلح على تسميته بـ «الصِّرْفة»، وأشهر من قال به إبراهيم بن سيار بن هانئ البصري، وهو من المعتزلة، اشتهر باسم النظَّام (٢٣١ هـ). وقد عُرف المعتزلة بتمثيل التيار العقلي في الفكر الإسلامي، وهم من قالوا بخلق القرآن، وأن كلام الله مخلوق لا قديم.

وإذا أردنا تعريف مبدأ «الصرفة» نأخذ ما قاله السيوطي: «أي أن الله صرف العرب عن معارضته وسلب عقولهم، وكان مقدورا لهم، لكن عاقهم أمر خارجي، فصار كسائر المعجزات»[2].

وجاء في الملل والنحل: «صرف العرب (أي الله) عن الاهتمام به جبرا وتعجيزا، حتى لو خلاهم لكانوا قادرين على أن يأتوا بسورة من مثله بلاغة

---

١. الإتقان طبعة دار الكتاب العربي ٢٠٠٤ ص: ٧١٢

٢. الإتقان، طبعة دار الكتاب العربي ٢٠٠٤ ص:٧١٢

وفصاحة ونظما»[١].

ويعلق الدكتور نصر حامد أبو زيد على مبدأ الصرفة قائلا: «وإذا كان المعجز هو القدرة الإلهية الخارقة التي تدخلت لتمنع العرب من الإتيان بمثله فالنص في ذاته - أي من حيث هو نص لغوي- كان مقدورا للبشر الإتيان بمثله لو خُلِّي بينهم وبين قدراتهم العادية»[٢].

فالنَّظَّام يرى بأن المعجز هو الله، فقدرته تفوق قدرة البشر، ولذلك صرف الناس عن الإتيان بمثل القرآن، فكان التحدي بالقدرة الإلهية لا بطبيعة الكلام.

وهذا الرأي لم يذهب إليه النَّظَّام وحده بل أيضا نجده عند هشام الفوطي وعباد بن سليمان، وعيسى المردار، حيث قالوا: «إن نظم القرآن وحسن تأليف كلماته ليست بمعجزة للنبي عليه السلام، ولا دلالة على صدقه في دعواه النبوة، وإنما وجه الدلالة منه على صدقه ما فيه من الأخبار والغيوب. فأما نظم القرآن وحسن تأليف آياته فإن العباد قادرون على مثله، وعلى ما هو أحسن منه في النظم والتأليف».[٣] وقال أبو القاسم البلخي، وهو من شيوخ الاعتزال في القرنين الثالث والرابع الهجريين، مؤكدا مقالة النظام: «إن الحجة في القرآن إنما هو ما فيه من الإخبار عن الغيوب لا النظم والتأليف، لأن النظم عنده مقدور عليه لولا أن الله منعه»[٤].

وإذا كان الكثيرون اليوم ينكرون على النظام قوله هذا ويجعلون مبدأ الصرفة مبدأ فاسدا، بل ويقولون بأن مدرسة النظام مدرسة منكرة للإعجاز القرآني، فإني وجدت رأيا منصفا للدكتور أبو زيد بخصوص مبدأ الصرفة حيث يقول: «وإذا كان خصوم المعتزلة والنظام خاصة يتجاهلون عادة ربطه للإعجاز بإخبار النص عن الأمور الماضية وتنبؤه بأمور تحدث في المستقبل، فإنهم يفعلون ذلك من أجل الوثب إلى نتيجة فحواها أن النظام ومدرسته ينكرون إعجاز القرآن. والحقيقة أن هذا الرأي لا ينكر «الإعجاز» من قريب أو من بعيد. وإذا توقفنا قليلا عند مفهوم (الصرفة)، وهو المصطلح الذي شاع بعد ذلك وصفا لتفسير النظام، قلنا أن النظام يجعل المعجزة أمرا واقعا خارج النص ويرتبط بصفة من

---

١. الملل والنحل، ج١، ص ٦٤

٢. مفهوم النص، ص ١٤٦

٣. فضيحة المعتزلة ص: ٢٨

٤. فضل الاعتزال وطبقات المعتزلة ص: ٧٠

صفات قائل النص وهو الله.»[١] ويقول أيضا: «إن الدلالة على صدق النبي في نظر المعتزلة هي وقوع المعجز على يديه، يستوي في ذلك المعجز الأفعال الخارقة للعادة والطبيعة أو الأفعال العادية الطبيعية المقدورة للبشر إذا قارنها عجز البشر في الحال عن إتيان ما اعتادوه من الأفعال ولم يكن مستعصيا عليهم من قبل»[٢].

ومهما قيل عن أصحاب هذا الرأي ومهما تم من تسفيه لآرائهم والرد عليها فإن مبدأ الصرفة ما كان ليقال لو كان القرآن واضحا في وجه إعجازه، ولو لم تكن قدرة البشر على الإتيان بمثله بل والتفوق عليه ظاهرة لمن قالوا به، وهم ممن وصفوا باستخدام العقل وترجيحه.

الإعجاز داخل القرآن

اختلف علماء الإسلام اختلافا كبيرا في وجه الإعجاز داخل النص القرآني، ورغم سعيي للإطلاع على مؤلفات كثيرة في هذا الباب، وجدت من الصعب تبويبها وحصرها، ذلك أن كل فريق يرى الإعجاز من وجه معين، وأحيانا كثيرة تكون الأوجه هي نفسها ظهرت بتعبيرات شتى وتغييرات طفيفة في المعنى، لكني حاولت قدر الإمكان جردها كاملة للقارئ حتى لا أكون قد بخست هذا الباب حقه.

١. الإعجاز في النظم والتأليف والرصف

وهو أن النص القرآني يختلف عن الأساليب المعهودة التي كان يعتمدها العرب في نظم الكلام، أي أنه مغاير لها من ناحية الجنس والنوع، فهو ليس شعرا ولا سجعا ولا خطبة ولا رسالة، بل هو قرآن، فالقرآن هو نوع جديد من ناحية الأسلوب.

قال الباقلاني في كتابه إعجاز القرآن متحدثا عن وجوه إعجاز القرآن: «منها ما يرجع إلى الجملة، وذلك أن نظم القرآن على تصرف وجوهه، خارج عن المعهود من نظام جميع كلامهم، ومباين للمألوف من ترتيب خطابهم. وله أسلوب يختص به ويتميز في تصرفه عن أساليب الكلام المعتاد.»[٣] جاء في الإتقان: «وقال القاضي أبو بكر: وجه إعجازه ما فيه من النظم والتأليف والترصيف، وأنه خارج عن جميع وجوه النظم المعتاد في كلام العرب، ومباين لأساليب خطاباتهم. قال: ولهذا لم

---

١. مفهوم النص ص ١٤٥

٢. مفهوم النص ص ١٤٦

٣. إعجاز القرآن ج ١ ص ٥١

يمكنهم معارضته.»[1] وورد ذلك أيضا في البرهان للزركشي جزء٢ ص ٩٤.

ويمضي الباقلاني مفسرا لوجه الإعجاز من ناحية النظم والتأليف قائلا:

«وقد علمنا أن القرآن خارج عن هذه الوجوه، ومباين لهذه الطرق، ويبقى علينا أن نبين أنه ليس من باب السجع، ولا فيه شيء منه، وكذلك ليس من قبيل الشعر، لأن من الناس من زعم أنه كلام مسجع ومنهم من يدعي أن فيه شعراً كثيراً، والكلام عليهما يذكر بعد هذا الموضع. فهذا إذا تأمله المتأمل، تبين بخروجه عن أصناف كلامهم وأساليب خطابهم أنه خارج عن العادة، وأنه معجز، وهذا خصوصية ترجع إلى جملة القرآن، وتميز حاصل في جميعه.»[2]

ومن بين ما يتميز به النص القرآني عن باقي النصوص، نجد ما يذكره د.نصر قائلا: «ومما يرتبط بسمة «التغاير» العامة بين النص القرآني وغيره من النصوص خصيصة «الحجم» أو «الطول». فالقرآن على خلاف غيره من النصوص يتميز بطول غير مألوف في النصوص العربية. ولا يصح لنا هنا أن نعترض على الباقلاني قائلين أن صفة الطول ليست إلا محصلة للتنجيم الذي قارب بضعا وعشرين عاما تكون النص خلالها، فالباقلاني الأشعري يؤمن بالوجود الأزلي السابق للنص بوصفه صفة قديمة ملازمة للذات الإلهية، غير مستقلة عنها. لأن التنجيم هنا يرتبط بمحاكاة النص للكلام الإلهي القديم، والإعجاز واقع في هذه «المحاكاة» التي تتميز بالتغاير عن النصوص الأخرى من حيث الشكل العام ومن حيث الطول.»[3]

إذن فوجه الإعجاز حسب ما يراه الباقلاني والقاضي أبو بكر وغيرهم من الأشاعرة، هو النظم والتأليف والترصيف والطول والكثرة أيضا، مما يخالف ما جرت عليه العادة عند العرب.

ملاحظات عديدة

ولنا ملاحظات عديدة على هذا الوجه من الإعجاز:

• يقول د.نصر ملاحظا: «ولكن الباقلاني لا يحدد ما يقصده بـ «النظم والتأليف» الذي صار به القرآن معجزا تحديدا دقيقا، إنه يعدد أنواع البديع في

١. الإتقان في علوم القرآن ص ٧١٣
٢. إعجاز القرآن ج١ ص ٥٢
٣. مفهوم النص ص ١٤٩

الشعر والقرآن ثم ينتهي إلى أن وجوه البديع لا يستدل بها على الإعجاز».[١] فأين هو الإعجاز إن كان دعاته قد عجزوا عن تحديد وجهه؟

• يقر الباقلاني في موضع آخر بأن أنواع البديع وأقسام البلاغة سواء في الشعر أو القرآن يمكن تعلمها بالتدريب والتعود حيث يقول: «لأن هذه الوجوه إذا وقع التنبيه عليها أمكن التوصل إليها بالتدريب والتعود والتصنع لها، وذلك كالشعر الذي إذا عرف الإنسان طريقه صح منه التعمل له، وأمكنه نظمه. والوجوه التي نقول إن إعجاز القرآن يمكن أن يعلم منها فليس مما يقدر البشر على التصنع له، والتوصل إليه بحال».[٢] وعن هذه النتيجة يعلق د.نصر قائلا: «ومن شأن ذلك كله أن يجعل معيار الإعجاز(العجز) بمعنى عدم إمكانية الوصول إلى فهم سر «الإعجاز». وهنا لا يفرق الباقلاني بين «العجز» عن الإتيان بمثله ـ بمثل القرآن ـ وبين «العجز» عن فهم سر «الإعجاز». ورغم أنه يفرق على مستوى النصوص الأدبية بين الوعي النظري النقدي وبين القدرة على الإبداع الأدبي، فإنه في تحديده لمفهوم «النظم والتأليف» الذي صار به القرآن معجزا يكاد يدخلنا في منطقة «اللاأدرية» وعدم التعليل».[٣]

• وقد رأينا من قبل أن المعتزلة يقولون بخصوص: «نظم القرآن وحسن تأليف آياته فإن العباد قادرون على مثله، وعلى ما هو أحسن منه في النظم والتأليف»[٤]

• جاء في كتاب مفهوم النص: «وقد ذهب أبو هاشم الجبائي إلى أن القرآن ليس معجزا لاختلافه من حيث الشكل أو النوع أو الجنس عن النصوص الأخرى في الثقافة، لأن تغاير الشكل لا يعني تفوقا أو امتيازا.»[٥]

• الأسئلة البسيطة التي يمكن لي أن أطرحها هنا متسائلا عن معنى الإعجاز في التأليف والنظم كثيرة: هل كل ما خالف العادة ونقضها يعد إعجازا؟ هل الشكل الخارجي (ونحن نعلم أن النظم والتأليف هو بناء خارجي) هو معيار الإعجاز؟ هل كل نص طويل يعد إعجازا؟ أما كان الأسلم أن يأتي محمد بشعر من نفس

١. مفهوم النص ص ١٥٠
٢. إعجاز القرآن ج١ ص ١٤٤
٣. مفهوم النص ص ١٥١
٤. الفرق بين الفرق للبغدادي ص ١٢٨
٥. مفهوم النص ص ١٥٣

الجنس الأدبي الذي تعوده العرب ويتحداهم أن يأتوا بمثله؟ ألا يمكن للمرء أن يقول بأن الإعجاز هنا معكوسا حيث أن محمدا لم يستطع محاكاة العرب في الشعر وعجز عن قوله وعلم أنه لن يستطيع مضاهاة قصائدهم فأتى بكلام لا يخضع لأي معيار من معاييرهم وادعى أنه الأفضل !؟

• قال الأستاذ الحداد في هذا الباب: «لحسن التأليف شروط أجمعت عليها آداب اللغات كلها، مع تفاوتها في تحقيق ذلك . فمن حسن التأليف وحدة الموضوع في الفصل والكتاب؛ وترتيب الأجزاء، لتنسيق الأقسام وحدات منسجمة، في وحدة كبرى شاملة ؛ ومراعاة الوحدة الزمانية وتطوّرها في التنزيل والتبليغ، والبيان والتبيين . فيسلم حسن التأليف من التداخل بين مواضيعه وأغراضه ؛ ومن التكرار في تعليمه وأخباره ؛ ومن التفكك بين أجزائه وفصوله ؛ ومن الاختلاف في أوصافه من فصل إلى فصل. فلا يأتي التعليم متقطعا، ولا التشريع متفتّتا، بحسب المناسبة من ظروف الزمان والمكان في السيرة والدعوة».[1] وهذه الشروط التي ذكرها ليست متوفرة في القرآن، حيث لا توجد وحدة الموضوع فمواضيع القرآن متداخلة بعضها ببعض وقصصه متقطعة ومتفرقة بين سور كثيرة وناقصة غير مكتملة، وأحيانا كثيرة تبقى غامضة يمكن تأويلها على أكثر من وجه، ولا يوجد ترتيب زمني للأحداث..إلخ، فهل هذا لا يعد دليلا ضد الإعجاز في النظم والتأليف؟

نختم هذا الوجه من الإعجاز بتعليق للدكتور نصر لم أجد أحسن منه في هذا الباب: «وقد تصور الباقلاني أن توجهه بالهدم على قصائد امرئ القيس والبحتري من شأنه أن يثبت له «الإعجاز» ومفارقة القرآن لكلام البشر، ولكنه لم يدرك أن «مفارقة» الإعجاز لا بد أن تستند إلى قوانين يمكن للبشر فهمها حتى تثبت دلالة النص على نبوة النبي، ويثبت من ثم صدق الوحي. ولذلك يكاد الباقلاني يرتد بقضية الإعجاز كلها ـ دون أن يدري ـ إلى «العجز» الذي صاحب التحدي، وهو مفهوم لا يكاد يختلف كثيرا عن مفهوم «الصرفة». إن الاعتماد هنا في إثبات «الإعجاز» لا يستند إلى تحليل لغوي لبناء النص، ولكنه يعتمد على إثبات «حقيقة» أن العرب أهل اللسان والفصاحة عجزوا عن الإتيان بمثله».[2]

١. معجزة القرآن ج٢

٢. مفهوم النص ص ١٥٢

٤
الإعجاز اللغوي

"اعلم أن إعجاز القرآن يدرك ولا يمكن وصفه، كاستقامة الوزن تدرك ولا يمكن وصفها، وكالملاحة، وكما يدرك طيب النغم العارض لهذا الصوت، ولا يدرك تحصيله لغير ذوي الفطرة السليمة إلا بإتقان عِلْمي المعاني والبيان والتمرين فيهما"

سراج الدين السكاكي

الإعجاز في اللغة
(الفصاحة، البلاغة، البيان، الموسيقى)

جاء في الإتقان: «قال الإمام فخر الدين: وجه الإعجاز الفصاحة، وغرابة الأسلوب، والسلامة من جميع العيوب... وقال ابن عطية: الصحيح - والذي عليه الجمهور والحذاق - في وجه إعجازه: أنه بنظمه وصحة معانيه وتوالي فصاحة ألفاظه».[1] ويمضي السيوطي قائلا أيضا في هذا الباب: «ولهذا ترى البليغ ينقح القصيدة أو الخطبة حولا، ثم ينظر فيها فيغير فيها وهلم جرا، وكتاب الله لو نزعت منه لفظة، ثم أدير لسان العرب على لفظة أحسن منها لم يوجد.»[2]

ونقل السيوطي أيضا قولا لابن سراقة: «اختلف أهل العلم في وجه إعجاز القرآن، فذكروا في ذلك وجوها كثيرة كلها حكمة وصواب، وما بلغوا في وجوه إعجازه واحدا من عشر معشاره: فقال قوم: هو الإيجاز مع البلاغة، وقال آخرون:

---

١. الإتقان ص ٧١٣

٢. الإتقان ص ٧١٤

هو البيان والفصاحة... إلخ».[١]

ونقل السيوطي قولا للقاضي عياض في الشفا: «اعلم أن القرآن منطو على وجوه من الإعجاز كثيرة، وتحصيلها من جهة ضبط أنواعها في أربعة وجوه:

أولها: حسن تأليفه والتئام كلمه وفصاحته، ووجوه إيجازه، وبلاغته الخارقة عادة العرب الذين هم فرسان الكلام، وأرباب هذا الشأن.»[٢]

فإن كان بعض العلماء اتفقوا على أن القرآن معجز في فصاحته وبلاغته وبيانه فإنه ينبغي لنا هنا أن نقف عند مفهوم الفصاحة ومعنى البلاغة والبيان، وإلا كان الكلام تعميما يحتاج إلى الدقة والتحليل.

يعرف القاضي عبد الجبار مفهوم الفصاحة في أمرين: «قال شيخنا (أبو هاشم): إنما يكون الكلام فصيحا لجزالة لفظه، وحسن معناه، ولا بد من اعتبار الأمرين، لأنه لو كان جزيل اللفظ ركيك المعنى لم يعد فصيحا، فإذن يجب أن يكون جامعا لهذين الأمرين».[٣] ويستطرد في مكان آخر مظهرا ما لا تعنيه الفصاحة : «وليس فصاحة الكلام بأن يكون له نظم مخصوص لأن الخطيب عندهم قد يكون أفصح من الشاعر، والنظم مختلف، إذا أريد بالنظم اختلاف الطريقة».[٤] وفي مكان آخر يقول أيضا : «اعلم أن الفصاحة لا تظهر في أفراد الكلام، وإنما تظهر بالضم على طريقة مخصوصة».[٥]

وفي لسان العرب بحثت عن تعريفات لهذه المعاني: البلاغة، البيان، الفصاحة فوجدت الآتي:

«البَلاغة : الفَصاحةُ. والبَلْغ والبِلْغ : البَلِيغ من الرجال. رجل بَلِيغ وبَلْغ وبِلْغ : حسَنُ الكلام فَصِيحُه يبلغ بعبارة لسانه كُنْهَ ما في قلبه، والجمعُ بُلَغاء.

البَيان: الفصاحة واللَّسَن، وكلامٌ بَيِّن فَصيح. والبَيان :الإفصاح مع ذكاء. والبَيِّن من الرجال: الفصيح. ابن شميل: البَيِّن من الرجال السَّمْح اللسان الفصيح الظريف العالي الكلام القليل الرتَج. وفلانٌ أَبْيَن من فلان أي أفصح

---

١. الإتقان ص ٧١٨

٢. نقله السيوطي عن الشفا في كتاب الإتقان ص ٧١٩

٣. المغني في أبواب التوحيد والعدل ج١٦ ص ١٩٧ نقله د.نصر في مفهوم النص ص :١٥٣

٤. المصدر السابق.

٥. المغني في أبواب التوحيد والعدل ج١٦ ص ٢٠٠

منه وأوضح كلاماً.

فَصُح الأَعجميُّ، بالضم، فَصاحة: تكلم بالعربية وفُهِمَ عنه، وقيل: جادت لغته حتى لا يَلْحَنُ، وأَفْصَح كلامه إفصاحا . وأَفْصَح : تكلم بالفَصاحة؛ وكذلك الصبي؛ يقال: أَفْصَح الصبي في مَنْطقه إِفْصاحا إِذا فَهِمْتَ ما يقول في أَوّل ما يتكلم. وأَفْصَح الأَغْتَمُ إِذا فهمت كلامه بعد غُتْمَتِه.وأَفْصَح عن الشيء إِفصاحا إِذا بَيَّنه وكَشَفه».[١]

ويمكن تلخيص معنى الفصاحة حسب ما سبق في الآتي: هي الكلام البين الواضح، الجزيل اللفظ، الحسن المعنى، المضموم على طريقة مخصوصة. أو كما قال السيوطي في كتابه الإتقان: «لفظ حاصل، ومعنى به قائم، ورباط لها ناظم».[٢]

إن كان هذا هو معنى الفصاحة، فأين هو الإعجاز؟ ألا يعد الشعر عند العرب أيضا فصيحا بينا حسن المعنى جزيل اللفظ مضموما على طريقة خاصة؟ وهل هناك معايير علمية دقيقة يمكن أن نحكم بها على الكلام فنقول هذا فصيح وهذا غير فصيح؟

لقد أدرك علماء الإسلام هذه الحقيقة فوجدناهم يقولون:

«قال السكاكي في المفتاح: اعلم أن إعجاز القرآن يدرك ولا يمكن وصفه، كاستقامة الوزن تدرك ولا يمكن وصفها، وكالملاحة، وكما يدرك طيب النغم العارض لهذا الصوت، ولا يدرك تحصيله لغير ذوي الفطرة السليمة إلا بإتقان عِلْمَي المعاني والبيان والتمرين فيهما».[٣]

«وقال الخطابي: ذهب الأكثرون من علماء النظر، إلى أن وجه الإعجاز فيه من جهة البلاغة، لكن صَعُب عليهم تفصيلها، وصغوا فيه إلى حكم الذوق».[٤]

تساؤلات وملاحظات

وهنا تُطرح تساؤلات وملاحظات كثيرة:

• بالرغم من اعتقاد الكثير من علماء الإسلام بأن وجه الإعجاز القرآني يتضمن الفصاحة كوجه وحيد أو كواحد من بين أوجه كثيرة، فإنهم لم يستطيعوا

---

١. لسان العرب

٢. الإتقان ص ٧١٧

٣. مفتاح العلوم ص ٢٢١ انظر الإتقان ص ٧١٦

٤. بيان إعجاز القرآن ص ٢١-٢٢ انظر الإتقان ص ٧١٦

أن يثبتوا بأن غير القرآن من باقي النصوص (كالشعر مثلا) ليس فصيحا، وبهذا لم يستطيعوا أن يثبتوا للقرآن التميز من هذه الناحية، ولا استطاعوا وضع مقاييس دقيقة يمكن الركون إليها للجزم بأن القرآن معجز في فصاحته متفوق على كل ماعداه.

- إن كان القرآن وحده هو الفصيح أو هو الأفصح على الإطلاق فكيف للعرب أن يعرفوا معنى الفصاحة؟ وكيف لهم أن يتذوقوا هذه الفصاحة ويحكموا بها للقرآن إن كانت كل أقوالهم ليست فصيحة كالقرآن؟
- وإن كانت الفصاحة هي جزالة اللفظ وحسن المعنى، فهل هذا حاصل في كل آي القرآن؟ وهل حقا لو نزعت من القرآن لفظة وأدرت لسان العرب على لفظة أحسن منها لم تجد؟ ألا توجد بعض الآيات الغامضة التي لا يفهم منها المرء شيئا؟ وماذا عن الآيات التي تحوي حروفا مقطعة هل هي الأخرى فصيحة؟ أين هو المعنى إن كانت الفصاحة تعني وضوح المعنى؟! ثم ماذا عن آيات الأحكام أليست ركيكة الأسلوب ولا تمتاز بأي فصاحة تُميزها عن باقي النصوص؟
- جاء في الإتقان نقلا عن القاضي أبو بكر: «ونحن نعتقد أن الإعجاز في بعض القرآن أظهر وفي بعضه أدق وأغمض».[1] وقد «اختار أبو نصر القشيري وغيره التفاوت (يقصد تفاوت مراتب الفصاحة) فقال: لا ندعي أن كل ما في القرآن أرفع الدرجات في الفصاحة. وكذا قال غيره: في القرآن الأفصح والفصيح».[2] وعبارة الأفصح والفصيح فيها نوع من المغالطة حتى لا يعترف بأن في القرآن «الفصيح وغير الفصيح»، لأن المبهم الذي لا يعرف له معنى لا يعد فصيحا.
- انتبه الباقلاني في كتابه إلى أن آيات الأحكام لا تحتوي أي فصاحة تذكر فقال: «نحن نعلم أن قوله: {حُرِّمَتْ عَلَيْكُمْ أُمَّهَاتُكُمْ وَبَنَاتُكُمْ وَأَخَوَاتُكُمْ وَعَمَّاتُكُمْ وَخَالاتُكُمْ} النساء٢٣ إلى آخر الآية، ليس من القبيل الذي يمكن إظهار البراعة فيه، وإبانة الفصاحة، وذاك يجري عندنا مجرى ما يحتاج إلى ذكره من الأسماء والألقاب، فلا يمكن إظهار البلاغة فيه، فطلبها في نحو هذا ضرب من الجهالة، بل الذي يعتبر في نحو ذلك تنزيل الخطاب، وظهور الحكمة في الترتيب والمعنى».[3]

---

١. الإتقان ص ٧١٣

٢. الإتقان ص ٧٢١ انظر أيضا البرهان ج٢ ص ١٢١

٣. إعجاز القرآن للباقلاني ج٢ ص ٨٧

• مسألة أخرى في هذا الباب: جاء في سورة آل عمران: {هُوَ الَّذِيَ أَنزَلَ عَلَيْكَ الْكِتَابَ مِنْهُ آيَاتٌ مُّحْكَمَاتٌ هُنَّ أُمُّ الْكِتَابِ وَأُخَرُ مُتَشَابِهَاتٌ} آل عمران آية ٧. وأورد السيوطي أقوالا كثيرة تتحدث عن المحكم والمتشابه: «قيل: المحكم ما عُرف المراد منه، إما بالظهور وإما بالتأويل. والمتشابه: ما استأثر الله بعلمه، كقيام الساعة، وخروج الدجال، والحروف المقطعة في أوائل السور. وقيل: المحكم ما وضح معناه، والمتشابه نقيضه. وقيل: المحكم ما لا يحتمل من التأويل إلا وجها واحدا، والمتشابه ما احتمل أوجها».[1] فإن كان المتشابه يحتاج إلى تأويل وهو كثير في القرآن، فأين هو إعجازه من ناحية الفصاحة والبيان؟ وأين هو وضوح المعنى إن كان الله وحده هو الذي يعلم تأويله؟ {وَمَا يَعْلَمُ تَأْوِيلَهُ إِلاَّ اللّهُ وَالرَّاسِخُونَ فِي الْعِلْمِ يَقُولُونَ آمَنَّا بِهِ كُلٌّ مِّنْ عِندِ رَبِّنَا وَمَا يَذَّكَّرُ إِلاَّ أُوْلُواْ الألْبَابِ}. آل عمران ٧.

• الفصاحة والناسخ والمنسوخ: ورد في القرآن: {مَا نَنسَخْ مِنْ آيَةٍ أَوْ نُنسِهَا نَأْتِ بِخَيْرٍ مِّنْهَا أَوْ مِثْلِهَا أَلَمْ تَعْلَمْ أَنَّ اللّهَ عَلَىَ كُلِّ شَيْءٍ قَدِيرٌ}. البقرة ١٠٦، وأيضا: {وَإِذَا بَدَّلْنَا آيَةً مَّكَانَ آيَةٍ وَاللّهُ أَعْلَمُ بِمَا يُنَزِّلُ قَالُواْ إِنَّمَا أَنتَ مُفْتَرٍ بَلْ أَكْثَرُهُمْ لاَ يَعْلَمُونَ}. النحل١٠١، وورد كذلك قوله: {وَمَا أَرْسَلْنَا مِن قَبْلِكَ مِن رَّسُولٍ وَلَا نَبِيٍّ إِلَّا إِذَا تَمَنَّى أَلْقَى الشَّيْطَانُ فِي أُمْنِيَّتِهِ فَيَنسَخُ اللَّهُ مَا يُلْقِي الشَّيْطَانُ ثُمَّ يُحْكِمُ اللَّهُ آيَاتِهِ وَاللَّهُ عَلِيمٌ حَكِيمٌ}. الحج٥٢. فإذا كان النسخ هو التبديل والتغيير فلماذا نجد السيوطي ينسب التغيير (وهو نقيصة في نظره) فقط للقصائد والخطب وينفيه عن القرآن؟ «ترى البليغ ينقح القصيدة أو الخطبة حولا، ثم ينظر فيها فيغير فيها وهلم جرا وكتاب الله لو نزعت منه لفظة، ثم أدير لسان العرب على لفظة أحسن منها لم يوجد»[2] ألا يشبه الناسخ والمنسوخ في القرآن التنقيح والتغيير وهو من عيوب الفصاحة في نظرهم؟

• الإعجاز البلاغي والوحي: ومما اختلف فيه علماء القرآن أيضا هو كيفية إنزال الوحي فذكر لنا السيوطي أقوالا مختلفة في هذا الباب نذكر منها ما يلي: «وقال غيره في المنزل على النبي ثلاثة أقوال: أحدها: أنه اللفظ والمعنى، وأن جبريل حفظ القرآن من اللوح المحفوظ ونزل به. وذكر بعضهم أن أحرف القرآن في اللوح المحفوظ، كل حرف منها بقدر جبل قاف، وأن تحت كل حرف منها معاني

١. الإتقان ص ٤٧٥

٢. الإتقان ص ٧١٤

لا يحيط بها إلا الله. والثاني: أن جبريل إنما نزل بالمعاني خاصة، وأنه (ص) علم تلك المعاني وعبر عنها بلغة العرب. وتمسك قائل هذا بظاهر قوله تعالى: {نزل به الروح الأمين على قلبك}. الشعراء ١٩٣-١٩٤. والثالث: أن جبريل ألقى إليه المعنى، وأنه عبر بهذه الألفاظ بلغة العرب وأن أهل السماء يقرؤونه بالعربية، ثم إنه نزل به كذلك بعد ذلك».[١] وفي موضع آخر نجده يذكر رأيا للجويني: «قال الجويني كلام الله المنزل قسمان: قسم قال الله لجبريل: قل للنبي الذي أنت مرسل إليه: إن الله يقول: افعل كذا وكذا، وأمر بكذا وكذا، ففهم جبريل ما قاله ربه، ثم نزل ذلك على النبي وقال له ما قاله ربه، ولم تكن العبارة تلك العبارة، كما يقول الملك لمن يثق به: قل لفلان: يقول لك الملك: اجتهد في الخدمة، واجمع جندك للقتال. فإن قال الرسول: يقول الملك لا تتهاون في خدمتي ولا تترك الجند تتفرق، وحثهم على المقاتلة، لا ينسب إلى كذب ولا تقصير في أداء الرسالة. وقسم آخر قال الله لجبريل: اقرأ على النبي هذا الكتاب، فنزل جبريل بكلمة من الله من غير تغيير. كما يكتب الملك كتابا ويسلمه إلى أمين، ويقول: اقرأه على فلان، فهو لا يغير منه كلمة ولا حرفا».[٢] وخلاصة القول مادام هناك فريق لا يستهان به من علماء الإسلام يرى بأن محمدا تلقى الوحي معنى لا حرفا، وأن القرآن نزل به جبريل على قلبه إلهاما، فإننا نتعجب كيف لبعضهم أن يدعوا أن القرآن معجز في فصاحته وبيانه؟ أليست الكلمات - بحسب القائلين بالوحي المعنوي- من تعبير محمد ليوصل ما تلقاه من المعاني؟ مجرد الاختلاف في كيفية الوحي (وما كان ليكون هناك اختلاف فيها لو كانت واضحة ومبينة كتابا وسنة) ينسف قضية الإعجاز البياني من أساسها.

• الإعجاز البياني وعمر: مجرد أن يخصص السيوطي في كتابه بابا «لما أنزل على لسان بعض الصحابة»[٣] يوحي بأن الأمر كان فيه قيل وقال وأنه من الأمور التي ينبغي أن ينظر إليها بعين العلم والتدقيق، لا بعين العاطفة والمكابرة. والحقيقة أنه لا يقصد عددا من الصحابة بقدر ما يقصد عمر بن الخطاب بالذات، وهو ما يطلق عليه «موافقات عمر». «أخرج الترمذي، عن ابن عمر: أن

١. الإتقان ص ١١٨

٢. الإتقان ص ١١٩

٣. سماه النوع العاشر: فيما أنزل على لسان بعض الصحابة.

رسول الله (ص) قال: «إن الله جعل الحق على لسان عمر وقلبه» قال ابن عمر: وما نزل بالناس أمر قط فقالوا وقال، إلا نزل القرآن على نحو ما قال عمر. وأخرج ابن مردويه، عن مجاهد قال: كان عمر يرى الرأي، فينزل به القرآن».[1]

وجاء في صحيح البخاري: «حدَّثَنا عمرو بن عونٍ قال: حدَّثَنا هُشَيمٌ عن حُميد عن أَنَسٍ قال: قال عمرُ : «وافَقتُ ربِّي في ثلاث: فقلتُ يا رسولَ اللّٰه لو اتخَذْنا مِن مَقام إبراهيمَ مُصَلَّى فنزلَتْ {واتَّخذوا من مَقام إبراهيمَ مُصَلّى} البقرة ١٢٥، وآيةُ الحِجاب، قلتُ يا رسولَ اللّٰه لو أَمرت نِساءَكَ أَن يَحتجِبنَ فإنَّه يُكلِّمُهنَّ البَرُّ والفاجِر، فنزَلَتْ آيةُ الحِجاب، واجتَمعَ نساءُ النبيِّ صلى الله عليه وسلم في الغَيرةِ عليه فقلتُ لهنَّ: عَسى ربُّه إن طلّقَكُنَّ أن يُبَدِّلَهُ أزواجاً خيراً مِنكنَّ، فنزَلَتْ هذهِ الآية»».[2]

وجاء في صحيح مسلم: «حدّثنا عُقْبَةُ بْنُ مُكْرَم الْعَمِّيُّ . حَدَّثَنَا سَعِيدُ بْنُ عَامِر قَالَ: جُوَيْرِيَةُ بْنُ أَسْمَاءَ أَخْبَرَنَا عَنْ نَافِع عَنِ ابْنِ عُمَرَ،. قَالَ: قَالَ عُمَرُ: وَافَقْتُ رَبِّي فِي ثَلاَث: فِي مَقَام إِبْرَاهِيمَ، وَفِي الْحِجَاب، وَفِي أُسَارَى بَدْر».[3] ونقل لنا السيوطي موافقة أخرى: «وأخرج ابن أبي حاتم، عن أنس، قال قال عمر: وافقت ربي. أو وافقني ربي. في أربع: نزلت هذه الآية: {ولقد خلقنا الإنسان من سلالة من طين}. المؤمنون١٢ فلما نزلت قلت أنا: «فتبارك الله أحسن الخالقين» فنزلت :{فتبارك الله أحسن الخالقين} المؤمنون١٤».[4]

وفي تفسير الطبري: «حدثت عن عمار، قال: ثنا ابن أبي جعفر، عن أبيه، عن حصين بن عبد الرحمن، عن عبد الرحمن بن أبي ليلى، قال: إن يهوديًّا لقي عمر فقال له: إن جبريل الذي يذكره صاحبك هو عدوّ لنا. فقال له عمر: مَنْ كَانَ عَدُوًّا لِلّٰهِ وَمَلاَئِكَتِهِ وَرُسُلِهِ وَجِبْرِيلَ وَمِيكالَ فَانَّ اللّٰهَ عَدُوّ للكافِرِين قال: فنزلت على لسان عمر».[5]

فإذا كان عمر وهو بشر مثلنا قد قال قبل القرآن على الأقل ٦ آيات (اعتمادا

---

١. أورده السيوطي في النوع العاشر ص ٩٧، والحديث الأول مروي عن ابن عمر رواه الترمذي(٣٦٨٢) وابن ماجه(١٠٨) وسنده صحيح وكذا عن أبي هريرة في مسند الإمام أحمد ٤٠١/٢.

٢. صحيح البخاري ج ٢ ص ٦٣ باب ما جاء في القبلة. (الآية الأخيرة مذكورة في سورة التحريم آية ٥)

٣. صحيح مسلم جزء ١٥ ص ١٤٠، باب من فضائل عمر.

٤. الإتقان ص ٩٨

٥. جامع البيان جزء١ ص ٣٤٨، في تفسيره لسورة البقرة الآية٩٨

على المصادر الإسلامية التي سقناها) وجاء بها القرآن حرفيا مثلما قالها عمر، فإننا نتساءل ألا تعتبر الفصاحة القرآنية بشرية إذن؟ أليس القرآن إذن مجرد كلام عادي كان يمكن لأي قرشي كعمر بن الخطاب أن يقوله؟ أين هي الفصاحة التي ادعوا أنها تميز القرآن عن كلام البشر حتى قالوا: «وهيهات أن يكون المطموع فيه كالميؤوس منه، وأن يكون الليل كالنهار، والباطل كالحق، وكلام رب العالمين ككلام البشر»[1]؟ إنهم أرادوا أن يصوروا القرآن وكأنه كلام لا يمكن لأي شخص أن يقوله إلا الله، وأنه ليس بتعابير موجودة ومفهومة للعرب آنذاك، فحاولوا فصل القرآن عن ثقافته وبيئته وجعلوه نازلا من اللوح المحفوظ كائنا منذ الأزل، كلاما إلهيا لا يمكن أن يشبه كلام البشر.

- الإعجاز البياني وجمع القرآن: ومن المسائل الأخرى التي نريد أن نسوقها في هذا الباب أيضا، قصة جمع القرآن، فهي الأخرى تحوي بين طياتها دليلا واضحا يظهر أن القرآن لا يمكن التمييز بينه وبين الكلام البشري، وأن آيات القرآن مقدور عليها ويمكن للمرء أن يحاكيها، فمن الثابت المعروف أن أبا بكر لما أمر زيدا بن ثابت بجمع القرآن، كان زيد لا يقبل الآيات القرآنية إلا بوجود شاهدين اثنين على صحتها وأنها من القرآن، مما يعني أن هناك آيات تم استثناؤها ورفضها أثناء الجمع وتم اعتبارها بأنها ليست من القرآن بسبب عدم وجود شاهدين، من بين هذه الآيات آية الرجم التي أتى بها عمر بن الخطاب ولم يتم إدراجها في المصحف لأن عمر كان هو الشاهد الوحيد، كان هناك استثناء وحيد فقط وهو آخر سورة التوبة الذي لم يوجد إلا مع أبي خزيمة الأنصاري وهذا ما ذكره لنا السيوطي في الإتقان: «قد أخرج ابن أشتة في المصاحف عن الليث بن سعد، قال : أول من جمع القرآن أبوبكر، وكتبه زيد، وكان الناس يأتون زيد بن ثابت، فكان لا يكتب آية إلا بشاهدي عدل، وأن آخر سورة براءة لم توجد إلا مع خزيمة بن ثابت، فقال اكتبوها فإن رسول الله (ص) جعل شهادته بشهادة رجلين، فكتب. وأن عمر أتى بآية الرجم، فلم يكتبها، لأنه كان وحده».[2] وورد ذلك أيضا في فتح الباري: «حَدَّثَنَا يَحْيَى بْنُ بُكَيْرٍ حَدَّثَنَا اللَّيْثُ عَنْ يُونُسَ عَنْ ابْنِ شِهَابٍ أَنَّ ابْنَ السَّبَّاقِ قَالَ إِنَّ زَيْدَ بْنَ ثَابِتٍ قَالَ أَرْسَلَ إِلَيَّ أَبُو بَكْرٍ رَضِيَ اللَّهُ عَنْهُ قَالَ إِنَّكَ كُنْتَ تَكْتُبُ الْوَحْيَ لِرَسُولِ

١. إعجاز القرآن للباقلاني ص ١٤٠

٢. الإتقان، النوع الثامن عشر، ص ١٥٦

اللَّه صَلَّى اللَّهُ عَلَيْهِ وَسَلَّمَ فَاتَّبَعْ الْقُرْآنَ فَتَتَبَّعْتُ حَتَّى وَجَدْتُ آخرَ سُورَة التَّوْبَة آيَتَيْنِ مَعَ أَبِي خُزَيْمَةَ الْأَنْصَارِيِّ لَمْ أَجِدْهُمَا مَعَ أَحَدٍ غَيْرِهِ لَقَدْ جَاءَكُمْ رَسُولٌ مِنْ أَنْفُسِكُمْ عَزِيزٌ عَلَيْهِ مَا عَنِتُّمْ إِلَى آخِرِهِ».[١]

فإذا كانت فصاحة القرآن واضحة بينة وهي تبعد عن فصاحة البشر كبعد المشرق عن المغرب، فلماذا احتاج زيد في جمعه للقرآن (وهو من الحفاظ) شاهدين لكل آية قرآنية؟ أليس في هذا تلميح أنه كان بإمكان أي إنسان أن يدس في القرآن آيات ليست منه؟ لو كان القرآن مميزا في بلاغته وفصاحته عن سائر الكلام لكانت هي شاهده في الجمع، وما كان زيد ليحتاج إلى شهود في جمعه للقرآن، بل كان سينظر للآية في فصاحتها ويقول: هذه بلاغة قرآنية، وهذه ليست من القرآن لأنها ليست في مستوى بلاغته! ولسهل جمع القرآن دون الحاجة إلى شاهدين.

• الفصاحة القرآنية والمصاحف: مما ذكر في قصة المصاحف، خصوصا مصحف ابن مسعود ومصحف أبي ابن كعب، أمورا تناقض ما ينسب للقرآن من إعجاز، فقد جاء في الإتقان: «وفي مصحف ابن مسعود: مائة واثنتا عشرة سورة، لأنه لم يكتب المعوذتين. وفي مصحف أُبَي ست عشرة لأنه كتب في آخره سورتي الحفد والخلع».[٢] فمصحف ابن مسعود لم يضم المعوذتين لاعتقاده أنهما مجرد دعاء أو رقية، وأنه لم ير محمدا يصلي بهما قط[٣]، أما سورة الخلع فهي: {بسم الله الرحمن الرحيم، اللهم إنا نستعينك ونستغفرك، ونثني عليك ولا نكفرك، ونخلع ونترك من يفجرك}. وسورة الحفد هي: {بسم الله الرحمن الرحيم، اللهم إياك نعبد، ولك نصلي ونسجد، وإليك نسعى ونحفِد، نرجو رحمتك، ونخشى

١. فتح الباري ج ١٠ ص ٢٦

٢. الإتقان ص ١٧١ تحت النوع التاسع عشر.

٣. جاء ذلك في مسند الإمام أحمد ج ٦ ص ١٥٤ - وفي تفسير بن كثير لسورة الفلق قال: " ورواه البخاري أيضا والنسائي عن قتيبة عن سفيان بن عيينة عن عبدة وعاصم بن أبي النجود عن زر بن حبيش عن أبي بن كعب به وقال الحافظ أبو يعلى حدثنا الأزرق بن علي حدثنا حسان بن إبراهيم حدثنا الصلت بن بهرام عن إبراهيم عن علقمة قال كان عبد الله يحك المعوذتين من المصحف ويقول إنما أمر رسول الله أن يتعوذ بهما ولم يكن عبد الله يقرأ بهما"

نقمتك، إن عذابك بالكافرين ملحِق}.[١]

ومما جاء في تفسير ابن كثير أن سورة البينة، حسب ما ذكر أبي ابن كعب، أنه من بين آياتها كانت الآيات التالية التي لا نجدها في المصحف الحالي: «ولو أن بن آدم سأل واديا من مال فأعطيه لسأل ثانيا ولو سأل ثانيا فأعطيه لسأل ثالثا ولا يملأ جوف بن آدم إلا التراب ويتوب الله على من تاب وإن ذات الدين عند الله الحنيفية غير المشركة ولا اليهودية ولا النصرانية ومن يفعل خيرا فلن يكفره».[٢] وغرضنا من ذكر هذه الآيات هو التنبيه على أمر واحد، هو أن الفصاحة القرآنية لو كانت إعجازا لما كان ابن مسعود ليظن أن المعوذتين مجرد دعاء، ولما ظن أبي ابن كعب أن سورتي الخلع والحفد (وهما اليوم ما يقال له دعاء القنوت) هما من القرآن! إذن فإمكانية الخلط بين الدعاء والقرآن قائمة، مما يثبت قطعا بأن القرآن ليس فيه أي بلاغة معجزية تفوق ما يستطيع البشر قوله، وهناك أحاديث أخرى لا تستطيع أن تفرق بينها وبين القرآن، ولو تم وضعها ضمن سور القرآن ما كان ليعترض عليها شخص بحجة أن بلاغتها ليست من مستوى القرآن. نذكر من بين هذه الأحاديث الدعاء الآتي: «أعوذ بكلمات الله التامة، من كل شيطان وهامة، ومن كل عين لامة».[٣] فلنفترض أنه تمت كتابة الدعاء على الشكل الآتي: «بسم الله الرحمن الرحيم، قل أعوذ بكلمات الله التامة، من كل شيطان وهامة، ومن كل عين لامة» هل يستطيع علماء الإعجاز إذن أن يخبرونا ما الذي ينقص هذا الحديث ليصير سورة قرآنية من ثلاث آيات؟! ومن أكبر الأدلة على كون المسلمين لم يكونوا يميزون بين القرآن والحديث في بعض الأحيان هو ما رواه أنس بن مالك حيث قالَ: «كنتُ أسمعُ رسولَ اللَّهِ صلى الله عليه وسلّم فلا أدري أشيءٌ أنزلَ عليهِ

١. انظر الإتقان ص ١٧١ ورد الحديث أحيانا بسند ضعيف عند الطبراني في الدعاء، وأحيانا بسند رجاله ثقات خصوصا في فضائل القرآن لأبي عبيد ص ١٨٩-١٩٠

٢. قال أحمد حدثنا محمد بن جعفر وحجاج قالا حدثنا شعبة عن عاصم بن بهدلة عن زر بن حبيش عن أبي بن كعب قال إن رسول الله قال لي إن الله أمرني أن أقرأ عليك القرآن قال فقرأ (لم يكن الذين كفروا من أهل الكتاب) قال فقرأ فيها ولو أن بن آدم سأل واديا من مال فأعطيه لسأل ثانيا ولو سأل ثانيا فأعطيه لسأل ثالثا ولا يملأ جوف بن آدم إلا التراب ويتوب الله على من تاب وإن ذات الدين عند الله الحنيفية غير المشركة ولا اليهودية ولا النصرانية ومن يفعل خيرا فلن يكفره ورواه الترمذي من حديث أبي داود الطيالسي عن شعبة به وقال حسن صحيح

٣. سنن الترمذي ج ٦ ص ١٧٩

أَمْ شيءٌ يقولُهُ، وهُوَ يقولُ: «لَوْ كانَ لابنِ آدمَ واديانِ منْ مالٍ لابتغى إليهما ثالثاً، ولا يملأُ جوفَ ابنِ آدمَ إلاَّ الترابُ، ويتوبُ اللَّهُ علَى منْ تابَ»».[١] فلو كان القرآن كلاما إلهيا معجزا من حيث بلاغته وفصاحته فإننا نتساءل لماذا لم يستطع أنس بن مالك أن يفرق بين كلام محمد وكلام القرآن؟

- الإعجاز البلاغي والأحاديث القدسية:

لكي نعرف ما الذي يقصده علماء الحديث باصطلاح «الحديث القدسي» نقرأ ما أورده الدكتور صبحي الصالح في كتابه «علوم الحديث ومصطلحه»، حيث قال: «وكان رسول الله (ص) يلقي أحيانا على أصحابه مواعظ يحكيها عن ربه عز وجل ليست وحيا منزلا فيسموها قرآنا، ولا قولا صريحا يسنده عليه السلام إسنادا مباشرا فيسموها حديثا عاديا، وإنما هي أحاديث يحرص النبي على تصديرها بعبارة تدل على نسبتها إلى الله».[٢] وغالبا ما تستهل الأحاديث القدسية بعبارة اختارها المحدثون لتمييز هذا النوع من الأحاديث عن الأخرى وهي قولهم: «قال رسول الله فيما يروي عن ربه» أو بعبارة شبيهة: «قال الله تعالى، فيما رواه عنه رسول الله»، ويرى العلماء أن الفرق بين الحديث القدسي والقرآن هو: «أن القرآن ما كان لفظه ومعناه من عند الله بوحي جلي، وأما الحديث القدسي فهو ما كان لفظه من عند الرسول، ومعناه من عند الله بالإلهام أو بالمنام».[٣]

وقد جعل بعض العلماء الفرق بين القرآن والحديث القدسي في المسائل الآتية:

أ. أن القرآن معجز بلفظه ومعناه، بينما الحديث القدسي ليس فيه أي إعجاز.

ب. أن الصلاة لا تصح إلا بقراءة شيء من القرآن، بخلاف الحديث القدسي فلا تجوز به الصلاة.

ج. أن القرآن لا تجوز قراءته إلا بلفظه المتواتر بينما الحديث القدسي تجوز روايته بالمعنى.

ولنا الحق هنا أن نطرح مجموعة من الأسئلة التي تدور في فكر أي قارئ لموضوع الأحاديث القدسية:

للحديث القدسي منزلة بين المنزلتين فلا هو بالحديث ولا هو بالقرآن، ولكنه في

١. الحديث بهذه الرواية جاء في سنن الدارمي باب لو كان لابن آدم واديان من مال، وجاء أيضا في صحيح مسلم، كتاب الزكاة، باب لو أن لابن آدم واديين لابتغى ثالثا

٢. علوم الحديث ومصطلحه ص ١١

٣. علوم الحديث ومصطلحه للدكتور صبحي الصالح نقلا عن أبي البقاء، كليات أبي البقاء ص ٢٨٨

نفس الوقت يعتبر كلاما لله مرويا عنه بواسطة نبيه، فهو على كل حال يعتبر وحيا، وبما أنه كلام لله فلماذا لم يلحق بالقرآن؟ وإن لم يكن كلاما لله فلماذا نُسب إليه؟

إن كان كلام الله معجزا ولا يشبه بأي حال كلام البشر، وأن الله تعالى حاشى أن يستطيع أي بشر أن يأتي بمثل كلامه، فلماذا نجد الحديث القدسي (وهو كلام الله) مروي بلغة بشرية (كلمات محمد) وهي ليست بالمعجزة وهي مما يستطيع البشر أن يأتي بأحسن منه بكثير؟ هل كلام الله فيه المعجز وفيه غير المعجز؟ هل يتكلم الله أحيانا لغة تفوق مستطاع البشر، وأحيانا أخرى لغة أقل بلاغة من لغة البشر؟

إن كان الغرض من الإعجاز القرآني هو إثبات نسبته إلى الله وإثبات نبوة محمد، لماذا نسب الحديث القدسي إلى الله دون حاجة إلى إعجاز؟ وإلا ما هو الدليل على أن الحديث القدسي كلام الله إذن؟

إن الأحاديث القدسية برأيي تلغي الغاية من الإعجاز البلاغي للقرآن، فاعتبار المسلمين لها على أساس أنها من جملة كلام الله تجعلني أقول: هاهو كلام إلهي لم يكن بحاجة إلى بلاغة معجزية حتى يثبت أنه فعلا كلام الله، وعدم إلحاقه بالقرآن وإعطائه نفس القيمة والمرتبة تجعلني أتساءل: ما الغاية من الأحاديث القدسية إذن مادامت لا ترقى إلى المستوى القرآني وليس لها عند المسلمين نفس الأهمية التي للقرآن؟! ولا بد للباحث أن يقر بأن في القرآن بعض الآيات الرائعة من حيث البلاغة، لكن في نفس الوقت هناك عيوب بلاغية كثيرة موجودة في آيات أخرى تجعل من القرآن كتابا لا يرقى إلى مستوى المعجزة، لأن المفترض في المعجزة أن تتصف بالكمال وتبلغ الذروة حتى لا تكون مما يقدر عليه البشر.

٥

عيوب قرآنية

"ذهب الأشعرية إلى امتناع أن يقال: في القرآن سجع، وفرقوا بأن السجع هو الذي يقصد فيه نفسه ثم يحال المعنى عليه، والفواصل التي تتبع المعاني، ولا تكون مقصودة في نفسها. قال: ولذلك كانت الفواصل بلاغة، والسجع عيبا"
أبو الحسن الرماني

أمثلة لعيوب بلاغية وبيانية في القرآن

١- الكلمات الدخيلة

من العيوب البلاغية التي تعاب على القرآن استعماله لكلمات دخيلة على العربية، في حين أن البليغ لا يستخدم الكلمات الدخيلة إن وُجد في لغته ما يقوم مقام هذه الكلمات، والأمثلة على ذلك كثيرة:

مثلا كلمة «الأبّ» جاءت في سورة عبس الآية ٣١: «فاكهة وأبّا» لم يعرف معناها لا أبو بكر الصديق ولا عمر ابن الخطاب، إذ أنه لما سُئل أبوبكر عن معناها قال: «أي سماء تُظلني، وأي أرض تُقلني، إن أنا قلت في كتاب الله ما لا أعلم».[١] أما عمر فقد قال حين قرأ «فاكهة وأبًّا»: «هذه الفاكهة قد عرفناها، فما الأبّ؟ ثم رجع إلى نفسه فقال: إن هذا لهو الكلف يا عمر».[٢]

١. ذكره في الإتقان صفحة ٢٨٦ وورد في جامع بيان العلم ٢/٥٢ وتفسير الطبري ١/٥٨

٢. الإتقان ص ٢٨٧، البخاري (حديث٧٢٩٣)

بل هناك كلمات خفيت حتى على معجم القرآن ابن عباس الذي قال: «كل القرآن أعلمه إلا أربعا (غسلين) (وحنانا) و(أواه) و(الرقيم)».[١]

وكلمات مشهورة اليوم عند المسلمين لكن أغلبهم لا يعلم أنها إنما كلمات دخيلة على العربية:

جهنم : قيل أعجمية، وقيل فارسية وعبرانية، أصلها (كهنام).[٢]

الصراط : حكى النقاش وابن الجوزي أنه الطريق بلغة الروم.[٣]

الفردوس : أخرج ابن أبي حاتم، عن مجاهد، قال: الفردوس بستان بالرومية. وأخرج عن السدي قال: الكرّم بالنبطية.[٤]

صلوات : (الحج٤٠) قال الجواليقي: هي بالعبرانية كنائس اليهود، وأصلها «صلوتا» وأخرج ابن أبي حاتم نحوه، عن الضحاك.[٥]

القيوم : (البقرة٢٥٥) قال الواسطي: هو الذي لا ينام بالسريانية.[٦]

الطاغوت : (البقرة٢٥٦) هو الكاهن بالحبشية.[٧]

الرحمن : ذهب المبرد وثعلب إلى أنه عبراني، وأصله بالخاء المعجمة.[٨]

عدن : (التوبة٧٢) أخرج ابن جرير، عن ابن عباس: أنه سأل كعبا عن قوله (جنات عدن) قال: جنات كروم وأعناب بالسريانية.[٩]

وغير هذه الألفاظ كثير حتى أن السيوطي عد أكثر من مائة لفظة في هذا الباب.[١٠] فأي بلاغة لكاتب مثلا استعار مائة لفظة دخيلة في كتابه ولديه في لغته ما يغنيه عن ذلك؟ وأي بيان لنص لا يعرف مصطلحاته حتى الصحابة أقرب المقربين لمحمد، وهم الذين من المفترض أن يأخذ عنهم بقية المسلمين؟

---

١. جاءت على التوالي في الحاقة،٣٦ مريم ١٣، التوبة ١١٤، الكهف ٩. أورده في الإتقان ص ٢٨٧

٢. الإتقان ص ٣٣٨

٣. الإتقان ٣٤٠

٤. الإتقان ٣٤١

٥. الإتقان ٣٤٠

٦. الإتقان ص ٣٤٢

٧. الإتقان ٣٤١

٨. الإتقان ص ٣٣٩

٩. الإتقان ص ٣٤١

١٠. راجع الإتقان ص ٣٤٥

٢- التكرار

يبدو التكرار واضحا وجليا لكل قارئ بسيط للقرآن، فهناك تكرار اللازمات مثلا كسورة الرحمن التي تتكرر فيها لازمة (فبأي آلاء ربكما تكذبان)، وهناك تكرار العبارات في مواضع شتى مثل: (سميع بصير، لعلكم تتذكرون، لعلكم تعقلون، جهنم وبئس المصير، ..إلخ) وهناك تكرار القصص، وهناك تكرار التعاليم أيضا بل وهناك من الآيات ما قيل أنه تكرر نزوله، وهذه الأمور كلها لا بد من وقفة أمامها، خصوصا إن كنا ندرس بلاغة القرآن المعجزية وبيانه. فالتكرار منه ما هو خفيف ويعد من حسن البيان، ومن التكرار ما هو ثقيل وممل ولا يمت للبلاغة بأي صلة، بل وفي أحيان أخرى يصير التكرار عيبا يعاب به النص، ويلام به صاحبه، خصوصا إن كان بالألفاظ نفسها ولا لزوم له. فالتكرار الكثير عموما ليس من البلاغة والبيان، بل هو عيب من العيوب التي على الكاتب تجنبها.

ونستعرض بعض الأمثلة من التكرار الوارد في القرآن في الجدول المبين في الصفحة التالية:

وَقُلْنَا يَا آدَمُ اسْكُنْ أَنْتَ وَزَوْجُكَ الْجَنَّةَ وَكُلَا مِنْهَا رَغَدًا حَيْثُ شِئْتُمَا وَلَا تَقْرَبَا هَذِهِ الشَّجَرَةَ فَتَكُونَا مِنَ الظَّالِمِينَ البقرة ٣٥	وَيَا آدَمُ اسْكُنْ أَنْتَ وَزَوْجُكَ الْجَنَّةَ فَكُلَا مِنْ حَيْثُ شِئْتُمَا وَلَا تَقْرَبَا هَذِهِ الشَّجَرَةَ فَتَكُونَا مِنَ الظَّالِمِينَ الأعراف ١٩
وَإِذْ قُلْنَا ادْخُلُوا هَذِهِ الْقَرْيَةَ فَكُلُوا مِنْهَا حَيْثُ شِئْتُمْ رَغَدًا وَادْخُلُوا الْبَابَ سُجَّدًا وَقُولُوا حِطَّةٌ نَغْفِرْ لَكُمْ خَطَايَاكُمْ وَسَنَزِيدُ الْمُحْسِنِينَ البقرة ٥٨	وَإِذْ قِيلَ لَهُمُ اسْكُنُوا هَذِهِ الْقَرْيَةَ وَكُلُوا مِنْهَا حَيْثُ شِئْتُمْ وَقُولُوا حِطَّةٌ وَادْخُلُوا الْبَابَ سُجَّدًا نَغْفِرْ لَكُمْ خَطِيئَاتِكُمْ سَنَزِيدُ الْمُحْسِنِينَ الأعراف ١٦١
وَاتَّقُوا يَوْمًا لَا تَجْزِي نَفْسٌ عَنْ نَفْسٍ شَيْئًا وَلَا يُقْبَلُ مِنْهَا شَفَاعَةٌ وَلَا يُؤْخَذُ مِنْهَا عَدْلٌ وَلَا هُمْ يُنْصَرُونَ البقرة ٤٨	وَاتَّقُوا يَوْمًا لَا تَجْزِي نَفْسٌ عَنْ نَفْسٍ شَيْئًا وَلَا يُقْبَلُ مِنْهَا عَدْلٌ وَلَا تَنْفَعُهَا شَفَاعَةٌ وَلَا هُمْ يُنْصَرُونَ البقرة ١٢٣
وَإِذْ نَجَّيْنَاكُمْ مِنْ آلِ فِرْعَوْنَ يَسُومُونَكُمْ سُوءَ الْعَذَابِ يُذَبِّحُونَ أَبْنَاءَكُمْ وَيَسْتَحْيُونَ نِسَاءَكُمْ وَفِي ذَلِكُمْ بَلَاءٌ مِنْ رَبِّكُمْ عَظِيمٌ البقرة ٤٩	وَإِذْ أَنْجَيْنَاكُمْ مِنْ آلِ فِرْعَوْنَ يَسُومُونَكُمْ سُوءَ الْعَذَابِ يُقَتِّلُونَ أَبْنَاءَكُمْ وَيَسْتَحْيُونَ نِسَاءَكُمْ وَفِي ذَلِكُمْ بَلَاءٌ مِنْ رَبِّكُمْ عَظِيمٌ الأعراف ١٤١ وَإِذْ قَالَ مُوسَى لِقَوْمِهِ اذْكُرُوا نِعْمَةَ اللَّهِ عَلَيْكُمْ إِذْ أَنْجَاكُمْ مِنْ آلِ فِرْعَوْنَ يَسُومُونَكُمْ سُوءَ الْعَذَابِ وَيُذَبِّحُونَ أَبْنَاءَكُمْ وَيَسْتَحْيُونَ نِسَاءَكُمْ وَفِي ذَلِكُمْ بَلَاءٌ مِنْ رَبِّكُمْ عَظِيمٌ إبراهيم ٦
وَإِذِ اسْتَسْقَى مُوسَى لِقَوْمِهِ فَقُلْنَا اضْرِبْ بِعَصَاكَ الْحَجَرَ فَانْفَجَرَتْ مِنْهُ اثْنَتَا عَشْرَةَ عَيْنًا قَدْ عَلِمَ كُلُّ أُنَاسٍ مَشْرَبَهُمْ كُلُوا وَاشْرَبُوا مِنْ رِزْقِ اللَّهِ وَلَا تَعْثَوْا فِي الْأَرْضِ مُفْسِدِينَ البقرة ٦٠	وَقَطَّعْنَاهُمُ اثْنَتَيْ عَشْرَةَ أَسْبَاطًا أُمَمًا وَأَوْحَيْنَا إِلَى مُوسَى إِذِ اسْتَسْقَاهُ قَوْمُهُ أَنِ اضْرِبْ بِعَصَاكَ الْحَجَرَ فَانْبَجَسَتْ مِنْهُ اثْنَتَا عَشْرَةَ عَيْنًا قَدْ عَلِمَ كُلُّ أُنَاسٍ مَشْرَبَهُمْ الأعراف ١٦٠
قُولُوا آمَنَّا بِاللَّهِ وَمَا أُنْزِلَ إِلَيْنَا وَمَا أُنْزِلَ إِلَى إِبْرَاهِيمَ وَإِسْمَاعِيلَ وَإِسْحَاقَ وَيَعْقُوبَ وَالْأَسْبَاطِ وَمَا أُوتِيَ مُوسَى وَعِيسَى وَمَا أُوتِيَ النَّبِيُّونَ مِنْ رَبِّهِمْ لَا نُفَرِّقُ بَيْنَ أَحَدٍ مِنْهُمْ وَنَحْنُ لَهُ مُسْلِمُونَ البقرة ١٣٦	قُلْ آمَنَّا بِاللَّهِ وَمَا أُنْزِلَ عَلَيْنَا وَمَا أُنْزِلَ عَلَى إِبْرَاهِيمَ وَإِسْمَاعِيلَ وَإِسْحَاقَ وَيَعْقُوبَ وَالْأَسْبَاطِ وَمَا أُوتِيَ مُوسَى وَعِيسَى وَالنَّبِيُّونَ مِنْ رَبِّهِمْ لَا نُفَرِّقُ بَيْنَ أَحَدٍ مِنْهُمْ وَنَحْنُ لَهُ مُسْلِمُونَ آل عمران ٨٤
وَلَا تَقْتُلُوا أَوْلَادَكُمْ مِنْ إِمْلَاقٍ نَحْنُ نَرْزُقُكُمْ وَإِيَّاهُمْ وَلَا تَقْرَبُوا الْفَوَاحِشَ مَا ظَهَرَ مِنْهَا وَمَا بَطَنَ وَلَا تَقْتُلُوا النَّفْسَ الَّتِي حَرَّمَ اللَّهُ إِلَّا بِالْحَقِّ ذَلِكُمْ وَصَّاكُمْ بِهِ لَعَلَّكُمْ تَعْقِلُونَ الأنعام ١٥١	وَلَا تَقْتُلُوا أَوْلَادَكُمْ خَشْيَةَ إِمْلَاقٍ نَحْنُ نَرْزُقُهُمْ وَإِيَّاكُمْ إِنَّ قَتْلَهُمْ كَانَ خِطْئًا كَبِيرًا الإسراء ٣١
وَإِمَّا يَنْزَغَنَّكَ مِنَ الشَّيْطَانِ نَزْغٌ فَاسْتَعِذْ بِاللَّهِ إِنَّهُ سَمِيعٌ عَلِيمٌ الأعراف ٢٠٠	وَإِمَّا يَنْزَغَنَّكَ مِنَ الشَّيْطَانِ نَزْغٌ فَاسْتَعِذْ بِاللَّهِ إِنَّهُ هُوَ السَّمِيعُ الْعَلِيمُ فصلت ٤١
وَإِذْ قَالَ إِبْرَاهِيمُ رَبِّ اجْعَلْ هَذَا بَلَدًا آمِنًا وَارْزُقْ أَهْلَهُ مِنَ الثَّمَرَاتِ مَنْ آمَنَ مِنْهُمْ بِاللَّهِ وَالْيَوْمِ الْآخِرِ قَالَ وَمَنْ كَفَرَ فَأُمَتِّعُهُ قَلِيلًا ثُمَّ أَضْطَرُّهُ إِلَى عَذَابِ النَّارِ وَبِئْسَ الْمَصِيرُ البقرة ١٢٦	وَإِذْ قَالَ إِبْرَاهِيمُ رَبِّ اجْعَلْ هَذَا الْبَلَدَ آمِنًا وَاجْنُبْنِي وَبَنِيَّ أَنْ نَعْبُدَ الْأَصْنَامَ إبراهيم ٣٥

نلاحظ أنه في معظم هذه الحالات قد جاء التكرار للآيات نفسها تقريبا، مع بعض التغييرات الطفيفة أحيانا والتي لا تعطي أي تعليل لهذا التكرار، لذلك تجد السؤال الذي يطرح نفسه: لماذا هذا التكرار المتطابق للآيات نفسها بالمعاني نفسها في نص ينسبون له الإعجاز؟ ألا يكرر القرآن نفسه مرات كثيرة دون داع لذلك؟

أمثلة للعبارات المكررة

أسوق هنا مجموعة من الأمثلة المعروفة والتي اخترتها اعتباطا وغيرها كثير جدا بالقرآن:

العبارة المكررة	مرات التكرار	العبارة المكررة	مرات التكرار
إن الله غفور رحيم	١٧ مرة	لعلكم تذكرون	٦ مرات
إن الله سميع بصير	٣ مرات	بما تعملون بصير	١٢ مرة
وبئس المصير	١١ مرة	بما تعملون خبير	١٢ مرة
لعلكم تفلحون	١٠ مرات	لقوم يعقلون	٧ مرات
الله سميع عليم	١٦ مرة	تجري من تحتها الأنهار	٢٤ مرة
الله عزيز حكيم	١٣ مرة	ذلك الفوز العظيم	٦ مرات
الله على كل شيء قدير	٢٧ مرة	ذلك هو الفوز العظيم	٧مرات
الله شديد العقاب	١٣ مرة	هل أتاك حديث	٥ مرات
التواب الرحيم	٥ مرات	يا أيها الذين آمنوا	٧٠ مرة
الله عزيز ذو انتقام	٣ مرات	يا أيها الناس	١٩ مرة
إن كنتم تعلمون	٧ مرات	أولئك هم الخاسرون	٨ مرات
لو كانوا يعلمون	٧ مرات	الله لا يهدي القوم الظالمين	٦ مرات
عالم الغيب والشهادة	٧ مرات	الله يحب المحسنين	٥ مرات
بما كنتم تعملون	١٤ مرة	فبأي آلاء ربكما تكذبان	٣١ مرة

هذا التكرار العجيب الذي يطبع القرآن كله من أوله لآخره، والذي لا يتعلق بتكرار كلمات معينة بل عبارات بأكملها في مواضع مختلفة، ومواقف متفاوتة، مما يجعل المرء يتساءل عن هذه البلاغة المزعومة: هل هذه هي البلاغة؟ يحق لأي خبير في اللغة أن يجعل من القرآن نموذجا للتكرار الذي ينبغي تجنبه في أي نص أدبي. لأنه إذا حذفنا القصص والآيات والعبارات المكررة من القرآن سنجده قد تقلص ليصير أقل من الثلثين، ومع ذلك ينسبون له الإعجاز! أي نص أدبي تكررت عباراته بهذا التكرار المزعج حتى صارت تشغل ثلثه سيصنف حتما ضمن النصوص الركيكة أدبيا، فما بالك أن ينسب له الإعجاز البلاغي أيضا!

٣ـ مخالفته للقواعد

القواعد هي مجموعة من الضوابط التي تحترمها اللغة المتداولة، وإليها يُحتكم في تصويب أو تقييم أي نص أو كلام، وإذا خالف نص معين أو كلام معين إحدى هذه القواعد فإنه سيعتبر شاذا وخاطئا.

وقد قال الأب الحداد: «كل لغة لها في صرفها ونحوها وفقه لغتها وأساليب بيانها قواعد، متى تجاوزها الكلام عد غريبا».[١]

غير أننا نجد القرآن في الكثير من الحالات شذ عما جرت عليه العادة، وأتى بما صار يصطلح عليه عند علماء القرآن بغريب القرآن، ونعطي أمثلة لذلك:

التذكير والتأنيث

لم يحترم القرآن قواعد التذكير والتأنيث بل كان يؤنث متى شاء ويذكر متى شاء دون الالتزام بنفس القاعدة في كل آياته:

فتجده يقول مثلا: {جاءتها ريح عاصف} يونس٢٢ ثم يقول في موضع آخر: {ولسليمان ريح عاصفة} الأنبياء ٨١ الصواب هو أن يقول «جاءتها ريح عاصفة» لأن فعل جاءت «مؤنث» هنا والريح مؤنث.[٢]

الضمائر

قاعدة: قال السيوطي: «الأصل توافق الضمائر في المرجع حذرا من التشتيت».[٣]

ولكن القرآن خالف القاعدة في غير ما موضع: في سورة طه الآية ٣٩ {أن اقذفيه في التابوت فاقذفيه في اليم} الضمير الأول لموسى والضمير الثاني للتابوت، ولكن هذا التفسير عابه الزمخشري حيث قال: «والضمائر كلها راجعة إلى موسى، ورجوع بعضها إليه وبعضها إلى التابوت فيه هجنة، لما تؤدي من تنافر النظم الذي هو أم إعجاز القرآن»[٤]، وخرج عن القاعدة أيضا قوله {ولا تستفت فيهم منهم أحدا} الكهف ٢٢ ضمير فيهم أرجعوه لأصحاب الكهف وضمير منهم أرجعوه لليهود، وكذلك قوله {ولما جاءت رسلنا لوطا سيء بهم وضاق بهم ذرعا} هود٧٧

---

١. الأب درة الحداد نظم القرآن والكتاب صفحة ١٥١.

٢. قال الفخر الرازي " الريح مؤنثة قال تعالى: {بِرِيحٍ صَرْصَرٍ عَاتِيَةٍ} (الحاقة: ٦)، {بِرِيحٍ طَيِّبَةٍ} (يونس: ٢٢)" تفسير الرازي لسورة القمر آية ٣٣

٣. الإتقان ص ٤٥٠

٤. الكشاف ٢/٥٣٦ وقد نقله السيوطي أيضا في الإتقان ص ٤٥٠

قال ابن عباس: ساء ظنا بقومه وضاق ذرعا بأضيافه[١] وكذلك قوله {لتؤمنوا بالله ورسوله وتعزروه وتوقروه وتسبحوه بكرة وأصيلا} الفتح ٩ ردّ التسبيح على اسم الله، والتوقير والتعزيرَ على اسم الرسول[٢].

السؤال والجواب

القاعدة هي أن يكون الجواب مطابقا للسؤال، والقرآن يخالف هذه القاعدة في كثير من الأحيان، جاء في سورة الشعراء الآية ٢٣ و٢٤ في سياق الحديث المنسوب لفرعون وموسى : {وما رب العالمين؟ قال رب السموات والأرض وما بينهما}. فالسؤال كان بـ «ما» عن الماهية والجنس، ولكن الجواب أتى غير ذلك تماما، ومهما حاول المفسرون تعليل الأمر فإنهم عجزوا عن إعطاء تبرير مقنع حيث قالوا أن موسى امتنع عن الجواب عن الماهية لأن السؤال فاسد[٣]، وفي قوله {يسألونك عن الروح قل الروح من أمر ربي} الإسراء٨٥ تهرب من الجواب، وفيه أقوال أخرى ليس هذا مكانها، والخلاصة أن الجواب لم يأت مطابقا للسؤال، لأن السؤال هنا كان عن ماهية الروح لا عمن له كل العلم عن أمر الروح، فالسائل يعرف أن الروح من أمر الله.

هناك قاعدة ثانية متعلقة بالسؤال والجواب أوردها السيوطي في الإتقان: «أصل الجواب أن يعاد فيه نفس السؤال ليكون وفقه».[٤] الأمثلة على صحة هذه القاعدة قوله {أئنك ليوسف؟ قال أنا يوسف} يوسف٩٠، وكذلك قوله: {أَأَقْرَرْتُمْ وأخذتم على ذلكم إصري؟ قالوا أقررنا} آل عمران٨١ وقد شذ عن هذه القاعدة قوله: {قل هل من شركائكم من يبدأ الخلق ثم يعيده؟ قل الله يبدأ الخلق ثم يعيده} يونس٣٤ فلا يعقل أن يكون السؤال والجواب من واحد. قد يجد الشخص تبريرات لهذه الأسئلة لكن السؤال المطروح أما كان بإمكان النص أن يكون أكثر بلاغة وبيانا إذا التزم بهذه القاعدة؟

الخطاب بالإسم والخطاب بالفعل

قاعدة: قال السيوطي: «الإسم يدل على الثبوت والاستمرار، والفعل يدل على

---

١. الإتقان ص ٤٥١

٢. تفسير القرطبي لسورة محمد آية ٢٥

٣. تفسير القرطبي لسورة النحل آية ١٧

٤. الإتقان ص ٤٦٨

التجدد والحدوث، ولا يحسن وضع أحدهما موضع الآخر[١] والمثل على ذلك قوله: {وكلبهم باسط ذراعيه} الكهف ١٨ فباسط تدل على الثبوت لو قيل يبسط لكانت تدل على تجدد فعل البسط، وكذلك قوله: {هل من خالق غير الله يرزقكم} فاطر ٣ فالرزق يتجدد ولذلك قال يرزقكم ولم يقل رازقكم. ولكن القرآن شذ عن هذه القاعدة في قوله: {ثم إنكم بعد ذلك لميتون، ثم إنكم يوم القيامة تبعثون} المؤمنون١٥و١٦ ففي ذكره للبعث استعمل الفعل وكأنه يتجدد كل يوم! وأيضا قوله: {إن الذين من خشية ربهم مشفقون، والذين هم بآيات ربهم يؤمنون} المؤمنون٥٧و٥٨ وكأنهم كل يوم يؤمنون من جديد!

٤. اللفظ على حساب المعنى

من المعلوم أنه إذا تم إدخال ألفاظ أو حذفها أو تغيير موضعها لمجرد مراعاة اللفظ والحفاظ على الفواصل، فإن المعنى يذهب، وهو من الأمور غير المحمودة عند العلماء. فقد قال الباقلاني - حين أراد أن يعيب السجع وينفي صفة السجع عن القرآن- : «السجع من الكلام الذي يتبع المعنى فيه اللفظ الذي يؤدي إلى السجع، وليس كذلك ما اتفق مما هو في تقدير السجع من القرآن، لأن اللفظ يقع فيه تابعا للمعنى».[٢]

فالباقلاني إذن يعتبر أن محاولة الحفاظ على السجع تجعل المعنى يتبع اللفظ وليس العكس، وهو عيب يُنعت به سجع الكهان من العرب، وبالتالي فإن هذا العيب عند الباقلاني لا يوجد في القرآن، لكن ما الذي يمكن للباقلاني أن يقوله في حق هذه الآيات التي سنسوقها أمثلة على أن القرآن هو الآخر يحاول أن يجعل المعنى يتبع اللفظ في أحيان كثيرة، وأنه للحفاظ على الفاصلة تم إدخال كلمات وحذف أخرى، وحذف حروف وتغيير مواضع بعض الكلمات .. بل تم تجاوز العديد من القواعد في سبيل اللفظ. قال الأستاذ الحداد: «ولا تحسن المحافظة على الفواصل إلا بالمحافظة على المعاني، فأما أن تهمل المعاني في سبيل تحسين اللفظ فليس من قبيل البلاغة».[٣] ونقل لنا السيوطي في كتابه ما قاله الرماني في كتاب إعجاز القرآن: «ذهب الأشعرية إلى امتناع أن يقال: في القرآن سجع، وفرقوا بأن السجع

---

١. الإتقان ص ٤٧٠

٢. إعجاز القرآن للباقلاني الجزء الأول ص ٨٨.

٣. نظم القرآن والكتاب، الكتاب الأول: إعجاز القرآن، ص ١٦٢.

هو الذي يقصد فيه نفسه ثم يحال المعنى عليه، والفواصل التي تتبع المعاني، ولا تكون مقصودة في نفسها. قال: ولذلك كانت الفواصل بلاغة، والسجع عيبا».[1]

لكن السيوطي يناقض نفسه في مكان آخر حين يسرد لنا الأمثلة التي خالف فيها القرآن الأصول فجعل المعنى يتبع اللفظ، حيث قال نقلا عن شمس الدين بن الصائغ: «اعلم أن المناسبة أمر مطلوب في اللغة العربية، يُرتكب لها أمور من مخالفة الأصول. قال: وقد تتبعت الأحكام التي وقعت في آخر الآي مراعاة للمناسبة فعثرت منها على نيف عن الأربعين حكما».[2]

أمثلة للسيوطي

وإليكم الأمثلة التي نقلها السيوطي نقلا عن بن الصائغ:

تقديم خبر كان على اسمها : {ولم يكن له كفؤا أحد} الإخلاص٤ والأصل : «ولم يكن أحد كفؤا له» .

تقديم ما هو متأخر في الزمان: {فلله الآخرة والأولى} النجم٢٥ لولا مراعاة الفواصل لكانت: «فلله الأولى والآخرة» كقوله: {له الحمد في الأولى والآخرة} القصص٧٠.

تقديم الفاضل على الأفضل: {برب هارون وموسى} طه ٧ والصواب: «برب موسى وهارون» ولكن تم تجاوز الصواب في سبيل الفاصلة.

حذف ياء المنقوص المعرف: نحو: {الكبير المتعال} الرعد٩ {يوم التناد} غافر٣٢ والقاعدة هي أن يقال: «الكبير المتعالي» و«يوم التنادي».

حذف ياء الفعل غير المجزوم: {والليل إذا يسر} الفجر٤ الصواب «والليل إذا يسري».

حذف ياء الإضافة : {فكيف كان عذابي ونذر} القمر١٦ {فكيف كان عقاب} الرعد٣٢ والصواب : «فكيف كان عذابي ونذري» و«فكيف كان عقابي».

إيثار أغرب اللفظتين: {قسمة ضيزى} النجم٢٢ ولم يقل «جائرة». {لينبذن في الحطمة} الهمزة٤ ولم يقل: جهنم أو النار، وهذا ينطبق على {سأصليه سقر} المدثر٢٦ {إنها لظى} المعارج ١٥ {فأمه هاوية} القارعة٩، وذلك لمراعاة الفواصل.

الاستغناء بالإفراد عن الجمع: {واجعلنا للمتقين إماما} طه١١٧ عوض «واجعلنا للمتقين أئمة»، {إن المتقين في جنات ونهر} القمر٥٤ والصواب: «إن المتقين في جنات وأنهار».

تأخير الوصف غير الأبلغ عن الأبلغ: {الرحمن الرحيم} والصواب: «الرحيم

1. الإتقان ص ٦٧٣ و٦٧٤ نقلا عن إعجاز القرآن ص : ٥٧.
2. الإتقان ص ٦٧٦

الرحمن» لأن الرحمن أبلغ ولذلك ينبغي أن تأتي بعد الرحيم.

تغيير بنية الكلمة: {وطور سنين}[١] والأصل «سينا».

هذا غيض من فيض نكتفي به ههنا لنقول بأن القرآن كتاب هو الآخر مليء بالعيوب البلاغية، والتي تجعل البشر ليسوا قادرين على الإتيان بمثله فحسب بل على تصحيحه والإتيان بأحسن منه أيضا، بقي أن نُلفت الانتباه إلى أن القرآن لم يخضعوه لقواعد اللغة العربية كما أخضعت باقي النصوص، ولم يشاءوا الاحتكام إلى الشعر الذي هو قبل القرآن وهو ديوان العرب كما قال عنه ابن عباس، بل أخضعوا قواعد اللغة إلى القرآن وجعلوه فوق القواعد، وكلما خالف القرآن قواعد اللغة كلما جعلوا شذوذه إعجازا وخرجوا بفائدة في الأمر ووجدوا له مخرجا وقاعدة، فهل نستطيع الاحتكام إلى قواعد فُصلت أصلا على مقاس القرآن؟

٥- نسبية البيان

من الأمور التي ينبغي الإشارة إليها أيضا وهي من (مبطلات الإعجاز) أن البيان القرآني بيان محدود مكانا وزمانا، فهو بيان نسبي ليس له نفس الأثر لدى مختلف الناس ومختلف البيئات ومختلف الأزمنة، لذلك كان للكثير من المستشرقين، وغيرهم من الدارسين للقرآن، ملاحظات كثيرة تتعلق بهذا الموضوع، ومن أحسن ما نسوق في هذا الباب ما أورده الأستاذ الحداد في كتابه نقلا عن كتاب أثر القرآن، وأيضا نقلا عن المستشرق نلدكه: «يقول ندلكه إن القرآن يستخدم عناصر الطبيعة للتذكير بعظمة الله وسره وعدله، ويرى أن كثيرا من هذه الصور مستمدة من البيئة فهي لا تعطي الأثر القوي عند رجل غربي. فصور السحاب الذي يسيره الله تعالى فوق الأرض وفي السماء، عبر الصحراء المقفرة، والمطر الذي ينزله على الصحراء الجرداء ليكسوها ويعيد إليها نضرتها وجناتها وثمارها، فيبتهج العربي بمنظر الخضرة لأنها عنده الحياة. هذه الصورة قوية الأثر في نفوس الأعراب الذين تعودوا أن تمر بهم سنوات عجاف تجف فيها الأرض قبل أن يهطل الغيث ليكسو قسوة الصحراء التي خلقها الزمن خيرا عميما ومراعي خضراء غنية».[٢] وبالتالي مادام البيان نسبيا فكيف نجعله إعجازا يشمل

١. التين ٢

٢. نظم القرآن والكتاب، إعجاز القرآن درة الحداد ص ١٩٠، نقلا عن أثر القرآن ص ٣٦٣ وأيضا Noldeke S.E.H.p.33

جميع البشر وجميع الأماكن وكل العصور؟

الموسيقى في القرآن

أما آخر ما نختم من خصائص هذا الوجه المعجزي للقرآن هو «الإعجاز الموسيقي»، والذي لكثرة ما قيل فيه كدنا نفرد له بابا خاصا لولا مخافة أن نكثرعلى القارئ أبوابا زائدة دون حاجة لذلك.

ومما ذكر في هذا الباب قول الرافعي الذي ساق أمثلة لهذا النظم الموسيقي الفريد للقرآن فقال: «من ذلك لفظ (النذُر) جمع نذير، فإن الضمة ثقيلة فيها لتواليها على النون والذال معا، فضلا عن جسأة هذا الحرف ونبوه في اللسان، وخاصة إذا جاء فاصلة للكلام، فكل ذلك مما يكشف عنه ويفصح عن موضع الثقل فيه. ولكنه جاء في القرآن على العكس وانتفى في طبيعته من قوله تعالى: {ولقد أنذرهم بطشتَنا فتماروا بالنذر}.[1] فتأمل هذا التركيب، وأنعم ثم أنعم على تأمله، وتذوق مواقع الحروف، وأجر حركاتها في حس السمع، وتأمل مواضع القلقلة في دال (لقد) وفي الطاء من (بطشتنا) وهذه الفتحات المتوالية فيما وراء الطاء إلى واو (تماروا) مع الفصل بالمد كأنها تثقيل لخفة التتابع في الفتحات إذا جرت على اللسان، ليكون ثقل الضمة عليه مستخفا بعد، ولتكون هذه الضمة قد أصابت موضعها، كما تكون الأحماض في الأطعمة».[2]

وقال صبحي الصالح معلقا على النظم الموسيقي للقرآن: «هذا النظم الذي يشبه السحر والذي ألف العرب على تعاديهم وكون منهم أمة واحدة تطرب للحن واحد تجتمع عليه قلوبها في الأرض بينما ترتفع به أرواحها في السماء».[3]

وهذا الكلام ما هو إلا وصف أدبي لا يسمن ولا يغني من جوع، لا يقدم أي مقاييس علمية ولا كلاما معقولا ومنطقيا يمكن الركون إليه، فالإعجاز يكاد يحصل عندهم حتى في الحروف (حتى القلقلة في دال «لقد» وطاء «بطشتنا»)!! وكأن الذي قال هذا الكلام لا يعرف أن القرآن ما كان مشكلا ولا منقطا وأن الكثير من القرآن يقبل القراءة على أكثر من وجه، وأن الشعر العربي فيه من القلقلة ومن المد ومن كل هذا وأكثر ما يغني ويزيد، فهل ذلك يجعل من الشعر

---

١. سورة القمر ٣٦.

٢. تاريخ آداب العرب للرافعي ٢/٢٣٩، نقله صبحي الصالح في مباحث علوم القرآن ص ٣١٨

٣. مباحث في علوم القرآن ص ٣١٩

معجزة إلهية؟ أما ردنا على صبحي الصالح فهو: متى كانت الألحان هي التي تؤلف القلوب وتزيل العداوة؟ وأي تآلف أتى به القرآن للعرب أصلا؟ أما اقتتلوا في عهد القرآن وبعده اقتتالا لم يشهدوه من قبل؟ ثم ما دخل هذا بالإعجاز؟ أليست الأشعار جميلة اللحن وعذبة السمع؟ ألا يطرب الناس للأغاني والقصائد ؟ فهل أعظم قصيدة في العالم، وأعظم أغنية في الكون، وأحسن لحن في الوجود يجعل منه كلاما للإله؟ أي مقاييس يعتمدها علماء القرآن في حكمهم على الأشياء؟

لكن بعض علماء الإسلام أبوا إلا قول الحق في هذا الباب حين علموا أن الإصرار على هذا الوجه من الإعجاز يمكن الرد عليه من وجوه عديدة، لذلك قال القاضي عبد الجبار: «فأما حسن النغم وعذوبة القول فيما يزيد الكلام حسنا على السمع، لا أنه يوجِدُ فضلا في الفصاحة، لأن الذي تتبين به المزية في ذلك يحصل فيه وفي حكايته على سواء، ويحصل في المكتوب منه على حسب حصوله في المسموع»[1]

وفي نفس السياق علق د. نصر حامد أبو زيد:

«ولم يتنبه القدماء إلى أن (حسن النغم) ليس إلا خصيصة لغوية ترتبط بالقدرة على استخدام البعد الصوتي للغة استخداما خاصا في تناغم مع قوانين اللغة التي حصروا الفصاحة فيها».[2]

ومما ينبغي التنبيه إليه هنا هو أن الكتاب المقدس قد احتوى ما يسمى بالأسفار الشعرية، وهي : سفر أيوب، والمزامير، والأمثال، والجامعة، ونشيد الأنشاد، وهذا النوع من الكتابة الموزونة قد أتى قبل القرآن بآلاف السنين. كما أن التلاوة والتجويد ليسا من إبداع المسلمين، بل قد سبقهم اليهود والمسيحيون إلى ذلك بقرون عديدة.. فالكنائس والمجامع منذ مئات السنين وهي تترنم بآيات الكتاب المقدس، ومع ذلك ما تجرأ أحدهم ولا ادعى بأن هذه الألحان والأوزان والتلاوة الموزونة تشكل وجها من معجزات الكتب المقدسة، المسلمون وحدهم هم الذين سقطوا في هذه الحلقة المفرغة من ادعاء الإعجاز حتى في أصغر التفاصيل معتمدين على العاطفة والتعصب دون التقيد بأدنى المعايير العلمية.

---

١. القاضي عبد الجبار المغني في أبواب التوحيد والعدل ج١٦ ص ٢٠٠

٢. د. نصر حامد أبو زيد، مفهوم النص ص ١٥٧

٦

الإعجاز الغيبي

"الكذب المفترى لا يلبث أن ينكشف، ففي أي شيء كذب النبي؟ في أخبار الغيب أم أخبار الماضي أم أخبار المستقبل المحجوب، وهل كانت ثقافة العرب المحدودة تسمح لهم بأن يكونوا في هذا الصعيد حكما على الكاذبين أو الصادقين؟ "
صبحي الصالح

الإعجاز في غيبياته

من أوجه الإعجاز التي تحدث عنها علماء القرآن واختلفوا فيها، هو الإعجاز الغيبي، أي أن القرآن ذكر العديد من الأمور الغيبية التي لم يكن لمحمد من أين يعلمها، فلذلك جعلت من القرآن معجزة خالدة ودليلها موجود فيها، فإخباره عن الأمم الماضية يعد غيبا لأن محمدا أمي (وهو أمر سندرسه فيما بعد) ولم يكن له من أين يتعلم مثل هذه الأمور، وأخبر عما في الضمائر في آيات أخرى وما يضمره الإنسان هو غيب لا يعلمه إلا الله، وتنبأ عن المستقبل نبوءات صدقت مما يثبت إعجاز القرآن أيضا، هذه الغيبيات كلها اتخذها الكثير من علماء القرآن وجها من أوجه الإعجاز القرآني، ودليلا قطعيا على أن الله هو من أوحى بالقرآن إلى محمد، وبالتالي شهادة قوية تضاف إلى غيرها لتؤكد نبوة محمد وصدق رسالته.

ومن بين ما قيل في هذا الباب ما نقله لنا السيوطي عن القاضي عياض، مما قاله هذا الأخير بخصوص أوجه الإعجاز حيث ذكر أن من بينها: «ما انطوى عليه من الإخبار بالمغيبات ومالم يكن، «ووجد كما ورد». ما أنبأ من أخبار القرون

السالفة، والأمم البائدة، والشرائع الداثرة، مما كان لا يعلم منه القصة الواحدة إلا الفذ من أخبار أهل الكتاب الذي قطع عمره في تعلم ذلك، فيورده (ص) على وجهه، ويأتي به على نصه، وهو أمي لا يقرأ ولا يكتب».[1]

ويذكر لنا السيوطي في موضع آخر أيضا أقوال الكثير من علماء القرآن حيث قال: «وقال قوم: وجه إعجازه ما فيه من الإخبار عن الغيوب المستقبلة، ولم يكن ذلك من شأن العرب. وقال آخرون: ما تضمنه من الإخبار عن قصص الأولين وسائر المتقدمين، حكاية من شاهدها وحضرها. وقال آخرون: ما تضمنه من الإخبار عن الضمائر، من غير أن يظهر ذلك منهم بقول أو فعل، كقوله: {إذ همت طائفتان منكم أن تفشلا} آل عمران ١٢٢، {ويقولون في أنفسهم لولا يعذبنا الله} المجادلة ٨ ».[2]

ويتخذ صبحي الصالح من هذا الوجه الغيبي في القرآن حجة دامغة تثبت صدق دعوى محمد بالنبوة فيقول: «والكذب المفترى لا يلبث أن ينكشف، ففي أي شيء كذب النبي؟ في أخبار الغيب أم أخبار الماضي أم أخبار المستقبل المحجوب، وهل كانت ثقافة العرب المحدودة تسمح لهم بأن يكونوا في هذا الصعيد حكما على الكاذبين أو الصادقين؟».[3]

فلنفحص هذه الأوجه الغيبية واحدا تلو الآخر لنرى صدقها من كذبها، ولنحدد ما إن كان القرآن فعلا قد تحدث عن الغيبيات وإن تحدث فهل صدق وأصاب؟

أخبار الأمم السابقة:

قال صبحي الصالح في هذا الباب: «وكأي من خبر ماض قص القرآن به أحسن القصص عن أمم خلت، وصحح به أخطاء وردت في الكتب السابقة فتناول عصمة الأنبياء، وفند به بعض المغالطات التاريخية، وصور محمدا شاهدا الأحداث كلها، مراقبا إياها، كأنه يعيش في عصرها بين أصحابها. قص على نبيه قصة نوح ثم قال: {تلك من أنباء الغيب نوحيها إليك، ما كنت تعلمها أنت ولا قومك من قبل هذا، فاصبر إن العاقبة للمتقين} هود ٤٩، وفصل كثيرا من أحوال

---

١. نقله السيوطي في الإتقان ص ٧١٩ عن القاضي عياض في الشفا ١/٢٥٨-٢٨٠

٢. الإتقان ص ٧١٣.

٣. مباحث في علوم القرآن ص ٤١

موسى في مدين، ثم قال: {وما كنت بجانب الغربي إذ قضينا إلى موسى الأمر وما كنت من الشاهدين. ولكنا أنشأنا قرونا فتطاول عليهم العمر، وما كنت ثاويا في أهل مدين تتلو عليهم آياتنا ولكنا كنا مرسلين} القصص ٤٤-٤٥، ووصف ولادة السيدة مريم ابنها عيسى عليهما السلام وكفالة زكريا لها ثم قال: {ذلك من أنباء الغيب نوحيه إليك، وما كنت لديهم إذ يلقون أقلامهم أيهم يكفل مريم، وما كنت لديهم إذ يختصمون} آل عمران ٤٤، وأسهب في سرد قصة يوسف وإخوته ثم قال: {ذلك من أنباء الغيب نوحيه إليك، وما كنت لديهم إذ أجمعوا أمرهم وهم يمكرون} يوسف ١٠٢».[١]

قد يتأثر القارئ بهذه الجمل المزخرفة والتي تحمل بين طياتها مغالطات كثيرة حول القصص القرآني، وحول ما جاء من أخبار الأمم في غير القرآن من كتب مقدسة وأشعار وغيرها، ولكن بدراسة متأنية يتجلى كل شيء ويظهر للقارئ مدى تعصب المسلمين للقرآن حتى أنهم لم يعتبروا أي كتاب غيره، ولولا الحاضر والواقع الذي يفرض أمورا عديدة لوصل بهم التعصب الأعمى إلى القول بأن القرآن هو الكتاب الوحيد الموجود على هذه الأرض.

إن كل القصص التي ذكرها القرآن وقام صبحي الصالح بجردها موجودة في الكتب المقدسة عند اليهود والمسيحيين، فقصة نوح فرد لها الكتاب المقدس خمس أصحاحات متتالية على الأقل، (سفر التكوين من الأصحاح ٦ إلى ١٠)، وهي تذكر تفاصيل القصة أكثر بكثير مما ذكر في القرآن (حوالي ١٣ آية في سورة هود) بحيث لم يذكر إلا عموميات دون تفاصيل، مع إضافة بعد التحريفات التي لم ترد أصلا في الكتاب المقدس وهو قبل القرآن بقرون كثيرة، وأوفى وأشمل وأدق، فالقرآن لم يأت بأي جديد يذكر في قصة نوح، وليس أمرا عجيبا أن يكون محمد مطلعا على قصة نوح، لأن القول بخلاف هذا يوحي بأن محمدا كان منقطعا عن الناس ويعيش في جزيرة لوحده، فقصة نوح قصة معروفة ومتداولة وربما أدخلت لشبه الجزيرة العربية سواء عن طريق المقيمين فيها من يهود ونصارى، أو عن طريق الحجاج القادمين إليها كل موسم، أو عن طريق تجارها الذين كانوا يذهبون إلى الشام ويلتقون الناس من مختلف الأديان والمذاهب، لكن الثابت في الأمر أنها

١. مباحث في علوم القرآن ٤١-٤٢

قصة نوح؟ هل يعقل أن يكون ورقة بن نوفل لا يعرف قصة نوح؟ ومادام الأمر من المستحيلات ألم يسمع محمد من ورقة أي قصة من قصص الكتاب المقدس وهو ممن استشارتهم خديجة في مسألة الوحي؟ هل يعقل أن يكون اللقاء مرة واحدة وهو من أصهار محمد؟ وخير دليل لنا على أن قصة نوح كانت من الأمور المسلمة لدى العرب هو أقوال الشعراء:

فها هو أمية بن أبي الصلت يذكرها ويحفظها عن ظهر قلب، وهو لم يكن لا من النصارى ولا من اليهود، ولا قسا ولا حبرا، بل كان شاعرا عربيا وقد كان محمد مولعا بأشعاره[١]:

كرحمة نوح يوم حل سفينة لشيعته كانوا جميعاً ثمانيا
فلما استنار الله تنور أرضه ففار وكان الماءُ في الأرض ساحيا
تَرَّفعُ في جري كأن أَطيطَهُ صَريفَ محال يستعيدُ الدواليا
على ظهر جوْنٍ لم يُعدَّ لراكب سراه وغيم ألبس الماءَ داجيا
فصارت بها أيامها ثم سبعةً وستَ ليالٍ دائبات عواطيا
تشقُّ بهم تهوي بأحسنِ امرة كأنَّ عليها هادياً ونواتيا
وكان لها الجوديُّ نِهياً وغايةً وأصبح عنه موجه متراخيا
وما كان أصحاب الحمامة خيفة غداة غدت منهم تضمُّ الخوافيا
رسولاً لهم والله يُحكمُ أمره يبين لهم هل يؤنَسُ الثوب باديا

١. جاء في مسند الإمام أحمد حديث رقم ١٨٦٥٧ "حدثنا سفيان عن إبراهيم بن ميسرة عن عمرو بن الشريد عن أبيه إن شاء الله أو يعقوب بن عاصم يعني عن الشريد كذا حدثناه أبي قال: أردفني رسول الله صلى الله عليه وسلم خلفه فقال هل معك من شعر أمية شيء قلت نعم قال أنشدني فأنشدته بيتا فقال هيه فلم يزل يقول هيه حتى أنشدته مائة بيت"

وقال في موضع آخر:

سمع الله لابن آدم نوح ربّنا ذو الجلال والافضال
حين أوفى بذي الحمامة والنا سُ جميعاً في فلكه كالعيال
فهي تجري فيه وتجتسر البحـ ـر بأقلاعها كَقِدْح المغالي
حابساً جوفه عليه رسولا من خفاف الحمام كالتمثال
فرشاها على الرسالة طوقا وخضاباً علامةً غير بالي
فأتته بالصدق لما رشاها وبقَطْف لما غدا عثكالِ
تصرخ الطير والبرية فيها مع قوي السباع والأفيالِ
حين فيها من كل ما عاش زوج بين ظهري غوارب كالجبالِ

وله أيضا :

مُنْج ذي الخير من سفينة نوح يوم بادت لبنان من أُخراها
فـار تنُّـورُه وجـاش بمـاء طمَّ فوق الجبال حتى علاها
قيل للعبد سر فسار وبالله على الهول سيرها وسراها
قيل فاهبط فقد تناهت بك الفلك على رأس شاهق مرساها

فهل بعد هذه التفاصيل كلها، والتي ذكرها شاعر عربي يسلم بأن ما يتحدث عنه معروف ومتداول بين قومه، يمكن أن يقال بأن قصة نوح من أنباء الغيب؟ إن الغيب هو ما لا يعرفه إلا الله وحده ولا سبيل إلى معرفته إلا بإعلان إلهي وكشف رباني، أما قصة نوح فإنها من الأمور التي كان من السهل على أي طفل في قريش معرفتها، فكيف بمن كان يهيئ نفسه لأن يكون رسولا؟!

أما قصة موسى والتي أيضا سيقت في هذا الباب فإنها سردت في (التوراة) على امتداد أربعة أسفار كاملة، والقول بأن محمدا لم يكن على علم بها قول فيه مغالطات كثيرة، ألى هذا الحد لم تكن قريش تعرف عن موسى أي شيء؟ ألم يوجد بمكة أهل الكتاب من النصارى واليهود؟ ألم يكن ورقة بن نوفل نصرانيا كما تقول كتب السيرة؟ ألم توجد قبائل بأكملها يهودية أو نصرانية كنجران وبني النضير؟ إن القائلين بأن ذكر قصة موسى في القرآن من أنباء الغيب يفترضون أن العرب بمن فيهم محمد لم يسمعوا بموسى قط، وأنه لأول مرة سيحكي لهم محمد قصته، بل حتى هو سيتعجب لما يتلقاها بالوحي!!

يذكر لنا البخاري في باب بدء الوحي أنه لما شرح محمد لورقة ما رآه قال له

ورقة هذا الناموس الذي نزل الله على موسى[١] ومحمد لم يسأل: من هو موسى؟ كما أن حديث ورقة يدل على أنه كان يفترض معرفة مسبقة لمحمد بموسى، وهل من المعقول أن يكون العرب- وهم ممن حققوا في أنسابهم حتى جعلوها تتصل بإسماعيل وبإبراهيم- أن يكونوا ممن لا يعرفون قصة موسى؟ فهاهو أمية بن أبي الصلت مرة أخرى يذكر لنا جزءا من هذه القصة في إحدى قصائده:

وأنت الذي من فضلٍ منّ ورحمة ... بعثت إلى موسى رسولاً مناديا
فقال أعنيّ بابن أُمي فإنني ... كثيرٌ به يا رب صلْ لي جناحيا
فقلت له فاذهب وهارون فادعو ... إلى الله وفرعون الذي كان طاغيا
وقولاً له أَأَنت سويت هذه ... بلا وتد حتى اطمأنَّتْ كما هيا
وقولا له أَأَنت رفّعْت هذه ... بلا عَمدٍ أرفق إذاً بك بانيا
وقولا له أأنت سوَّيْتَ وسطها ... منيراً إذًا ما جنَّه الليل هاديا
وقولا له من يرسل الشمس غدوةً ... فيصبح ما مست من الأرض ضاحيا
فأنبت يقطيناً عليها برحمةٍ ... من الله لولا الله لم يبق صاحيا
وقولا له من ينبتُ الحبَّ في الثرى ... فيصبح منه البقل يهتز رابيا
ويخرج منه حبه في رؤوسه ... وفي ذاك آيات لمن كان واعيا

أما الأعجب من هذا كله هو أن تكون قصة السيد المسيح (رغم ما زيد عليها من إضافات في القرآن) هي الأخرى غيبا لم يكشف عنه إلا القرآن! العالم كله كان يؤرخ بالميلاد العذراوي للمسيح، ومع ذلك تبقى قصة هذه الولادة غيبا كان العالم ينتظر مجيء القرآن ليكشفه له! سبحان الله! أربعة أناجيل كاملة تتحدث بالتفصيل الدقيق عن المسيح وعن حياته ومعجزاته، كما أن انتشار المسيحية الواسع آنذاك شمل أقطارا كثيرة بما فيها الإمبراطورية الرومانية، ومع ذلك يقال بأن قصة السيد المسيح من أنباء الغيب أوحاه الله لمحمد!! بل الكعبة نفسها كانت تحوي صورا للمسيح على

١. صحيح البخاري الحديث ٣ باب بدء الوحي

جدرانها![1] فهل يا ترى كان العرب يقدسون شخصا ويضعون تماثيله وصوره ولا يعرفون قصته؟! لندع شعر أمية يجيبنا عن هذا السؤال:

وفي دينكم من رب مريم آيةٌ ... منبئةٌ بالعبد عيسى ابن مريمِ
أنابت لوجه الله ثم تبتلت ... فسبَّح عنها لومةَ المتلومِ
فلا هي همَّت بالنكاح ولا دنت ... إلى بشر منها بفرج ولا فمِ
ولطَّتْ حجاب البيت من دون أهلها ... تغيَّبُ عنهم في صحاريِّ رِمْرِمَ
يحار بها الساري إذا جن ليله ... وليس وإن كان النهارُ بمُعْلَمِ
تدّلى عليها بعد ما نام أهلها ... رسول فلم يَحْصَرْ ولم يترمرمِ
فقال ألا لا تجزعي وتكذبي ... ملائكةً من رب عاد وجرهمِ
أنيبي وأعطي ما سُئلتِ فإنني ... رسول من الرحمن يأتيك بابنمِ
فقالت له أنَّى يكون ولم أكن ... بغياً ولا حبلى ولا ذاتَ قيِّمِ
أأُحْرَجُ بالرحمن إن كنتُ مُسْلماً ... كلامي فاقعد ما بدا لك أوْ قمِ
فسبَّح ثم اغترَّها فالتقت به ... غلاماً سويَّ الخلق ليس بتوأَمِ
بنفخته في الصدر من جيب درعها ... وما يصرم الرحمن مِل أمرٍ يُصْرَمِ
فلمَّا أتمته وجاءت لوضعه ... فآوى لهمَ من لومهم والتندُّمِ
وقال لها من حولها جئت منكرا ... فحقٌّ بأن تُلْحيْ عليه وتُرجمي
فأدركها من ربّها ثمَّ رحمة ... بصدق حديث من نبيٍّ مكلمِ
فقال لها إني من الله آية ... وعلَّمني والله خير معلمِ
وأُرسلت لم أُرسَلْ غوياً ولم أكن ... شقياً ولم أُبعثْ بفحش ومأْثمِ

إن ثقافة العرب كانت ثقافة شفهية لا كتابية، والافتراض بأن محمدا كان يلزم أن يكون قارئا وكاتبا ليمكنه معرفة أخبار الأمم الخالية افتراض باطل، لأن العرب كانوا أهل ثقافة تتناقل شفاها لا بالكتب. فهم يحفظون القصائد الطوال، ويرددون الأشعار والقصص والأمثال والأنساب عن ظهر قلب، دون الحاجة إلى كتب. لذلك فالقول بأن محمدا أمي لا يعرف القراءة والكتابة، حتى لو كان صحيحا، لن يمنع اطلاعه على ثقافة قومه وسعة علمه بها ومعرفته لما حوته من

١. وقد حكى ابن عائذ في المغازي عن الوليد بن مسلم عن سعيد بن عبد العزيز أن صورة عيسى وأمه بقيتا حتى رآهما بعض من أسلم من نصارى غسان فقال: إنكما لببلاد غربة، فلما هدم ابن الزبير البيت ذهبا فلم يبق لهما أثر، وقد أطنب عمر بن شبة في «كتاب مكة» في تخريج طريق هذا الحديث فذكر ما تقدم وقال: «حدثنا أبو عاصم عن ابن جريج سأل سليمان بن موسى عطاء: أدركت في الكعبة تماثيل قال: نعم، أدركت تماثيل مريم في حجرها ابنها عيسى مزوقا، وكان ذلك في العمود الأوسط الذي يلي الباب، قال: فمتى ذهب ذلك قال: في الحريق» فتح الباري جزء ٨ ص ٣١٦

قصص سواء الحقيقية منها أو الخرافية، لذلك لم تكن آيات القرآن مخالفة للبيئة التي ظهرت فيها بل كانت جزءا لا يتجزأ منها، فإذا أردنا إذن أن نفترض بأن محمدا لم يكن يعرف من قصص الأولين شيئا علينا أن نفترض أيضا أنه كان أصماً وأبكماً وأعمى لكي نثبت ذلك.

٧

القصص القرآني

"سلوه عن ثلاث: عن فتية ذهبوا في الدهر الأول ما كان من أمرهم فإن حديثهم عجب، وعن رجل طواف قد بلغ مشارق الأرض ومغاربها، ما كان نبؤه، وسلوه عن الروح وما هو؟ فإن أخبركم فهو نبي وإلا فهو متقول"
فخر الدين الرازي

تعليقات على القصص القرآني

إذا تأملنا قصص الكتاب المقدس سنجده مثلا في سرده لقصة نوح يقول: «وولد نوح ثلاثة بنين ساما وحاما ويافث» تكوين ٦:١٠ ويقول عن الفلك: «وهكذا تصنعه، ثلث مئة ذراع يكون طول الفلك وخمسين ذراعا عرضه وثلثين ذراعا ارتفاعه..» تكوين ٦:١٥ ثم يقول «واستقر الفلك في الشهر السابع في اليوم السابع عشر من الشهر على جبل أراراط» تكوين ٨:٤. أما القرآن فتجده لا يذكر لا أسماء الناس، ولا أسماء الأماكن، ولا السنوات، ولا الأوقات في قصصه، ولا المعايير والمقاييس، فأسلوب القصة فيه تعميمي لا يحتوي على تفاصيل، وهو أسلوب يختلف عما وصفوه به حين قالوا: «حكاية من شاهدها وحضرها» فأي الكتابين يحكي حكاية من شاهدها وحضرها؟ فهذا الأسلوب يشبه من يتهرب من ذكر التفاصيل حتى لا تكون شاهد إثبات ضده، لأنه بالتفاصيل ودقائق الأمور يمكن فحص الكلام لمعرفة صدقه من كذبه.

أما قصة موسى فحدث ولا حرج، لأن الكتاب المقدس ذكر لنا أدق التفاصيل من أسماء وأماكن وسنوات ومواقف، فمثلا يمكننا أن نعرف بأن اسم القابلتين

اللتين أمرهما فرعون بقتل الأطفال «شفرة وفوعة»، واسم كاهن مديان «يثرون»، واسم زوجة موسى «صفورة»، واسم ابنه «جرشوم»، والجبل الذي ظهرت فيه النار وكلم الله فيه موسى اسمه «حوريب».. هذه الأمور كلها تغيب في القصص القرآني، إلا إذا استثنينا ذكره لمدين كمكان {وَلَمَّا تَوَجَّهَ تِلْقَاءَ مَدْيَنَ قَالَ عَسَى رَبِّي أَنْ يَهْدِيَنِي سَوَاءَ السَّبِيلِ} القصص ٢٢، بحيث سادت العموميات مكان التفاصيل مما يقلل من مصداقية القصة. فالكتاب المقدس يمكن فحصه بالرجوع إلى هذه الأسماء جغرافيا وتاريخيا بل حتى لغويا، لفحصها والتأكد من أنها أسماء متداولة في تلك العصور وتنتمي لثقافتها، بل ويمكن أن تستنتج هل الذي كتب يعرف المنطقة جغرافيا أم أخطأ في وصفها ..إلخ من الأشياء التي لجأ إليها نقاد الكتاب المقدس. وبالتالي فإن الكتاب المقدس مرجع تاريخي في العديد من القضايا، بينما لا يمكن اعتبار القرآن بأي حال من الأحوال مرجعا في التاريخ، لأنه تنقصه الكثير من التفاصيل التي يحتاجها الباحث، فأي نص يا ترى يستحق لقب الإعجاز الغيبي؟

بالإضافة إلى هذا كله فإن الكثير من القصص التي تبناها القرآن كقصص حقيقية، ما هي إلا أساطير أخطأ في نقلها عن قومه وعن أهل الكتاب، واعتمدها خطأ، والقليل من التفاصيل التي نقلها كانت متناقضة مع الحقائق التاريخية، أو اتسمت بالغموض والحاجة إلى التفسير والتأويل على أكثر من وجه. سنعرض الآن بعض هذه الأخطاء التي ذكرها الكثير ممن سبقونا، لكننا هنا سنتطرق لها بشكل أدق وأشمل وسنحاول تفصيلها بدقة وموضوعية:

١ - فرعون وهامان وقارون

القرآن يخلط في مجموعة آيات بين فرعون وهامان وقارون، ويظهرهم على أنهم من فترة واحدة، وهذه هي الآيات:

- وَنُمَكِّنَ لَهُمْ فِي الْأَرْضِ وَنُرِيَ فِرْعَوْنَ وَهَامَانَ وَجُنُودَهُمَا مِنْهُم مَّا كَانُوا يَحْذَرُونَ[١]
- فَالْتَقَطَهُ آلُ فِرْعَوْنَ لِيَكُونَ لَهُمْ عَدُوًّا وَحَزَنًا إِنَّ فِرْعَوْنَ وَهَامَانَ وَجُنُودَهُمَا كَانُوا خَاطِئِينَ[٢]
- وَقَارُونَ وَفِرْعَوْنَ وَهَامَانَ وَلَقَدْ جَاءَهُم مُّوسَى بِالْبَيِّنَاتِ فَاسْتَكْبَرُوا فِي الْأَرْضِ

١. سورة القصص الآية ٦
٢. سورة القصص الآية ٨

وَمَا كَانُوا سَابِقِينَ[١]

• وَلَقَدْ أَرْسَلْنَا مُوسَى بِآيَاتِنَا وَسُلْطَانٍ مُّبِينٍ إِلَى فِرْعَوْنَ وَهَامَانَ وَقَارُونَ فَقَالُوا سَاحِرٌ كَذَّابٌ[٢].

• وَقَالَ فِرْعَوْنُ يَا هَامَانُ ابْنِ لِي صَرْحًا لَّعَلِّي أَبْلُغُ الأَسْبَابَ أَسْبَابَ السَّمَاوَاتِ فَأَطَّلِعَ إِلَى إِلَهِ مُوسَى وَإِنِّي لأَظُنُّهُ كَاذِبًا وَكَذَلِكَ زُيِّنَ لِفِرْعَوْنَ سُوءُ عَمَلِهِ وَصُدَّ عَنِ السَّبِيلِ وَمَا كَيْدُ فِرْعَوْنَ إِلاَّ فِي تَبَابٍ[٣]

وقد أشار الكثيرون إلى هذا الخلط بين فرعون وهامان، وتطرق له العديد من الدارسين للقرآن حتى أن الرازي أشار إلى هذه الحجة في تفسيره حيث قال: «قالت اليهود أطبق الباحثون عن تواريخ بني إسرائيل وفرعون أن هامان ما كان موجوداً ألبتة في زمان موسى وفرعون وإنما جاء بعدهما بزمان مديد ودهر داهر، فالقول بأن هامان كان موجوداً في زمان فرعون خطأ في التاريخ، وليس لقائل أن يقول إن وجود شخص يسمى بهامان بعد زمان فرعون لا يمنع من وجود شخص آخر يسمى بهذا الاسم في زمانه، قالوا لأن هذا الشخص المسمى بهامان الذي كان موجوداً في زمان فرعون ما كان شخصاً خسيساً في حضرة فرعون بل كان كالوزير له، ومثل هذا الشخص لا يكون مجهول الوصف والحلية فلو كان موجوداً لعرف حاله، وحيث أطبق الباحثون عن أحوال فرعون وموسى أن الشخص المسمى بهامان ما كان موجوداً في زمان فرعون وإنما جاء بعده بأدوار علم أن غلط وقع في التواريخ، قالوا ونظير هذا أنا نعرف في دين الإسلام أن أبا حنيفة إنما جاء بعد محمد صلى الله عليه وسلم فلو أن قائلاً ادعى أن أبا حنيفة كان موجوداً في زمان محمد عليه السلام وزعم أنه شخص آخر سوى الأول وهو يسمى بأبي حنيفة، فإن أصحاب التواريخ يقطعون بخطئه»[٤]

هامان وقارون وفرعون في الكتاب المقدس

فرعون: كلمة مصرية معناها «البيت الكبير» وهو لقب لملوك مصر يُقرأ أحياناً الملك الخاص. ومن الفراعنة المذكورين في الكتاب المقدس عدد من بينهم فراعنة

---

١. سورة العنكبوت الآية ٣٩

٢. سورة غافر الآيات ٢٣-٢٤

٣. سورة غافر الآيات ٣٦-٣٧

٤. تفسير الرازي لسورة غافر الآية ٣٦

إبراهيم ويوسف والتسخير والخروج وهم غير معروفين بالضبط.[١]

هامان: اسم فارسي يشير إلى «الإله العيلامي هامان» ابن هداثا وقد نسب إلى اجاج (اس ٣: ١ و٩: ٢٤). وظن يوسيفوس أنه من سلالة ملك العماليق الذي حارب شاول. وظن آخرون أن اجاج يشير إلى مكان أو شخص في فارس، وكان في خدمة الملك الفارسي احشوريوش، ونال رضاه حتى عظمه ورقاه إلى أعلى مناصب الدولة، وجعل عبيده كلهم يسجدون له. إلا أن مردخاي اليهودي رفض السجود، فغضب هامان عليه وقرر قتله هو وجميع اليهود الذين في الدولة، واستطاع أن يقنع الملك بذلك، وأصدر الملك منشوراً بوجوب إهلاك جميع اليهود الساكنين في إمبراطوريته الواسعة. غير أن مردخاي تمكن من حمل أستير على إقناع الملك بسحب منشوره وبالعفو عن اليهود وقتل هامان نفسه، ومعه عائلته، وقد صلب هامان على الصليب الذي أعده لمردخاي. ولا يزال اليهود يحتفلون بذكرى قتله والتخلص منه في يومي الفور (أو الفوريم)[٢]

إن القصة كما وردت في القرآن تسبب تشويشا في الأسماء والأماكن والأزمنة وترتبط بها عدة مشاكل:

- المشكلة الأولى لغوية تتلخص في أن إسم هامان ليس باسم مصري ينتمي إلى مصر القديمة، وليس له علاقة بفرعون إطلاقا، لأنه اسم فارسي نسبة إلى إله العيلاميين. فالأبحاث اللغوية إذن لا تخدم القرآن في هذا الإدعاء، وهذا دليل قوي يؤكد بأن هذا لم يكن في حسبان الراوي حين تلا القصة. ولعل هناك من يقول بأن الاكتشافات الحديثة قد أظهرت بأن اسم هامان إنما كان مستعملا عصر فرعون أيضا، وهم في هذا يستندون إلى بعض الآثار[٣] التي ورد فيها ذكر (أمن)

---

١. قاموس الكتاب المقدس

٢. قاموس الكتاب المقدس.

٣. القصة التي تروج في العديد من المواقع على الأنترنت وفي بعض الكتب كلها تقول ما يلي: «وأسم هامان قد أكتشف في المخطوطات القديمة وقبل هذه الأكتشافات لم يكن شئ معروف عن التاريخ الفرعوني، ولغز الهيروغليفية تم حله سنة ١٧٩٩ بأكتشاف حجر رشيد الذي يعود الى ١٩٦ قبل الميلاد وتعود أهمية هذا الحجر بأنه كتب بثلاث لغات : اللغة الهيروغليفية والديموقيطية واليونانية وبمساعدة اليونانية تم فك لغز الهيروغليفية من قبل شاملبيون وبعدها تم معرفة الكثير حول تاريخ الفراعنة وخلال ترجمة نقش من النقوش المصرية القديمة تم الكشف عن أسم (هامان (وهذا الأسم أشير إليه في لوح أثري في متحف هوف في فينا وفي مجموعة من النقوش كشفت لنا أن هامان كان رئيس عمال محجر البناء.»

أو (إمن)[1] وقالوا بأن ترجمتها إلى العربية ستعطي كلمة (هامان)، وهذا الذي يقصده القرآن بالضبط، وبالتالي فهذا دليل آخر على صدق القرآن ويرد عنه كل الشبهات المحيطة بالقصة، غير أن الدارس المنصف سيعرف بأن هذه ما هي إلا محاولات تضليلية فيها الكثير من المغالطات، وفيها تجاوز كبير للمعايير العلمية المتعارف عليها، يكفي أن نعرف بأن إسم (أمن) أو (إمن) إنما هو مشتق من إسم الإله المصري (آمون)، وأنه لا يمكن ترجمته هامان بأي حال من الأحوال، لأن اسم هامان إسم فارسي وإسم (أمن) اسم مصري، ولا يكفي أن يشتركا في بعض الحروف لنجعل من ذلك دليلا على أنه نفس الإسم المقصود، وإلا سنطبق نفس المبدأ على أسماء كثيرة متشابهة في حروف معينة ونصير في ورطة كبيرة أخرى! ثم أن هناك مشكلة أخرى تواجهنا، وهي أنه ليس من المعروف أي الفراعنة كان في عهد الخروج، وقد اختلف العلماء وظل اسمه غير معروف بالتدقيق كما يقول قاموس الكتاب المقدس، والمسلمون لا يعرفون أي فرعون هو بالضبط، لأنه لا الحديث ولا القرآن ذكر الإسم، وبالتالي سنسأل أي فرعون بالضبط كان له وزير اسمه هامان أو حتى (أمن)؟ وهل هو فرعون الخروج تحديدا؟[2] الذين يتبنون فكرة الخلط بين إسم أمن وهامان عمدا، يعتقدون أن فرعون الخروج إنما هو رمسيس الثاني، وهو رأي خاطئ بحسب دراسات أجريت على مومياء رمسيس الثاني أثبتت أنه لم يمت غرقا خلافا للقصة القرآنية، وبالتالي لا يمكن التعويل على هذا الرأي هو الآخر.

---

١. بالرغم من أن الإسم لم يرد هكذا إنما جاء متصلا: Amen em inet وليس هذا هو الإسم الوحيد الذي يحتوي على كلمة Amen فيه إنما جاءت أسماء كثيرة في عهد فراعنة مختلفين مثل :Amen em abet، Amen mes، وأيضا وجد Amen em inet في عهد فرعون آخر هو حورمحب، وبالتالي فالإسم كان موجودا بكثرة (انظر كتاب مصر الفرعونية، وأيضا كتاب رمسيس الثاني،فرعون المجد والانتصار، ترجمة د.أحمد زهير أمين)

٢. «بعض الباحثين يرى أن فرعون الخروج كان تحتمس الثالث وبعضهم يرى أنه كان إبنه أمنحوتب الثاني كما أن هناك من يقول إنه كان أمنحوتب الثالث ووصل الأمر ببعضهم إلى القول بأن خروجهم من مصر كان على أثر موت أخناتون، وأراد أن يربط بين خروجهم من مصر وثورة أخناتون الدينية . بل ظهر أخيرا رأي آخر وهو أن خروج بني إسرائيل من مصر لم يكن في عهد مرنبتاح وإنما كان قبله بنحو ٤٠٠ سنة إذ كان في عهد الهكسوس . وكل ما نستطيع أن نؤكده أنه لم يظهر في الآثار المصرية أو الآثار الفلسطينية ما يحدد وقت الخروج تحديدا تاما وسيظل هذا الموضوع مفتوحا للمناقشة حتى ظهور أدلة جديدة» مقتبس من كتاب مصر الفرعونية للكاتب أحمد فخري ص ٣٥٩و ٣٦٠.

• المشكلة الثانية هي أنه بين هامان وفرعون حوالي ألف سنة، وقد جاء في سفر أستير ما يلي: «بَعْدَ هذه الأُمُورِ عَظَّمَ المَلِكُ أَحَشْوِيرُوشُ هَامَانَ بْنَ هَمَدَاثَا الأَجَاجِيَّ وَرَقَّاهُ، وَجَعَلَ كُرْسِيَّهُ فَوْقَ جَمِيعِ الرُّؤَسَاءِ الَّذِينَ مَعَهُ. فَكَانَ كُلُّ عَبِيدِ المَلِكِ الَّذِينَ بِبَابِ المَلِكِ يَجْثُونَ وَيَسْجُدُونَ لِهَامَانَ».[1] فأحشويرش الملك الذي كان هامان وزيرا له أتى بعد موسى بحوالي ألف سنة، فهل هذه مجرد مصادفة أن يكون لأحشويرش وزيرا مشهورا اسمه هامان ويكون لفرعون هو الآخر وزيرا بنفس المكانة وبنفس الشهرة؟ وبما أن الكتاب المقدس هو كتاب قبل القرآن فإنه لا يمكننا إلا أن نوجه الاتهام للقرآن بأنه اقتبس من قصص أهل الكتاب وخلط بينها دون أن يعطي أي اعتبار للفارق الجغرافي ولا للفارق الزمني، ولم يقم القرآن في أي قصة من قصصه بتحديد التاريخ ولا باعتبار التتابع الزمني للأحداث مما يجعل الاتهام يزداد تأكيدا.

• المشكلة الثالثة هي أن إسم أمن الذي أراد المدافعون عن القرآن تحويله غصبا عنه إلى إسم هامان، هو اسم كان منتشرا بكثرة كما أوضحنا في الهامش، بينما هامان الذي يتحدث عنه القرآن كان دائع الصيت ومعروفا، ويفترض القرآن في المتلقي معرفة أولية به إذ لا يشرح القصة ولا يفصلها في أول إشارة لها[2]، إذ يكتفي بذكره بالإسم، مما يعني أن هامان إسم كان معروفا عند العرب، وأن القصة كانت متداولة بشكل أو بآخر، وبالتالي فإن ال «هامان» الوحيد المشهور بهذه الصفات (الطغيان، والتجبر، والاستعلاء) والمعروف لدى أهل الكتاب والذائع الصيت هو هامان الكتاب المقدس. وكان من المفروض أن يوضح القرآن من هو هامان هذا حتى لا يوقع المتلقي في الالتباس لو كان يقصد به شخصا آخر غير هامان المشهور! لذلك فإن أي محاولة للتأويل يصبح لزاما عليها أن ترد على أسئلة من هذا القبيل.

---

١. سفر أستير الأصحاح ٣ الآيات ١-٢

٢. إذا أخذنا بعين الاعتبار أن إسم هامان قد ورد في القرآن ست مرات، ثلاث منها في سورة القصص واثنان في سورة غافر وواحدة في سورة العنكبوت وبحسب التلسل الزمني للسور فإن البعض يرجحون سورة غافر قبل القصص (كما فعل نولدكه في كتابه تاريخ القرآن) والبعض الآخر جعل سورة القصص قبل غافر، وسواء في القصص أو في غافر فإن الإسم يرد أولا دون أي تفاصيل للقصة بشكل يوحي بأنه معروف لدى المتلقين كموسى وفرعون.

٢- مريم ابنة عمران أخت هارون

أما الخطأ الآخر فهو الخطأ المشهور، الذي تناوله الكثيرون، وهو قضية الخلط بين مريم أخت موسى ومريم أم السيد المسيح، ولتتبع هذا الخلط نعرض الآيات القرآنية أولا:

فَأَتَتْ بِهِ قَوْمَهَا تَحْمِلُهُ قَالُوا يَا مَرْيَمُ لَقَدْ جِئْتِ شَيْئًا فَرِيًّا يَا أُخْتَ هَارُونَ مَا كَانَ أَبُوكِ امْرَأَ سَوْءٍ وَمَا كَانَتْ أُمُّكِ بَغِيًّا[١] هنا تتحدث الآية القرآنية عن مريم العذراء بصفتها أخت هارون أما الآيات التالية فهي تحدد هوية أم مريم:

إِذْ قَالَتِ امْرَأَةُ عِمْرَانَ رَبِّ إِنِّي نَذَرْتُ لَكَ مَا فِي بَطْنِي مُحَرَّرًا فَتَقَبَّلْ مِنِّي إِنَّكَ أَنتَ السَّمِيعُ الْعَلِيمُ، فَلَمَّا وَضَعَتْهَا قَالَتْ رَبِّ إِنِّي وَضَعْتُهَا أُنثَى وَاللَّهُ أَعْلَمُ بِمَا وَضَعَتْ وَلَيْسَ الذَّكَرُ كَالأُنثَى وَإِنِّي سَمَّيْتُهَا مَرْيَمَ وَإِنِّي أُعِيذُهَا بِكَ وَذُرِّيَّتَهَا مِنَ الشَّيْطَانِ الرَّجِيمِ[٢]

وَمَرْيَمَ ابْنَتَ عِمْرَانَ الَّتِي أَحْصَنَتْ فَرْجَهَا فَنَفَخْنَا فِيهِ مِن رُّوحِنَا وَصَدَّقَتْ بِكَلِمَاتِ رَبِّهَا وَكُتُبِهِ وَكَانَتْ مِنَ الْقَانِتِينَ[٣]

جاء في التفسير: «امرأة عمران هذه هي أم مريم عليها السلام، وهي حنة بنت فاقوذ. قال محمد بن إسحاق: وكانت امرأة لا تحمل، فرأت يوماً طائراً يزق فرخه، فاشتهت الولد، فدعت الله تعالى أن يهبها ولداً، فاستجاب الله دعاءها، فواقعها زوجها، فحملت منه، فلما تحققت الحمل، نذرت أن يكون محرراً، أي: خالصاً مفرغاً للعبادة ولخدمة بيت المقدس».[٤]

جاء في الحديث: وحدثنا عبد بن حميد أخبرنا يونس بن محمد حدثنا شيبان بن عبد الرحمن عن قتادة عن أبي العالية حدثنا ابن عم نبيكم صلى الله عليه وسلم ابن عباس قال قال رسول الله صلى الله عليه وسلم مررت ليلة أسري بي على موسى بن عمران عليه السلام رجل آدم طوال جعد كأنه من رجال شنوءة ورأيت عيسى ابن مريم مربوع الخلق إلى الحمرة والبياض سبط الرأس وأري مالكا خازن النار

---

١. سورة مريم الآيات ٢٧-٢٨

٢. سورة آل عمران ٣٥-٣٦

٣. سورة التحريم ١٢

٤. تفسير ابن كثير لسورة آل عمران ٣٥، ونفس المعنى جاء في تفسير الطبري وتفسير الرازي وغيره.

النبيّ صلى الله عليه وسلم، فذكرت له ذلك، فقال: {إِنَّهُمْ كانُوا يُسَمُّونَ بأَسْماءِ مَنْ كانَ قَبْلَهُمْ}.[١] وهذا الجواب لا يزيد القصة إلا غموضا، فحتى لو كانوا يسمون بأسماء الأنبياء من قبلهم، فهل هذا يعني أن مريم كان لها أخ سمي على إسم هارون أخ موسى؟ أم أن واحدا من قومها سمي على إسم هارون أخ موسى؟ وكلا الرأيين أجبنا عنهما بما يغني عن المزيد.

٣- ذو القرنين

ومن القصص التي تثبت أن القرآن قد وقع في أغلاط تاريخية فظيعة وأدرج الأساطير على أنها حقائق ووقائع قصة ذي القرنين:

لقد ذكر القرآن قصة ذي القرنين في سورة الكهف كالتالي:

{وَيَسْأَلُونَكَ عَنْ ذي الْقَرْنَيْنِ قُلْ سَأَتْلو عَلَيْكُمْ مِنْهُ ذِكْرًا، إِنَّا مَكَّنَّا لَهُ فِي الْأَرْضِ وَآتَيْنَاهُ مِنْ كُلِّ شَيْءٍ سَبَبًا، فَأَتْبَعَ سَبَبًا، حَتَّى إِذَا بَلَغَ مَغْرِبَ الشَّمْسِ وَجَدَهَا تَغْرُبُ فِي عَيْنٍ حَمِئَةٍ وَوَجَدَ عِنْدَهَا قَوْمًا، قُلْنَا يَا ذَا الْقَرْنَيْنِ إِمَّا أَنْ تُعَذِّبَ وَإِمَّا أَنْ تَتَّخِذَ فِيهِمْ حُسْنًا، قَالَ أَمَّا مَنْ ظَلَمَ فَسَوْفَ نُعَذِّبُهُ ثُمَّ يُرَدُّ إِلَى رَبِّهِ فَيُعَذِّبُهُ عَذَابًا نُكْرًا، وَأَمَّا مَنْ آمَنَ وَعَمِلَ صَالِحًا فَلَهُ جَزَاءً الْحُسْنَى وَسَنَقُولُ لَهُ مِنْ أَمْرِنَا يُسْرًا، ثُمَّ أَتْبَعَ سَبَبًا، حَتَّى إِذَا بَلَغَ مَطْلِعَ الشَّمْسِ وَجَدَهَا تَطْلُعُ عَلَى قَوْمٍ لَمْ نَجْعَلْ لَهُمْ مِنْ دُونِهَا سِتْرًا، كَذَلِكَ وَقَدْ أَحَطْنَا بِمَا لَدَيْهِ خُبْرًا، ثُمَّ أَتْبَعَ سَبَبًا، حَتَّى إِذَا بَلَغَ بَيْنَ السَّدَّيْنِ وَجَدَ مِنْ دُونِهِمَا قَوْمًا لَا يَكَادُونَ يَفْقَهُونَ قَوْلًا، قَالُوا يَا ذَا الْقَرْنَيْنِ إِنَّ يَأْجُوجَ وَمَأْجُوجَ مُفْسِدُونَ فِي الْأَرْضِ فَهَلْ نَجْعَلُ لَكَ خَرْجًا عَلَى أَنْ تَجْعَلَ بَيْنَنَا وَبَيْنَهُمْ سَدًّا، قَالَ مَا مَكَّنِّي فِيهِ رَبِّي خَيْرٌ فَأَعِينُونِي بِقُوَّةٍ أَجْعَلْ بَيْنَكُمْ وَبَيْنَهُمْ رَدْمًا، آتُونِي زُبَرَ الْحَدِيدِ حَتَّى إِذَا سَاوَى بَيْنَ الصَّدَفَيْنِ قَالَ انْفُخُوا حَتَّى إِذَا جَعَلَهُ نَارًا قَالَ آتُونِي أُفْرِغْ عَلَيْهِ قِطْرًا، فَمَا اسْطَاعُوا أَنْ يَظْهَرُوهُ وَمَا اسْتَطَاعُوا لَهُ نَقْبًا، قَالَ هَذَا رَحْمَةٌ مِنْ رَبِّي فَإِذَا جَاءَ وَعْدُ رَبِّي جَعَلَهُ دَكَّاءَ وَكَانَ وَعْدُ رَبِّي حَقًّا، وَتَرَكْنَا بَعْضَهُمْ يَوْمَئِذٍ يَمُوجُ فِي بَعْضٍ وَنُفِخَ فِي الصُّورِ فَجَمَعْنَاهُمْ جَمْعًا} سورة الكهف ٨٣-٩٩ .

١. تفسير الطبري لمريم ٢٨

تعليقات على القصة

نطرح هنا الكثير من الأسئلة التي تواجه أي شخص يريد أن يثبت بأن القرآن معجزة في التاريخ أيضا:

٣-١- إعجاز أم رد فعل؟

هذه القصة جاءت هنا كجواب للذين جاؤوا يمتحنون محمد (يسألونك عن ذي القرنين) قال الفخر الرازي في تفسيره: «اليهود أمروا المشركين أن يسألوا رسول الله (ص) عن قصة أصحاب الكهف، وعن قصة ذي القرنين، وعن الروح»[١] فالإعجاز والسرد التاريخي عادة لا يأتي كجواب خصوصا إذا ادعينا أنه إعجاز، فمجرد السؤال وحده يعني بأن القصة كانت معروفة عند أناس آخرين ماداموا يسألون عنها، وبالتالي ما سيقوله محمد لا يعد جديدا ولا بالشيء المعجزي الذي لا يعرفه أي شخص آخر.

وقد جاءت هذه القصة أيضا في قصيدة لأمية ابن أبي الصلت[٢]:

قد كان ذو القرنين قبلي مُسْلِماً ملكاً علا في الأرض غيرَ مُعَبَّد
بلغ المشارق والمغـــارب يبتغي أسباب ملك من كريم سيِّدِ
فرأى مغيب الشمس عند مآبها في عين ذي خُلُبٍ ويأطٍ حرمدِ

٣-٢- من هو ذو القرنين؟

اختلف المفسرون (كالعادة) في من هو ذو القرنين، وانقسمت أقوالهم على الأقل إلى اثنين، فبعضهم قال أنه شخص كان زمن إبراهيم الخليل وأنه طاف معه حول الكعبة! وأنه آمن بإبراهيم وكان له وزير يقال له الخضر، أما البعض الآخر فقال: إنه إِسْكَنْدَر بْن فيليس الْمَقْدُونِيّ الْيُونَانِيّ وَكَانَ وَزِيره ارسطاطاليس الْفَيْلَسُوف الْمَشْهُور[٣]، ولكن الرازي في تفسيره يؤكد لنا بأن المقصود بذي القرنين هو الإسكندر المقدوني الذي كان قبل المسيح بحوالي ثلاثمائة سنة، ودليله أن: «هذا الإنسان المسمى بذي القرنين في القرآن قد دل القرآن على أن ملكه بلغ أقصى المغرب والمشرق وهذا هو تمام القدر المعمور من الأرض، ومثل هذا الملك البسيط لا شك أنه على خلاف العادات وما كان كذلك وجب أن يبقى ذكره مخلداً

---

١. تفسير الرازي جزء ٢١ ص ٤٩٥

٢. جاءت في ديوان أمية بن أبي الصلت، والبعض ينسبها لتبع الحميري.

٣. انظر تفسير ابن كثير الجزء ٥ ص ١٧٠

على وجه الدهر وأن لا يبقى مخفياً مستتراً، والملك الذي اشتهر في كتب التواريخ أنه بلغ ملكه إلى هذا الحد ليس إلا الإسكندر»[1] ودليل الرازي هنا يعد قويا لأنه استند إلى المنطق العلمي والتاريخي، والسؤال هنا: لماذا ترك القرآن القصة غامضة بهذا الشكل وهو الذي من المفروض أن يفحم السائلين وأن يفصِّل لهم الأسماء والتواريخ حتى يسد الأبواب على كل معارض؟ لقد ترك القرآن الأمر غامضا كعادته وجعل المفسرين يتخبطون في معرفة من هو ذي القرنين، ومع ذلك يدعون أن القرآن معجز تاريخيا!! أليس من المفروض أن يكون الإعجاز مفحما وواضحا؟ هل الغموض وعدم التعريف بالأشخاص يعد من الإعجاز؟

٣-٣- تسمية ذي القرنين

اختلف المفسرون مرة أخرى في سبب التسمية بذي القرنين فجاءت أقوالهم كالآتي: سمي ذا القرنين: لأن صفحتي رأسه كانتا من نحاس (!!)، لأنه ملك الروم وفارس، لأنه كان له في رأسه قرنان (!!)، كان له ضفيرتان في رأسه، لأنه انقرض في وقته قرنان من الناس، لأنه بلغ قرني الشمس (المشرق والمغرب) بل إن الرازي ساق في تفسيره عشر أقوال في هذا الباب[2]، فحتى التسمية نظرا لغرابتها لم يستطع المفسرون الجزم في سببها. ولذلك نستغرب كيف يدعون الإعجاز في ذكر الأمم السالفة، وهم لم يستطيعوا حتى تحديد الشخص ولا اسمه ولا سبب لقبه العجيب هذا!!

٣-٤- نبوة ذي القرنين

هل كان ذو القرنين نبيا؟ أم كان مجرد إنسان صالح؟ هذه الأسئلة احتار العلماء في الإجابة عنها. فمنهم من جعل ذا القرنين (الإسكندر المقدوني) نبيا وهو الكافر المعروف بكفره، ومنهم من جعل منه إنسانا صالحا كان ملهما من الله في كل أعماله. وهذا الخلط هو ما عبر عنه الرازي في تفسيره مفاتيح الغيب، حيث قال:

«اختلفوا في ذي القرنين هل كان من الأنبياء أم لا؟ منهم من قال: إنه كان نبياً واحتجوا عليه بوجوه. الأول: قوله: {إِنَّا مَكَّنَّا لَهُۥ فِى الْأَرْضِ} والأولى حمله على التمكين في الدين والتمكين الكامل في الدين هو النبوة. والثاني: قوله: {وَآتَيْنَـٰهُ مِن

١. تفسير الرازي جزء ٢١ ص ٤٩٥

٢. تفسير الرازي جزء ٢١ ص ٤٩٥

كُلِّ شَيْءٍ سَبَباً} ومن جملة الأشياء النبوة فمقتضى العموم في قوله: {وَآتَيْنَٰهُ مِن كُلِّ شَيْءٍ سَبَباً} هو أنه تعالى آتاه في النبوة سبباً. الثالث: قوله تعالى: {قُلْنَا يَٰذَا الْقَرْنَيْنِ إِمَّا أَن تُعَذِّبَ وَإِمَّا أَن تَتَّخِذَ فِيهِمْ حُسْناً} والذي يتكلم الله معه لا بد وأن يكون نبياً ومنهم من قال إنه كان عبداً صالحاً وما كان نبياً».[1]

وفي كلتي الحالتين يبقى السؤال المطروح: كيف يكون الإسكندر المقدوني نبيا، أو إنسانا صالحا يكلمه الله مباشرة ويلهمه، وهو من كان كافرا وثنيا مشهورا بوثنيته؟ وإن لم يكن نبيا ولا عبدا صالحا فلماذا تكلم عنه القرآن بطريقة تجعل منه يتلقى الأوامر من الله مباشرة؟ ولماذا لم يوضح القرآن ما هي صفة هذا {ذو القرنين} حتى لا يترك المفسرين في حيرة من أمره؟

٣-٥- الأساطير المحشوة في القصة

من المؤكد أن الإسكندر المقدوني كان قائدا كبيرا، وتوسعت بفضله الإمبراطورية اليونانية توسعات كبيرة جدا، هذه المعلومة حقيقة تاريخية لا جدال حولها، لكن المشكلة هي أن يأخذها القرآن من بُعد ميثولوجي، فيضفي على الإسكندر طابع النبوة ويعطي لتوسعاته العسكرية طابع المأمورية الإلهية، ويحشو الحدث التاريخي بأمور أسطورية لا تمت للحقيقة التاريخية بأي صلة، فتجد المفسرين حائرين يخبطون خبط عشواء يدافعون عنها بكل ما أوتوا من قوة، متخذين أعذارا لغوية أحيانا وأدلة إيمانية أحيانا أخرى، مع اختلاف آرائهم وتوجهاتهم، فيجد الباحث نفسه تائها لا يلوي على شيء في الأخير، حيث تجدهم يخلصون إلى القول بأنهم قد سمعوا ذلك وآمنوا به رغم أنف التاريخ والجغرافيا، ...والله أعلم.

زيادات أسطورية

دعنا نتفحص بعضا من هذه الزيادات الأسطورية

أ- الشمس تغرب في عين حمئة

{حَتَّى إِذَا بَلَغَ مَغْرِبَ الشَّمْسِ وَجَدَهَا تَغْرُبُ فِي عَيْنٍ حَمِئَةٍ وَوَجَدَ عِندَهَا قَوْمًا قُلْنَا يَا ذَا الْقَرْنَيْنِ إِمَّا أَن تُعَذِّبَ وَإِمَّا أَن تَتَّخِذَ فِيهِمْ حُسْنًا} الكهف ٨٦

ينبغي الإشارة أولا إلى أن القراء اختلفوا في كلمة (حمئة)، فمنهم من قرأها

---

١. تفسير الرازي لسورة الكهف الآية٨٣

(حمئة) كما هي في المصحف العثماني اليوم وهي تعني: «عين ذات حمأة»، ومنهم من قرأها (عين حامية) ومعناها «عين ماء حارة»، واختلفوا أيضا في المعاني، فقالوا:

حدثنا محمد بن المثنى، قال: ثنا ابن أبي عديّ، عن داود، عن عكرمة، عن ابن عباس {وَجَدَهَا تَغْرُبُ فِي عَيْنٍ حَمِئَةٍ} قال: في طين أسود.[١]

وعن عطاء بن أبي رباح، عن ابن عباس، قال: قرأت {فِي عَيْنٍ حَمِئَةٍ} وقرأ عمرو بن العاص فِي عَيْنٍ حامِيَةٍ فأرسلنا إلى كعب، فقال: إنها تغرب في حمأة طينة سوداء.[٢]

وكلا القولين يشكلان معضلة علمية كبيرة، أدركها المتأخرون من المفسرين كالرازي مثلا فنجده يقول: «ثبت بالدليل أن الأرض كرة وأن السماء محيطة بها، ولا شك أن الشمس في الفلك، وأيضاً قال: {وَوَجَدَ عِندَهَا قَوْماً} ومعلوم أن جلوس قوم في قرب الشمس غير موجود، وأيضاً الشمس أكبر من الأرض بمرات كثيرة فكيف يعقل دخولها في عين من عيون الأرض».[٣]

لكن بما أن القرآن حمال أوجه، ويمكن تفسيره مرة على أنه مجاز ومرة على أنه حقيقة بحسب الضرورة، فإن هذه الورطة أيضا وجد لها الرازي مخرجا لغويا نود أن نسوقه للقارئ ههنا:

«إذا ثبت هذا فنقول: تأويل قوله: {تَغْرُبُ فِى عَيْنٍ حَمِئَةٍ} من وجوه. الأول: أن ذا القرنين لما بلغ موضعها في المغرب ولم يبق بعده شيء من العمارات وجد الشمس كأنها تغرب في عين وهدة مظلمة وإن لم تكن كذلك في الحقيقة كما أن راكب البحر يرى الشمس كأنها تغيب في البحر إذا لم ير الشط وهي في الحقيقة تغيب وراء البحر، هذا هو التأويل الذي ذكره أبو علي الجبائي في تفسيره».[٤]

لكن السؤال الذي يطرح نفسه هنا: لماذا يوقعنا القرآن في الالتباس وهو القرآن البليغ المعجز؟

هل الرازي أبلغ من القرآن فيضيف لنا «كأنها» وهكذا يمد حبل «كأن» للقرآن

---

١. تفسير الطبري لسورة الكهف ٨٦

٢. نفس المرجع السابق.

٣. تفسير الرازي لسورة الكهف الآية ٨٦

٤. نفس المرجع السابق

لينجيه من هذا الخطأ الفظيع؟ ألم يكن في استطاعة القرآن أن يقول بنفسه - دون الحاجة إلى الرازي وغيره من المفسرين-: «حَتَّى إِذَا بَلَغَ مَغْرِبَ الشَّمْسِ وَجَدَ كأنها تَغْرُبُ فِي عَيْنٍ حَمِئَةٍ» ؟ إن التشبيه هنا غير حاصل، والمجاز غير موجود لأن الحدث تاريخي، والمفروض أن كل الأحداث التي تروى في القصة التاريخية أن تكون حقيقية لا مجازية، وبالتالي يبقى رد علماء القرآن ردا ضعيفا وواهيا أمام هذه المعضلة.

ب - الشمس تشرق على قوم مباشرة

{ثم اتبع سببا حَتَّى إِذَا بَلَغَ مَطْلِعَ الشَّمْسِ وَجَدَهَا تَطْلُعُ عَلَى قَوْمٍ لَّمْ نَجْعَل لَّهُمْ مِّن دُونِهَا سِتْراً} .

لم أرد أن أسوق كل التفاسير في هذا الباب حتى لا يتوه القارئ كما تهت، وحتى لا يضحك القارئ كما ضحكت، عندما يقرأ مثلا أن هؤلاء القوم الذين تذكرهم الآية كانت لهم آذان طويلة يفترش أحدهم واحدة ويلبس الأخرى، وأنهم كانوا يعيشون تحت المياه اليوم كله إلى أن تذهب الشمس[1]... إلى غير ذلك من الأقوال التي لا يثبتها لا علم ولا عقل ولا منطق، لكن سأسوق ملخصا لتلك الأقوال ساقه الرازي في مفاتيح الغيب: «اعلم أنه تعالى لما بين أولاً أنه قصد أقرب الأماكن المسكونة من مغرب الشمس أتبعه ببيان أنه قصد أقرب الأماكن المسكونة من مطلع الشمس فبين الله تعالى أنه وجد الشمس تطلع على قوم لم نجعل لهم من دونها ستراً وفيه قولان. الأول: أنه ليس هناك شجر ولا جبل ولا أبنية تمنع من وقوع شعاع الشمس عليهم فلهذا السبب إذا طلعت الشمس دخلوا في أسراب واغلة في الأرض أو غاصوا في الماء فيكون عند طلوع الشمس يتعذر عليهم التصرف في المعاش وعند غروبها يشتغلون بتحصيل مهمات المعاش حالهم بالضد من أحوال سائر الخلق. والقول الثاني: أن معناه أنه لا ثياب لهم ويكونون كسائر الحيوانات عراة أبداً ويقال في كتب الهيئة إن حال أكثر الزنج كذلك وحال كل من يسكن البلاد القريبة من خط الاستواء كذلك».[2]

ترى هل يستطيع علماء القرآن أن يقولوا لنا من هم هؤلاء القوم وأين سكنوا بالضبط؟ وأي أقوام لم تكن لهم مساكن قط وكانوا يسكنون الغيران فقط؟ وهل

---

١. لقراءة مثل هذه الأقوال انظر تفسير ابن كثير لسورة الكهف الآية ٩٠.

٢. تفسير الرازي لسورة الكهف الآية ٩٠.

هناك منطقة في العالم قريبة من الشمس كل هذا القرب الذي يتحدث عنه القرآن حتى أنهم لا يخرجون اليوم كله إلا في الليل؟ هل يستطيع العلماء أن يثبتوا صحة هذه الأساطير وأن يثبتوا أن الإسكندر المقدوني قد ذهب إليها؟

٤- قصة يأجوج ومأجوج

{ثُمَّ أَتْبَعَ سَبَباً حَتَّى إِذَا بَلَغَ بَيْنَ السَّدَّيْنِ وَجَدَ مِن دُونِهِمَا قَوْماً لاَّ يَكَادُونَ يَفْقَهُونَ قَوْلاً قَالُواْ يذَا الْقَرْنَيْنِ إِنَّ يَأْجُوجَ وَمَأْجُوجَ مُفْسِدُونَ فِي الأَرْضِ فَهَلْ نَجْعَلُ لَكَ خَرْجاً عَلَى أَن تَجْعَلَ بَيْنَنَا وَبَيْنَهُمْ سَدّاً}

إن قضية يأجوج ومأجوج واحدة من أغرب القصص القرآني على الإطلاق، وهي جزء لا يتجزأ من العقيدة الإسلامية، فخروج يأجوج ومأجوج مرتبط بقيام الساعة ارتباطا وثيقا، لذلك لا بد لنا من الإجابة على بعض الأسئلة أولا. من هم يأجوج ومأجوج؟

يبدو من القصة أن الإسكندر المقدوني في مأموريته الإلهية، بعدما ذهب إلى مغرب الشمس وعرف أين تغرب، ثم ذهب إلى مشرق الشمس حيث وجد أناسا قريبن جدا من الشمس تقتلهم إن هم ظهروا أثناء إشراقها، نجده بعد ذلك قد أخذ طريقا أخرى أوصلته إلى قوم يقال لهم «ياجوج وماجوج»، أو «يأجوج» و«مأجوج» بحسب القراءات، ولو أخذنا كل ما جاءت به الآثار الإسلامية عن أصل يأجوج ومأجوج لوجدنا العجب العجاب، حيث حكى النووي في «شرح مسلم» عن بعض الناس أن يأجوج ومأجوج خلقوا من مني خرج من آدم، فاختلط بالتراب، فخلقوا من ذلك، فعلى هذا يكونون مخلوقين من آدم، وليسوا من حواء[1]، وقد أخبرنا الرازي بعضا من تكهنات المفسرين عمن يكون يأجوج ومأجوج:

«واختلفوا في أنهما من أي الأقوام فقيل: إنهما من الترك، وقيل: {يَأْجُوجَ} من الترك وَ{مَأْجُوجَ} من الجيل والديلم ثم من الناس من وصفهم بقصر القامة وصغر الجثة بكون طول أحدهم شبراً ومنهم من وصفهم بطول القامة وكبر الجثة وأثبتوا لهم مخاليب في الأظفار وأضراساً كأضراس السباع واختلفوا في كيفية إفسادهم في الأرض فقيل: كانوا يقتلون الناس وقيل كانوا يأكلون لحوم الناس وقيل كانوا يخرجون أيام الربيع فلا يتركون لهم شيئاً أخضر وبالجملة فلفظ

---

١. تفسير ابن كثير لسورة الكهف الآية ٩٦

الفساد محتمل لكل هذه الأقسام، والله أعلم بمراده».[١]

«حدثني محمد بن سعد، قال: ثني أبي، قال: ثني عمي، قال: ثني أبي، عن أبيه، عن ابن عباس: {قالوا يا ذَا القَرْنَيْنِ إنَّ يَأْجُوجَ ومَأْجُوج مُفْسِدُونَ فِي الأرْضِ} قال: كان أبو سعيد الخُدريّ يقول: إن نبيّ الله صلى الله عليه وسلم قال: «لا يَمُوتُ رَجُلٌ مِنْهُمْ حتى يُولَدَ لِصُلْبِهِ ألْفُ رَجُلٍ» قال: وكان عبد الله بن مسعود يعجب من كثرتهم ويقول: لا يموت من يأجوج ومأجوج أحد يولد له ألف رجل من صلبه».[٢]

هل يستطيع علماء الإسلام أن يثبتوا لنا تاريخيا من هم يأجوج ومأجوج؟ لن يستطيعوا! هل هم أتراك؟ هل أسماؤهم أعجمية أم مشتقة من اللغة العربية؟ هل هم طوال أم قصار؟ وكيف يلد الواحد منهم ألف؟ كيف كانوا يفسدون في الأرض؟ كلها أسئلة تبقى أجوبتها محط اختلاف، وتبقى القصة غامضة غموض القرآن، وما علينا إلا التصديق والإيمان بأن يأجوج ومأجوج أمتان موجودتان إلى يومنا هذا، حتى لو لم نعرف من هم.

٤-١-أين تواجدوا؟

المكان الذي تحدث عنه القرآن ليس مكانا جغرافيا، كل ما قاله القرآن هو «بين السدين»، مع مراعاة اختلاف القراءة «السُّدين» أو «السَّدين». لقد اعتمد القرآن التعميم مرة أخرى وتركنا تائهين بين كتب التفسير، نلتمس بصيصا من الأمل وسط تضارب الأقوال وضعف الأحاديث، فلم نجد من بد إلا أن نسوق أحد هذه الأقوال للقارئ لعله يدرك حيرتنا:

«الأظهر أن موضع السدين في ناحية الشمال، وقيل: جبلان بين أرمينية وبين أذربيجان، وقيل: هذا المكان في مقطع أرض الترك، وحكى محمد بن جرير الطبري في تاريخه أن صاحب أذربيجان أيام فتحها وجه إنساناً إليه من ناحية الخزر فشاهده ووصف أنه بنيان رفيع وراء خندق عميق وثيق منيع، وذكر ابن (خرداذبة) في كتاب المسالك والممالك أن الواثق بالله رأى في المنام كأنه فتح هذا الردم فبعث بعض الخدم إليه ليعاينوه فخرجوا من باب الأبواب حتى وصلوا إليه وشاهدوه فوصفوا أنه بناء من لبن من حديد مشدود بالنحاس المذاب وعليه باب

١. تفسير الرازي لسورة الكهف آية ٩٢
٢. تفسير الطبري لسورة الكهف الأية ٩٢

مقفل، ثم إن ذلك الإنسان لما حاول الرجوع أخرجهم الدليل على البقاع المحاذية لسمرقند، قال أبو الريحان: مقتضى هذا أن موضعه في الربع الشمالي الغربي من المعمورة، والله أعلم بحقيقة الحال.»[١]

إن الله فعلا هو أعلم بحقيقة حال هذه القصة وبحال من يريد تتبع خيوطها، هل يستطيع علماء القرآن وخصوصا أصحاب الإعجاز أن يقولوا لنا وبثقة دون لف أو دوران أين هو مكان يأجوج ومأجوج؟ وأين هما هذان السدان اللذان سنقرأ قصتهما بعد قليل؟ هل يوجد أي مكان اليوم على وجه الكرة الأرضية لا نستطيع الوصول إليه حتى نقول إن يأجوج ومأجوج أقوام تقبع وراء جبلين بهذا المكان؟ إنه مكان لا وجود له إلا في القرآن وفي العقيدة الإسلامية، هذا هو التفسير الوحيد لحيرة المفسرين التي يعبرون عنها بيأس قائلين: «والله أعلم بحقيقة الحال»!

٤-٢- كيف قضى عليهم ذو القرنين؟

تقول الآية: {قَالَ مَا مَكَّنِّي فِيهِ رَبِّي خَيْرٌ فَأَعِينُونِي بِقُوَّةٍ أَجْعَلْ بَيْنَكُمْ وَبَيْنَهُمْ رَدْمًا، آتُونِي زُبَرَ الْحَدِيدِ حَتَّى إِذَا سَاوَى بَيْنَ الصَّدَفَيْنِ قَالَ انْفُخُوا حَتَّى إِذَا جَعَلَهُ نَارًا قَالَ آتُونِي أُفْرِغْ عَلَيْهِ قِطْرًا، فَمَا اسْطَاعُوا أَنْ يَظْهَرُوهُ وَمَا اسْتَطَاعُوا لَهُ نَقْبًا}

لقد قال ذو القرنين للقوم الذين اشتكوا له من يأجوج ومأجوج وللذين معه أن يأتوه بقطع الحديد الكبيرة (زبر الحديد) ووضعها ما بين الجبلين (الصدفين) حتى سدت ما بينهما، ثم وضع المنافخ على تلك القطع حتى حميت وصارت كالنار، حينها قال لهم أن يأتوه بالنحاس المذاب (القطر) فصبه على قطع الحديد، وبعد أن برد الحديد والنحاس وتماسكا صارا سدا فاصلا ما بين الناس في الأرض كلها وبين يأجوج ومأجوج، فما استطاعوا أن يعتلوا السد نظرا لعلوه وملاسته (فما اسطاعوا أن يظهروه) (وما استطاعوا له نقبا) أي وما استطاعوا اختراقه لأنه صلب مادام خليطا من الحديد والنحاس، هذه مجرد خلاصة لما ورد بكل أمهات التفاسير، ولمن أراد التحقق مما نقول ما عليه إلا أن يراجع أي من هذه التفاسير: ابن كثير، الطبري، القرطبي، الرازي.

كيف استطاع ذو القرنين أن يغلب هذه الأمة العظيمة من ياجوج وماجوج حتى أنهم انتظروه أن يكمل وضع قطع الحديد بين جبلين ويصنع سدا من حديد

١. تفسير الرازي لسورة الكهف آية ٩٢

ونحاس؟ كم من الحديد نحتاج لبناء سد عال جدا يصل ما بين جبلين؟ فمن أين جاء الناس بهذا الكم الهائل من الحديد؟ أين هو هذا السور اليوم حتى نراه ونتأكد من صحة هذه القصة؟ ثم أليس يأجوج ومأجوج بشرا، فكيف يعاقبهم الله عن طريق ذو القرنين دون أن يستثني أي واحد منهم؟ ألا يوجد ولا واحد من ياجوج وماجوج صالح؟

٤-٣- أين هم الآن وماذا يفعلون ومتى سيظهرون؟

{حَتَّى إِذَا فُتِحَتْ يَأْجُوجُ وَمَأْجُوجُ وَهُم مِّن كُلِّ حَدَبٍ يَنسِلُونَ وَاقْتَرَبَ الْوَعْدُ الْحَقُّ فَإِذَا هِيَ شَاخِصَةٌ أَبْصَارُ الَّذِينَ كَفَرُوا يَا وَيْلَنَا قَدْ كُنَّا فِي غَفْلَةٍ مِّنْ هَذَا بَلْ كُنَّا ظَالِمِينَ} الأنبياء٩٦-٩٧

إن يأجوج ومأجوج بحسب النصوص الإسلامية مازالوا خلف ذلك السد الحديدي الذي بناه ذو القرنين، وهم يحفرون كل يوم من تحته ولكن الله يعيده كما كان وعندما تقوم الساعة سيسمح الله لهم بإكمال الحفر، حيث جاء في الأخبار:

«إن يأجوج ومأجوج يحفرون السد كل يوم» وهو فيما أخرجه الترمذي وحسنه وابن حِبان والحاكم وصححاه من طريق قتادة عن أبي رافع عن أبي هريرة رفعه في السد «يحفرونه كل يوم حتى إذا كادوا يخرقونه قال الذي عليهم ارجعوا فستخرقونه غدا فيعيده الله كأشد ما كان، حتى إذا بلغ مدتهم وأراد الله أن يبعثهم قال الذي عليهم ارجعوا فستخرقونه غدا إن شاء الله واستثنى، قال فيرجعون فيجدونه كهيئته حين تركوه فيخرقونه فيخرجون على الناس».[1]

وفي حديث آخر، يتحدث عن أشراط الساعة نقرأ ما يلي:

«حدثنا علي بن محمد حدثنا وكيع حدثنا سفيان عن فرات القزاز عن عامر بن واثلة أبي الطفيل الكناني عن حذيفة بن أسيد أبي سريحة قال اطلع رسول الله صلى الله عليه وسلم من غرفة ونحن نتذاكر الساعة فقال لا تقوم الساعة حتى تكون عشر آيات طلوع الشمس من مغربها والدجال والدخان والدابة ويأجوج ومأجوج وخروج عيسى ابن مريم عليه السلام وثلاث خسوف خسف بالمشرق وخسف بالمغرب وخسف بجزيرة العرب ونار تخرج من قعر عدن أبين تسوق الناس

١. فتح الباري بشرح صحيح البخاري، كتاب الفتن، باب يأجوج ومأجوج

إلى المحشر تبيت معهم إذا باتوا وتقيل معهم إذا قالوا»[١] (حديث صحيح، وأخرجه مسلم).

قال الإمام أحمد: حدثنا يعقوب، حدثنا أبي عن ابن إسحاق عن عاصم بن عمرو بن قتادة، عن محمود بن لبيد، عن أبي سعيد الخدري قال: سمعت رسول الله صلى الله عليه وسلم يقول «تفتح يأجوج ومأجوج، فيخرجون على الناس، كما قال الله عز وجل: {وَهُمْ مِّن كُلِّ حَدَبٍ يَنسِلُونَ} فيغشون الناس وينحاز المسلمون عنهم إلى مدائنهم وحصونهم، ويضمون إليهم مواشيهم، ويشربون مياه الأرض حتى إن بعضهم ليمر بالنهر فيشربون ما فيه حتى يتركوه يابساً...إلخ الحديث».[٢]

ما يتباذر إلى الذهن بعد هذا التيه وسط قصة يأجوج ومأجوج، هو كيف يعيش يأجوج ومأجوج حتى الآن؟ ماذا يقتاتون وهم بهذه الكثرة التي تقول بأن عددهم كثير جدا لدرجة أنه لا يحصيهم إلا لله؟ وأين هذا المكان الذي يستطيع أن يضم هذا العدد من «البشر» إلى يومنا هذا دون أن نرى ولو واحدا منهم؟ إنها فعلا أسئلة محيرة!!

٤-٤- توضيح مصدر القصة الحقيقي

حان إذن الوقت لكشف مصدر القصة ومن أين أُخذت وكيف وقع اللبس فيها:

إن قصة ذو القرنين (الإسكندر المقدوني) ليست إلا خرافة جاءت في كتاب منتحل منسوب زورا لكاليستينيس (كاليستينيس هو المؤرخ الرسمي الذي كتب عن الإسكندر المقدوني في حوالي سنة ٣٣٠ ق.م) ولذلك أُطلق على هذا الكتاب «تاريخ الاسكندر المقدوني: المنحول لكاليستينيس» وهو مكتوب في القرن الثالث الميلادي، يعني قبل القرآن بحوالي أربع قرون، وهذه الخرافات المنسوبة لذي القرنين، ووصوله إلى مشرق الشمس ومغربها، وبنائه للسد على قوم ياجوج وماجوج، وذكر أوصافهم، موجودة في الكتاب المنحول لكاليستينيس لدرجة تكاد تصل حد التطابق مع القرآن في ما ذكره عن ذي القرنين وعن ياجوج وماجوج في سورة الكهف، وهو أمر يدعو للاستغراب والدهشة أن نجد كتابا أجمع المؤرخون على

١. صحيح ابن ماجة، الفتن وأشراط الساعة والبعث (ص٣٨٠)

٢. تفسير ابن كثير لسورة الأنبياء الآية ٩٦

أنه أسطورة يوافقه القرآن حتى في تفاصيله الصغيرة عن الإسكندر المقدوني[١] ثم يأتي بعد ذلك المسلمون ويدّعون أن القرآن يحوي إعجازا تاريخيا غيبيا! هل يستطيع علماء الإسلام أن يشرحوا لنا ما سر هذا التطابق مع هذا الكتاب المنحول لكاليستينيس؟ هل يستطيعون أن يثبتوا لنا أن هذه ليست أساطيرا تخالف التاريخ الرسمي الذي كتبه مؤرخون معروفون عن الإسكندر المقدوني؟[٢] لكن قد يقول قائل أن الكتاب المقدس قد ذكر أيضا «جوج وماجوج» فهل ذكره لهم هو الآخر خرافة؟ ألا يضع هذا الكتاب المقدس في نفس المأزق الذي وضع فيه القرآن؟ دعونا إذن نوضح هذا الأمر:

جاء في سفر حزقيال: «وَكَانَ إِلَيَّ كَلاَمُ الرَّبِّ قَائلاً: يَا ابْنَ آدَمَ، اجْعَلْ وَجْهَكَ عَلَى جُوج، أَرْضِ مَاجُوجَ رَئِيس رُوش مَاشِكَ وَتُوبَالَ، وَتَنَبَّأْ عَلَيْهِ وَقُلْ: هكَذَا قَالَ السَّيِّدُ الرَّبُّ: هأَنَذَا عَلَيْكَ يَا جُوجُ رَئِيسُ رُوش مَاشِكَ وَتُوبَالَ. وَأُرْجِعُكَ، وَأَضَعُ شَكَائِمَ فِي فَكَّيْكَ، وَأُخْرِجُكَ أَنْتَ وَكُلَّ جَيْشِكَ خَيْلاً وَفُرْسَانًا كُلُّهُمْ لاَبِسِينَ أَفْخَرَ لِبَاس، جَمَاعَةً عَظِيمَةً مَعَ أَتْرَاس وَمَجَانَّ، كُلُّهُمْ مُمْسِكِينَ السُّيُوفَ. فَارِسَ وَكُوشَ وَفُوطَ مَعَهُمْ، كُلُّهُمْ بِمِجَنٍّ وَخُوذَةٍ» حزقيال ٣٨:١-٥ إذن بحسب هذه الآيات: جوج: هو رئيس روش ماشك وتوبال. وهذا ما يؤكده حتى قاموس الكتاب المقدس:

«جوج كان رئيساً على ماشك وتوبال حز ٣٨: ٣٩ وهو يوصف بأنه سيقوم ويغزو أرض إسرائيل في آخر الأيام وسيقتل على الجبال في مذبحة هائلة حز ٣٨ و٣٩ . ويرمز هو وشعبه وحلفاؤه إلى الوثنية في النبوات، لأنهم يعاكسون ويقاومون ملكوت الله. وربما أخذ الاسم من جيجيس أحد رؤساء العائلات الليدية، واشوربانبيال يدعوه جوجو، كان في الحرس الملكي وموضع ثقة الملك»[٣] أما ماجوج فهو شعب جوج بحسب قاموس الكتاب المقدس:

---

١. وقد ذكرت ذلك وناقشته في حلقات برنامج سؤال جريء خصوصا في الحلقة التاسعة والستون والحلقة السبعون، ويمكن الرجوع كذلك إلى الكتاب المنحول لكاليستينيس باللغة الإنجليزية :

The History of Alexander the great, translated by Ernest A. Wallis Budge MA

٢. تاريخ الإسكندر المقدوني الحقيقي مكتوب من طرف مؤرخين كثيرين أمثال: بطليموس، أرستوبولوس، نيركوس، شارس ... وقد تم كتابة تاريخ الاسكندر أيضا من طرف المؤرخ اليوناني ديودوروس، أو من طرف المؤرخين الرومان أمثال جوستين، وكلهم لم يذكروا الخرافات الموجودة في الكتاب الأسطوري المنحول لكاليستينيس.

٣. قاموس الكتاب المقدس

«ماجوج: وهو ابن يافث الثاني تك ١٠: ٢ و١ اخبار ١: ٥. واسم شعب متسلسل منه أو اسم بلاد سكنوها، كان جوج ملكاً عليها حز ٣٨: ٢ و٣٩: ٦ وهلم جرا. وفي القرون المتوسطة سمى السوريون بلاد التتر ماجوج، وأما العرب فسموا الأرض الواقعة بين بحر قزوين والبحر الأسود ماجوج . وظن الأكثرون أن أهل ماجوج هم السكيثيون الذين كانوا معروفين في أيام حزقيال وكانوا قاطنين في غربي آسيا وهؤلاء أي السكيثيون زحفوا في القرن السابع ق.م. من جبل قوه قاف وافتتحوا ساردس عاصمة ليدية في سنة ٦٢٩ ق.م. تغلبوا على كياكسرس ملك ميدية سنة ٦٢٤ ق.م. ثم وصلوا إلى مصر فاعطاهم الملك بسماتيك مبلغاً صرفهم به عن بلاده غير أنهم لم يطردوا من آسيا الغربية قبل نهاية القرن السادس ق. م . ووصفهم حزقيال أنهم شعب ماهر في الفروسية واستعمال القسي، ويطابق هذا الوصف ما وردعنهم في تواريخ اليونان. أما جوج وماجوج في رؤ ٢٠: ٧ - ٩ فيراد بهما أعداء الديانة المسيحية على سبيل الرمز».[1]

٤-٥- الخلاصة

إذن كان هناك شعب إسمه ماجوج، وملكه إسمه جوج، هذا ما ورد في سفر حزقيال بالرغم من اختلاف اللاهوتيين في من يكون هذا الشعب بالضبط، لكن هناك شبه إجماع على أنهم من سلالة يافث ابن نوح، ورجحوا أن يكونوا هم السيكيتيون سكان آسيا، وكانوا مناوئين لشعب إسرائيل وقوة عسكرية عدوة له، وقد أخذ كاتب سفر الرؤيا هذه الحقيقة فوظفها توظيفا روحيا ورمزيا ليتحدث عن كل أعداء الكنيسة (شعب الله) في الأيام الأخيرة وسماهم جوج وماجوج، وبهذا كان الإلتباس عند مصنفي الكتابات الأسطورية في القرون الميلادية الأولى ثم تبعهم مصنف القرآن فخلط بين قصة الإسكندر المقدوني التاريخية وبين المعنى الإسخاتولوجي الموجود في سفر الرؤيا، وبالتالي صارت القصة نوعا من الأسطورة التي لا تستند إلى أي حقيقة، وفهم مصنفو الأساطير سفر الرؤيا فهما حرفيا واعتقدوا أن ياجوج وماجوج شعوبا خرافية لها من القدرات ما يمكنهم من أكل البشر جميعا، وتبنت الثقافة العربية هذا المفهوم أيضا بحكم احتكاكها بثقافات أخرى، وهكذا تبناها محمد دون أن يميز رمزيتها من حرفيتها ودون

١. قاموس الكتاب المقدس

أن يعود لأصولها، لأنه كان مجرد ناقل لما كان يسمع من ثقافته، لهذا تكاثرت الأحاديث عن يأجوج ومأجوج على أنهم أعداء للمسلمين سيظهرون في آخر الزمان وسيأكلون الأخضر واليابس وسيشربون كل المياه!! ويكفي أن يعرف القارئ بأن يأجوج ومأجوج ليست بأسماء عربية ليعرف بأن القرآن إنما أخذها عن أمم سبقته وأن القصة التبست عليه التباسا عظيما.

٥- أصحاب الكهف

{أَمْ حَسِبْتَ أَنَّ أَصْحَابَ الْكَهْفِ وَالرَّقِيمِ كَانُوا مِنْ آيَاتِنَا عَجَبًا، إِذْ أَوَى الْفِتْيَةُ إِلَى الْكَهْفِ فَقَالُوا رَبَّنَا آتِنَا مِن لَّدُنكَ رَحْمَةً وَهَيِّئْ لَنَا مِنْ أَمْرِنَا رَشَدًا، فَضَرَبْنَا عَلَى آذَانِهِمْ فِي الْكَهْفِ سِنِينَ عَدَدًا، ثُمَّ بَعَثْنَاهُمْ لِنَعْلَمَ أَيُّ الْحِزْبَيْنِ أَحْصَى لِمَا لَبِثُوا أَمَدًا، نَحْنُ نَقُصُّ عَلَيْكَ نَبَأَهُم بِالْحَقِّ إِنَّهُمْ فِتْيَةٌ آمَنُوا بِرَبِّهِمْ وَزِدْنَاهُمْ هُدًى، وَرَبَطْنَا عَلَى قُلُوبِهِمْ إِذْ قَامُوا فَقَالُوا رَبُّنَا رَبُّ السَّمَاوَاتِ وَالأَرْضِ لَن نَّدْعُوَ مِن دُونِهِ إِلَهًا لَقَدْ قُلْنَا إِذًا شَطَطًا، هَؤُلاء قَوْمُنَا اتَّخَذُوا مِن دُونِهِ آلِهَةً لَّوْلا يَأْتُونَ عَلَيْهِم بِسُلْطَانٍ بَيِّنٍ فَمَنْ أَظْلَمُ مِمَّنِ افْتَرَى عَلَى اللَّهِ كَذِبًا، وَإِذِ اعْتَزَلْتُمُوهُمْ وَمَا يَعْبُدُونَ إِلاَّ اللَّهَ فَأْوُوا إِلَى الْكَهْفِ يَنشُرْ لَكُمْ رَبُّكُم مِّن رَّحْمَتِهِ وَيُهَيِّئْ لَكُم مِّنْ أَمْرِكُم مِّرْفَقًا، وَتَرَى الشَّمْسَ إِذَا طَلَعَت تَّزَاوَرُ عَن كَهْفِهِمْ ذَاتَ الْيَمِينِ وَإِذَا غَرَبَت تَّقْرِضُهُمْ ذَاتَ الشِّمَالِ وَهُمْ فِي فَجْوَةٍ مِّنْهُ ذَلِكَ مِنْ آيَاتِ اللَّهِ مَن يَهْدِ اللَّهُ فَهُوَ الْمُهْتَدِي وَمَن يُضْلِلْ فَلَن تَجِدَ لَهُ وَلِيًّا مُّرْشِدًا، وَتَحْسَبُهُمْ أَيْقَاظًا وَهُمْ رُقُودٌ وَنُقَلِّبُهُمْ ذَاتَ الْيَمِينِ وَذَاتَ الشِّمَالِ وَكَلْبُهُم بَاسِطٌ ذِرَاعَيْهِ بِالْوَصِيدِ لَوِ اطَّلَعْتَ عَلَيْهِمْ لَوَلَّيْتَ مِنْهُمْ فِرَارًا وَلَمُلِئْتَ مِنْهُمْ رُعْبًا، وَكَذَلِكَ بَعَثْنَاهُمْ لِيَتَسَاءَلُوا بَيْنَهُمْ قَالَ قَائِلٌ مِّنْهُمْ كَمْ لَبِثْتُمْ قَالُوا لَبِثْنَا يَوْمًا أَوْ بَعْضَ يَوْمٍ قَالُوا رَبُّكُمْ أَعْلَمُ بِمَا لَبِثْتُمْ فَابْعَثُوا أَحَدَكُم بِوَرِقِكُمْ هَذِهِ إِلَى الْمَدِينَةِ فَلْيَنظُرْ أَيُّهَا أَزْكَى طَعَامًا فَلْيَأْتِكُم بِرِزْقٍ مِّنْهُ وَلْيَتَلَطَّفْ وَلا يُشْعِرَنَّ بِكُمْ أَحَدًا، إِنَّهُمْ إِن يَظْهَرُوا عَلَيْكُمْ يَرْجُمُوكُمْ أَوْ يُعِيدُوكُمْ فِي مِلَّتِهِمْ وَلَن تُفْلِحُوا إِذًا أَبَدًا، وَكَذَلِكَ أَعْثَرْنَا عَلَيْهِمْ لِيَعْلَمُوا أَنَّ وَعْدَ اللَّهِ حَقٌّ وَأَنَّ السَّاعَةَ لا رَيْبَ فِيهَا إِذْ يَتَنَازَعُونَ بَيْنَهُمْ أَمْرَهُمْ فَقَالُوا ابْنُوا عَلَيْهِم بُنْيَانًا رَّبُّهُمْ أَعْلَمُ بِهِمْ قَالَ الَّذِينَ غَلَبُوا عَلَى أَمْرِهِمْ لَنَتَّخِذَنَّ عَلَيْهِم مَّسْجِدًا، سَيَقُولُونَ ثَلاثَةٌ رَّابِعُهُمْ كَلْبُهُمْ وَيَقُولُونَ خَمْسَةٌ سَادِسُهُمْ كَلْبُهُمْ رَجْمًا بِالْغَيْبِ وَيَقُولُونَ سَبْعَةٌ وَثَامِنُهُمْ كَلْبُهُمْ قُل رَّبِّي أَعْلَمُ بِعِدَّتِهِم مَّا يَعْلَمُهُمْ إِلاَّ قَلِيلٌ فَلا تُمَارِ فِيهِمْ إِلاَّ مِرَاءً ظَاهِرًا وَلا تَسْتَفْتِ فِيهِم مِّنْهُمْ أَحَدًا وَلا تَقُولَنَّ لِشَيْءٍ إِنِّي فَاعِلٌ ذَلِكَ غَدًا، إِلاَّ أَن يَشَاءَ اللَّهُ وَاذْكُر رَّبَّكَ إِذَا نَسِيتَ وَقُلْ عَسَى

أَن يَهْدِيَنِ رَبِّي لِأَقْرَبَ مِنْ هَذَا رَشَدًا، وَلَبِثُوا فِي كَهْفِهِمْ ثَلَاثَ مِائَةٍ سِنِينَ وَازْدَادُوا تِسْعًا، قُلِ اللَّهُ أَعْلَمُ بِمَا لَبِثُوا لَهُ غَيْبُ السَّمَاوَاتِ وَالْأَرْضِ أَبْصِرْ بِهِ وَأَسْمِعْ مَا لَهُم مِّن دُونِهِ مِن وَلِيٍّ وَلَا يُشْرِكُ فِي حُكْمِهِ أَحَدًا} سورة الكهف ٩-٢٦

٥-١- غرابة سبب النزول

لقد كان النضر بن الحارث معاديا لمحمد ويقول بأن أحاديثه أحسن من كلام محمد، خصوصا أن علمه غزير، فهو طبيب ابن طبيب وعالم تعلم من علوم اليونان وعرف تاريخ الفرس وغيره، فبعثه أهل قريش مع عقبة بن أبي معيط إلى أحبار اليهود ليسألوهم أن يعطوهم أسئلة يمتحنون بها محمدا، «فقال أحبار اليهود: سلوه عن ثلاث: عن فتية ذهبوا في الدهر الأول ما كان من أمرهم فإن حديثهم عجب، وعن رجل طواف قد بلغ مشارق الأرض ومغاربها، ما كان نبؤه، وسلوه عن الروح وما هو؟ فإن أخبركم فهو نبي وإلا فهو متقول، فلما قدم النضر وصاحبه مكة قالا: قد جئناكم بفصل ما بيننا وبين محمد، وأخبروا بما قاله اليهود فجاؤوا رسول الله صلى الله عليه وسلم وسألوه فقال رسول الله صلى الله عليه وسلم: «أخبركم بما سألتم عنه غداً «ولم يستثن، فانصرفوا عنه ومكث رسول الله صلى الله عليه وسلم فيما يذكرون خمس عشرة ليلة حتى أرجف أهل مكة به، وقالوا: وعدنا محمد غداً واليوم خمس عشرة ليلة فشق عليه ذلك، ثم جاءه جبريل من عند الله بسورة أصحاب الكهف وفيها معاتبة الله إياه على حزنه عليهم، وفيها خبر أولئك الفتية، وخبر الرجل الطواف».[١]

لقد انتظر محمد خمسة عشر يوما حزينا وخلف وعده بأن يجيب في يوم واحد سؤالا عن فتية ذهبوا في الدهر الأول وعن الرجل الطواف، لماذا خلف وعده وانتظر كل هذا الإنتظار؟ ألم يستطع الله أن يحفظ ماء وجه نبيه حتى لا يخلف وعده خصوصا أن عدم الوفاء بالوعد من آيات المنافق كما قال محمد نفسه؟ «آيةُ المُنافِق ثلاثٌ إذا حَدَّثَ كَذَب، وإذا وَعَدَ أخْلَفَ، وإذا اؤْتُمِنَ خان»[٢].

٥-٢- من هم أصحاب الكهف؟

«كانوا من أبناء ملوك الروم وسادتهم، وأنهم خرجوا يوماً في بعض أعياد قومهم، وكان لهم مجتمع في السنة يجتمعون فيه في ظاهر البلد، وكانوا يعبدون

---

١. تفسير الرازي (مفاتيح الغيب) لسورة الكهف الآية ٩

٢. صحيح البخاري، كتاب الإيمان، باب علامة المنافق

الأصنام والطواغيت، ويذبحون لها، وكان لهم ملك جبار عنيد يقال له: دقيانوس، وكان يأمر الناس بذلك، ويحثهم عليه، ويدعوهم إليه، فلما خرج الناس لمجتمعهم ذلك، وخرج هؤلاء الفتية مع آبائهم وقومهم، ونظروا إلى ما يصنع قومهم بعين بصيرتهم، عرفوا أن هذا الذي يصنعه قومهم من السجود لأصنامهم والذبح لها لا ينبغي إلا الله الذي خلق السموات والأرض، فجعل كل واحد منهم يتخلص من قومه، وينحاز منهم، ويتبرز عنهم ناحية».[1]

«إنهم قاموا بين يدي ملكهم دقيانوس الجبار، وقالوا: ربنا رب السموات والأرض، وذلك لأنه كان يدعو الناس إلى عبادة الطواغيت، فثبت الله هؤلاء الفتية، وعصمهم حتى عصوا ذلك الجبار، وأقروا بربوبية الله، وصرحوا بالبراءة عن الشركاء والأنداد»[2].

٥-٣- القصة الحقيقية

لا يستطيع أحد الجزم بصدق قصة أهل الكهف، بالرغم من أنها جاءت فى مصادر مسيحية فى مخطوطاتها الأثرية فى الكنيسة اليونانية، والكنيسة السورية الأنطاكية، والكنيسة القبطية، ومنتشرة انتشاراً شعبياً وعلى نطاق واسع فى مساحة واسعة من الأرض من أوربا شمالاً حتى مصر جنوباً، وذلك قبل ظهور الإسلام بزمن طويل يقدر بأكثر من ١٥٠ سنة[3].

ويقول البعض أنها رويت لتظهر وتمجد قوة الإيمان المسيحى، وقصة أصحاب الكهف مشهورة ذائعة في الآداب الشرقية والغربية على حد سواء.

وتعرف القصة اليونانية بقصة النيام السبعة وهي تحكي: إنه لما كان «داكيوس» إمبراطور روما يضطهد المسيحيين بغاية القسوة ليمحو حتى اسمهم من أذهان الناس، هرب سبعة شبان من سكان مدينة أفسس (التي لا تزال أطلالها باقية إلى الآن في تركيا) واختبأوا في كهف قريب من تلك المدينة، فناموا نحو ٢٠٠ سنة تقريباً، لأنهم دخلوا الكهف في عهد «دَكيوس» (بين سنة ٢٤٩ و٢٥١ م)

١. تفسير ابن كثير للكهف ١٣

٢. تفسير الرازي لسورة الكهف آية ١٣

٣. ذكرها أرسطو في كتابه الفزياء الجزء الرابع (وهو من القرن الرابع قبل الميلاد) ويقول عنها أنها أسطورة منسوبة لمدينة ساردس، وقد ذكرها يعقوب السروجي (الشاعر اللاهوتي المسيحي السرياني وهو من القرن الخامس. السادس الميلادي)، وترجمها غروغوريوس إلى اللغة اللاتينية من السريانية ووضعها في كتاب مجد الشهداء (وهو أيضا من القرن السادس الميلادي).

ولم يخرجوا منه ثانية إلا في سنة ٤٤٧ في ولاية الملك ثيودوسيوس الثاني. فلما استيقظوا ورأوا أن المسيحية قد انتشرت انتشاراً عظيماً في تلك المدة ذهلوا، لأنهم لما ناموا كان الناس يعتبرون الصليب علامة احتقار وعار، ولما استيقظوا رأوه يتلألأ على تاج الإمبراطور وعلى أعلام مملكته، وأن جميع رعايا المملكة الرومانية قد دانوا بالمسيحية، وأن هذه الديانة كادت تزيل غيرها من الأديان.

والنيام السبعة تحتفل بهم الكنيسة البيزنطية فى ٤ أغسطس وأيضا فى ٢٢ أكتوبر وفى المارتولوجى الروماني يتذكرون القديسين مكسيموس Maximianus، مالخوس Malchus، مرتينيانوس Martinianus، ديوناسيوس Dionysius، يوحنا Joannes، سرابيون Serapion، قسطنطين Constantinus، فى يوم ٢٧ يوليو[1].

السؤال الذي يطرح نفسه هو: لماذا يمدح القرآن إيمان أشخاص مسيحيين يؤلهون المسيح ويعبدونه مع أنه ينعت من يفعل ذلك بالكفر والشرك؟ سيقول قائل إن هؤلاء الأشخاص لم يكونوا مسيحيين بالمعنى الذي نعرفه اليوم بل كانوا مسيحيين (على النحو الإسلامي) ولم يكونوا يؤلهون المسيح. لكن هل يستطيع أصحاب هذا الرأي أن يقولوا لنا أي إنجيل كان منتشرا في التاريخ المزعوم لهذه القصة (ما بين ٢٤٩م و٤٤٧ م)؟ ألم تكن المسيحية (المعروفة اليوم) هي التي كانت منتشرة آنذاك بنفس العقائد وبنفس أسس الإيمان؟ ألم تكن هي نفس المسيحية المضطهدة آنذاك والتي من المفروض أن النيام السبعة (أهل الكهف) من معتنقيها؟ التاريخ يؤكد بأن المسيحية الحالية هي التي كانت مضطهدة آنذاك. هذا إذا افترضنا صحة القصة، أما كونها مجرد حكاية كان المقصود منها رمزيا هو تشجيع المؤمنين على تحمل الاضطهاد ووعدهم بغد مشرق للكنيسة، فإنه يجعل القرآن يخطئ مرة أخرى في تبني قصص دون التأكد من مصداقيتها التاريخية، وأنه وقع في ورطة ما بعدها ورطة، خصوصا وأن هذه القصة قد ذكرتها ثقافات كثيرة قبل المسيحية وقبل الإسلام.

---

١. مأخوذ عن الموسوعة الكاثوليكية.

٨

إعجاز الأسرار

"لو أن اليهود تمنوا الموت لماتوا ، ونحن تمنينا مرارًا وما متنا مكاننا ، فظهرت بصرفهم عن تمنيهم . مع كونهم على تكذيبه أحرص الناس . معجزته وبانت حجته"

رحمت الله الهندي

الإخبار بما في الضمائر

عن هذا الوجه من الإعجاز قال صاحب الإتقان: «وقال آخرون وجه إعجازه: ما تضمنه من الإخبار عن الضمائر من غير أن يظهر ذلك بقول أو فعل كقوله {إذ همت طائفتان منكم أن تفشلا} {ويقولون في أنفسهم لولا يعذبنا الله}».[1]

فالإعجاز الغيبي القرآني يتجلى أيضا في كون القرآن أخبر بما في ضمائر الناس وهو من الغيب الذي لا يعلمه إلا الله، وبالتالي لا بد وأن يكون حجة لحساب القرآن، ويبقى هناك مجموعة من الأسئلة ينبغي علينا طرحها كشروط لقبول هذا النوع من الإعجاز وأهمها هذا الشرط :

ينبغي أن يكون ما أخبر به القرآن من الغيب الذي لا يمكن تخمينه أبدا بواسطة العقل البشري ولا يمكن الوصول إليه بالتحليل المنطقي للأحداث، فمن غير المعقول أن أقوم مثلا بعمل يغضبك ثم أقول إنك غاضب الآن في داخلك وأني عرفت ذلك دون أن تقول لي شيئا فأنا إذن أعلم الغيب! أو أن تكون مقبلا على خوض معركة وأقول لك أني عرفت أنك خائف! إن هذه الأشياء وهذه التوقعات ما

---

١. الإتقان في علوم القرآن النوع الرابع والستون في إعجاز القرآن

هي إلا تحليل منطقي للأشياء ويحدث يوميا في حياتنا ونتعلمه من خلال التجارب ومن خلال معاملاتنا اليومية، لذلك لا يمكن قبول مثل هذه التخمينات على أساس أنها إعجاز غيبي!

دراسة بعض الأمثلة

المثال الأول سورة الأنفال ٧-٨

يقول مؤيدو فكرة الإعجاز الغيبي أن القرآن سبق وتنبأ بهزيمة الكفار المشركين في معركة بدر قبل أن يلاقوهم وذلك اعتمادا على الآية القرآنية: {**وَ إِذْ يَعِدُكُمُ اللهُ إِحْدَى الطَّائِفَتَيْنِ أَنَّهَا لَكُمْ وَ تَوَدُّونَ أَنَّ غَيْرَ ذَاتِ الشَّوْكَةِ تَكُونُ لَكُمْ وَ يُرِيدُ اللهُ أَنْ يُحِقَّ الْحَقَّ بِكَلِمَاتِهِ وَ يَقْطَعَ دَابِرَ الْكَافِرِينَ لِيُحِقَّ الْحَقَّ وَ يُبْطِلَ الْبَاطِلَ وَ لَوْ كَرِهَ الْمُجْرِمُونَ**}[١].

جاء في تفسير هذه الآية: «قال الحافظ أبو بكر بن مردويه في تفسيره حدثنا سليمان بن أحمد الطبراني حدثنا بكر بن سهل، حدثنا عبد الله بن يوسف حدثنا ابن لهيعة، عن يزيد بن أبي حبيب عن أسلم أبي عمران، حدثه أنه سمع أبا أيوب الأنصاري يقول: قال رسول الله صلى الله عليه وسلم ونحن بالمدينة «إني أخبرت عن عير أبي سفيان أنها مقبلة فهل لكم أن نخرج قبل هذه العير لعل الله أن يغنمناها ؟» فقلنا نعم فخرج وخرجنا فلما سرنا يوماً أو يومين، قال لنا «ما ترون في قتال القوم فإنهم قد أخبروا بمخرجكم ؟» فقلنا لا والله ما لنا طاقة بقتال العدو ولكنا أردنا العير، ثم قال «ما ترون في قتال القوم ؟» فقلنا مثل ذلك فقال المقداد بن عمرو: إذاً لا نقول لك يارسول الله كما قال قوم موسى لموسى {فَاذْهَبْ أَنتَ وَرَبُّكَ فَقَاتِلا إِنَّا هَاهُنَا قَاعِدُونَ} قال فتمنينا معشر الأنصار أن لو قلنا كما قال المقداد أحب إلينا من أن يكون لنا مال عظيم، قال فأنزل الله على رسوله صلى الله عليه وسلم {كَمَآ أَخْرَجَكَ رَبُّكَ مِن بَيْتِكَ بِالْحَقِّ وَإِنَّ فَرِيقًا مِّنَ الْمُؤْمِنِينَ لَكَارِهُونَ}»[٢]

أسئلة عن الإعجاز في الآيات

بعض الأسئلة التي تمنعنا من قبول الإعجاز في هذه الآيات:

الآية جاءت في سورة الأنفال ومن المعلوم أن سورة الأنفال أتت بعد غزوة بدر

---

١. الأنفال الآيات ٧-٨

٢. تفسير ابن كثير لسورة الأنفال الآيات ٥-٨

وليس قبلها، وهذا ما أخبرنا غير واحد من السلف: «روى أبو داود، والنَّسائي، وابن حبَّان، والحاكم، عن ابن عباس قال: قال النَّبي صلى الله عليه وسلّم: «من قتل قتيلاً فله كذا وكذا، ومن أسر أسيراً فله كذا وكذا». فأمَّا المشيخة فثبتوا تحت الرايات، وأمَّا الشُّبان فسارعوا إلى القتل والغنائم، فقالت المشيخة للشبان: أشركونا معكم فإنَّا كنَّا لكمْ ردْءاً، ولو كان منكم شيءٌ للجأتم إلينا. فاختصموا إلى النَّبي صلى الله عليه وسلّم، فنزلت: {يَسْأَلُونَكَ عَنِ الأَنْفَالِ قُلِ الأَنْفَالُ للّه والرَّسُولِ}»[1] والآيات موضوع دراستنا هنا هي الآية السابعة والثامنة، وهي ليست منفصلة في السياق عن الآيات الأخرى وتعالج نفس الموضوع، فليس من المعقول أن تكون قد جاءت قبل دخول المعركة بل بعدها، والمتأمل للآيات التي بعدها أيضا مثل قوله {إِذْ تَسْتَغِيثُونَ رَبَّكُمْ فَاسْتَجَابَ لَكُمْ أَنِّي مُمِدُّكُم بِأَلْفٍ مِّنَ الْمَلائِكَةِ مُرْدِفِينَ}الأنفال ٩ يتأكد من هذه الخلاصة لأن فعل استجاب هو في الماضي، والحادثة ترويها الروايات على أن دعاء محمد إنما كان أثناء المعركة حين رأى كثرة عدد خصومه[2]، وبالتالي فإن الآيتين السابعة والثامنة أيضا هما مجرد رواية ما حدث من قبل، ولا يحق أن يتم تصنيفهما على أنهما علم بانتصار المسلمين في وقعة بدر[3].

إن كان المقصود بالإعجاز الغيبي خصوصا معرفة ما في الضمائر، وأن الله أخبر محمدا بأن أصحابه يكرهون في داخل أنفسهم أن يلاقوا قريشا في الحرب، وأنهم يفضلون بدل ذلك -في داخلهم أيضا- أن يهجموا على القافلة (غير ذات الشوكة) فإن المتأمل للتفاسير سيجد تعابير كثيرة توحي بأن هذا أيضاً لم يكن بالأمر الخفي ولا بالأمر المستتر، فقد جاء في الطبري: «قال: ثنا هشام بن عروة،

---

١. أسباب النزول للسيوطي، جزء١ ص ٢٤١

٢. جاء في تفسير الطبري لسورة الأنفال الآية ٩: «لما كان يوم بدر ونظر رسول الله صلى الله عليه وسلم إلى المشركين وعدتهم، ونظر إلى أصحابه نيفا على ثلاث مئة، فاستقبل القبلة، فجعل يدعو ويقول: «اللهمّ أَنْجِزْ لي ما وَعَدْتَني اللَّهُمَّ إنْ تَهْلِكَ هَذِهِ العِصَابَةُ مِنْ أهْلِ الإسْلامِ، لا تُعْبَدْ فِي الأرْضِ» فلم يزل كذلك حتى سقط رداؤه، وأخذه أبو بكر الصديق رضي الله عنه، فوضع رداءه عليه، ثم التزمه من ورائه، ثم قال: كفاك يا نبيّ الله بأبي وأمي مناشدتك ربك، فإنه سينجز لك ما وعدك فأنزل الله: إذْ تَسْتَغِيثُونَ رَبَّكُمْ فاسْتَجابَ لَكُمْ أنّي مُمِدُّكُمْ بألْفٍ مِنَ المَلائِكَةِ مُرْدِفِينَ».

٣. يتم عن قصد الاستشهاد بعض المرات بسورة القمر ٤٥ «سَيُهْزَمُ الْجَمْعُ وَيُوَلُّونَ الدُّبُرَ» على أساس أنها تنبؤ عن انتصار المسلمين في معركة بدر، لكن سياق الآية والتفسير يثبت بأنها تتحدث عن آل فرعون!

عن عروة: أن أبا سفيان أقبل ومن معه من ركبان قريش مقبلين من الشام، فسلكوا طريق الساحل فلما سمع بهم النبيّ صلى الله عليه وسلم ندب أصحابه، وحدثهم بما معهم من الأموال وبقلة عددهم. فخرجوا لا يريدون إلاَّ أبا سفيان، والركب معه لا يرونها إلاَّ غنيمة لهم، لا يظنون أن يكون كبير قتال إذا رأوهم. وهي ما أنزل الله: وَتَوَدُّونَ أَنَّ غيرَ ذَاتِ الشَّوْكَةِ تَكُونُ لَكُمْ.»[1] وجاء في تفسير ابن كثير كما رأينا من قبل أن أصحاب محمد قالوا: «فقلنا لا والله ما لنا طاقة بقتال العدو ولكنا أردنا العير»!! فهل هذا بالشيء المعجز أن أعرف أن أي إنسان في العالم يحب الغنيمة السهلة التي ليست فيها أي مواجهة على الغنيمة التي ستكون فيها مغامرة بالنفس وفيها قتال؟

من أسباب النزول أيضا نستنتج أمرا مهما للغاية: «عن ابن عباس، قوله: {وَإِذْ يَعِدُكُمُ اللَّهُ إِحْدَى الطَّائِفَتَيْنِ} قال: أقبلت عير أهل مكة يريد: من الشام فبلغ أهل المدينة ذلك، فخرجوا ومعهم رسول الله صلى الله عليه وسلم يريدون العِير. فبلغ ذلك أهل مكة، فسارعوا السير إليها لا يغلب عليها النبيّ صلى الله عليه وسلم وأصحابه، فسبقت العير رسول الله صلى الله عليه وسلم، وكان الله وعدهم إحدى الطائفتين، فكانوا أن يلقوا العير أحبّ إليهم وأيسر شوكة وأحضر مغنما. فلما سبقت العير، وفاتت رسول الله صلى الله عليه وسلم، سار رسول الله صلى الله عليه وسلم بالمسلمين يريد القوم، فكره القوم مسيرهم لشوكة في القوم».[2] الحكاية رغم كثرة الروايات فيها هي أن محمدا اعترض القافلة التجارية التي كان أبو سفيان يقودها، وحين علم أبو سفيان غير الطريق واستطاع أن يفلت من محمد، وكانت قريش قد أعدت العدة وخرجت لحماية قافلتها بعد أن توصلت بالخبر، أما محمد فكان قد استشار أصحابه أن يختاروا بين مهاجمة أصحاب القافلة التجارية وهم عُزل وأسهل في المغنم وكثيرة هي الغنائم التي سيحصلون عليها من هذا الهجوم، وبين أن يلاقوا المدافعين من قريش الذين خرجوا لحماية قافلتهم وهم أصعب في المواجهة وغنائم مواجهتهم أقل مما في القافلة، وبالتالي أحب أصحابه الخيار الأول وتقول الأخبار أيضا أن محمدا قد

١. تفسير الطبري للأنفال ٧،(الجزء ٩ ص ١٢٣ من طبعة ١٩٩٠ لدار المعرفة).
٢. تفسير الطبري لسورة الأنفال الآية ٧،(الجزء ٩ ص ١٢٣ من طبعة ١٩٩٠ لدار المعرفة).

قال لهم أن الله وعدهم إحدى الطائفتين[١]. وحتى على فرض أن هذا الخبر صحيح فإن السؤال الذي يطرح هنا لماذا ليس هناك دقة في الوعد مادام الأمر نبوة كما يدعون؟ هل الله مبهم إلى هذه الدرجة حتى يقول أنه يعدهم إحدى الطائفتين دون تحديد؟[٢] ولماذا أفلت أبو سفيان حتى لم يعد لدى محمد أي خيار إلا مواجهة قريش أو الرجوع مذلولا؟ أين هو الوعد بإحدى الطائفتين؟ أليس ذلك مجرد واقع فرض نفسه أكثر مما هو نبوة؟ أما كان الأجدر بالنبوة أن توفر على محمد المشورة من أصحابه خصوصا وأنه ظل يستشيرهم حتى أن سعد بن معاذ انزعج من أسئلة محمد وعلم أن محمدا إنما هو متردد في مواجهة قريش خوفا من أن يتخلى عنه الأنصار مادامت المعاهدة التي كانت تجمعهم إنما هي معاهدة دفاع لا تنص على مساندتهم في مثل هذا الغزو الذي هو عبارة عن هجوم غايته الغنيمة ليس إلا؟

حتى لو كان صحيحا أن هذه الآيات قد قيلت قبل الموقعة، رغم أن هذا شيء يخالفه السياق وليس هناك ما يكفي من الأدلة لتأكيده، فإنها ستكون مجرد توقعات ليس إلا، والدليل على هذا أن محمدا لم يكن متأكدا بل كان يتمنى، وقد عبر عن ذلك بقوله «لعلّ الله أنْ يُنَفِّلَكُمُوهَا» وما هذه التعابير إلا محاولة لشحن المشاعر ولرفع معنويات أصحابه من المقاتلين ليس إلا، إذ لا يوجد جيش في الوجود كله يتأهب لخوض معركة يقول بأنه لن يَغلب! كل الجيوش تذهب للمعارك قائلة بأنها ستغلب! إن محمدا نفسه عندما ذهب إلى معركة أحد كان ذاهبا وهو متأكد من أنه سيغلب حيث تقول الآية عن أبي سفيان الذي صار يصرف المال الكثير لجمع مقاتلين ينتقم بهم من محمد بسبب معركة بدر: {إِنَّ الَّذِينَ كَفَرُواْ يُنفِقُونَ أَمْوَالَهُمْ لِيَصُدُّواْ عَن سَبِيلِ اللّهِ فَسَيُنفِقُونَهَا ثُمَّ تَكُونُ عَلَيْهِمْ حَسْرَةً ثُمَّ

١. جاء في تفسير الطبري للأنفال ٧ :" قام المقداد بن الأسود الكندي، فقال: يا رسول الله إنا لا نقول لك كما قال بنو إسرائيل لموسى: اذْهَبْ أَنْتَ وَرَبُّكَ فَقاتلا إنَّا هَهُنا قاعِدُونَ ولكنا نقول: أقدم فقاتل إنا معك مقاتلون ففرح رسول الله صلى الله عليه وسلم بذلك وقال: «إنَّ رَبّي وَعَدَنِي القَوْمَ وَقَدْ خَرَجُوا فَسِيرُوا إلَيْهِمْ» فساروا." وجاء أيضا: " فقال رسول الله صلى الله عليه وسلم: «إنَّ اللّهَ قَدْ وَعَدَكُمُ العيرَ أوِ القَوْمَ».

٢. جاء في تفسير الطبري للأنفال ٧ أيضا أن محمدا قال لأصحابه : «هَذِهِ عِيرُ قُرَيْشٍ فيها أمْوَالُهُمْ، فاخْرُجُوا إلَيْهَا لعلّ الله أنْ يُنَفِّلَكُمُوهَا» فلو كان متأكدا من وعد الله ما كان ليكون مترددا هكذا، ونعلم أن القافلة قد أفلتت منه.

يُغْلَبُونَ وَالَّذِينَ كَفَرُواْ إِلَى جَهَنَّمَ يُحْشَرُونَ}[١] (هذه الآية وعد بانهزام أبي سفيان في معركة أحد بحسب أسباب النزول)[٢] ولكن معركة أحد هُزم فيها محمد شر هزيمة! وإلا فهل هذه الآية تعبير عن العجز الغيبي للقرآن إذن؟ بل السؤال المحرج ههنا لماذا سمح الله لمحمد أن يذهب إلى معركة كاد أن يقتل فيها[٣] وقد تعود الله أن يخبر نبيه قبل المعارك بواسطة جبريل؟[٤] فلماذا ذهب إن كان يعرف أنه سيُغلب؟ وهل الإعجاز الغيبي ظهر فقط في الآيات المتعلقة بمعركة بدر ثم اختفى في الآيات المتعلقة بمعركةأحد؟[٥] بل الأخطر من هذا هو أن القرآن يقول بأن معركة أحد كانت نصرا كما وعد الله لكن المسلمين انهزموا لأنهم لم يطيعوا أوامر الرسول، فيا للعجب إن انتصروا فذلك وعد من الله تحقق وإعجاز غيبي تحقق، وإن انهزموا فذلك منهم، ولا يمكن القول عنه أنه وعد من الله لم يتحقق وإعجاز غيبي لم يتحقق! تأمل الآية: {وَلَقَدْ صَدَقَكُمُ اللّهُ وَعْدَهُ إِذْ تَحُسُّونَهُم بِإِذْنِهِ حَتَّى إِذَا فَشِلْتُمْ وَتَنَازَعْتُمْ فِي الأَمْرِ وَعَصَيْتُم مِّن بَعْدِ مَا أَرَاكُم مَّا تُحِبُّونَ مِنكُم مَّن يُرِيدُ الدُّنْيَا وَمِنكُم مَّن يُرِيدُ الآخِرَةَ ثُمَّ صَرَفَكُمْ عَنْهُمْ لِيَبْتَلِيَكُمْ وَلَقَدْ عَفَا عَنكُمْ وَاللّهُ ذُو فَضْلٍ عَلَى الْمُؤْمِنِينَ}[٦].

المثال الثاني المجادلة ٨

{أَلَمْ تَرَ إِلَى الَّذِينَ نُهُوا عَنِ النَّجْوَى ثُمَّ يَعُودُونَ لِمَا نُهُوا عَنْهُ وَيَتَنَاجَوْنَ بِالإِثْمِ

---

١. سورة الأنفال الآية ٣٦ .

٢. انظر أسباب النزول للواحدي، أو لباب النقول في أسباب النزول.

٣. "قال ابن هشام : وذكر ربيح بن عبدالرحمن بن أبي سعيد الخدري عن أبيه، عن أبي سعيد الخدري : أن عتبة بن أبي وقاص رمى رسول الله صلى الله عليه وسلم يومئذ، فكسر رباعيته اليمنى السفلى، وجرح شفته السفلى، وأن عبدالله بن شهاب الزهري شجه في جبهته، وأن ابن قمئة، جرح وجنته فدخلت حلقتان من حلق المغفر في وجنته، ووقع رسول الله صلى الله عليه وسلم في حفرة من الحفر التي عمل أبو عامر ليقع فيها المسلمون، وهم لا يعلمون" السيرة النبوية لابن هشام، باب ما أصاب الرسول يوم أحد، ج٣ ص ٢٨ طبعة دار المعرفة.

٤. جاء في تفسير الطبري للأنفال ٧ "ثم إن أبا سفيان أقبل من الشأم في عير لقريش، حتى إذا كان قريبا من بدر، نزل جبريل على النبيّ صلى الله عليه وسلم، فأوحى إليه: وَإِذْ يَعِدُكُمُ اللّهُ إِحْدَى الطَّائِفَتِيْنِ أَنَّهَا لَكُمْ وَتَوَدُّونَ أَنَّ غَيْرَ ذَاتِ الشَّوْكَةِ تَكُونُ لَكُمْ"

٥. الآيات المتعلقة بمعركة أحد جاءت في سورة آل عمران كلها آيات تعزية للمسلمين ومحاولة مواساتهم " إِن يَمْسَسْكُمْ قَرْحٌ فَقَدْ مَسَّ الْقَوْمَ قَرْحٌ مِّثْلُهُ وَتِلْكَ الأيَّامُ نُدَاوِلُهَا بَيْنَ النَّاسِ وَلِيَعْلَمَ اللّهُ الَّذِينَ آمَنُواْ وَيَتَّخِذَ مِنكُمْ شُهَدَاء وَاللّهُ لاَ يُحِبُّ الظَّالِمِينَ" آل عمران ١٤٠.

٦. آل عمران ١٥٢.

وَالْعُدْوَانِ وَمَعْصِيَتِ الرَّسُولِ وَإِذَا جَاؤُوكَ حَيَّوْكَ بِمَا لَمْ يُحَيِّكَ بِهِ اللَّهُ وَيَقُولُونَ فِي أَنفُسِهِمْ لَوْلا يُعَذِّبُنَا اللَّهُ بِمَا نَقُولُ حَسْبُهُمْ جَهَنَّمُ يَصْلَوْنَهَا فَبِئْسَ الْمَصِيرُ}[1]

الإعجاز في هذه الآيات كما يراه الكثيرون هو أن اليهود كانوا يأتون محمدا وأصحابه ويسلمون عليهم سلاما فيه تحريف لغوي، فيقولون السام عليكم عوضا عن السلام عليكم، وأن محمدا سمع سلامهم أو أعلمه الله به فكان يرد عليهم بكلمة «وعليكم» وأن الله أيضا أطلعه على ما يقولون في أنفسهم (يقولون في أنفسهم لولا يعذبنا الله) أي: «يقولون في أنفسهم لو كان هذا نبياً لعذبنا الله بما نقول له في الباطن لأن الله يعلم ما نسره، فلو كان هذا نبياً حقاً لأوشك أن يعاجلنا الله بالعقوبة في الدنيا»[2]. إذن فالقرآن كلام الله المعجز لأنه أعلم محمدا بما يدور في خلد اليهود رغم أنهم لم يعلنوا ذلك.

وهنا نجد عدة أسئلة محيرة تطرح أمام الباحث:

أولا، على فرض أن الروايات صحيحة، وأن اليهود فعلا كانوا يقولون السام عليكم عوضا عن السلام عليكم، وهو أمر غريب لأن تحية السلام هي تحية يهودية أصلا وهم يقولون (شلوم) التي هي سلام، ولا يوجد مصدر آخر غير المصادر الإسلامية لنعتمد عليها في البحث عن هذه الواقعة ومن المعروف أن المصادر الإسلامية مشحونة بالكراهية لليهود، فلا عجب إذن أن ينسبوا لهم هذه التحية المضحكة! فلنفترض جدلا أن يهود الجزيرة العربية كانوا يقولون ذلك، وكلنا نعرف أن السلام تحية تلقى علانية، وبالتالي فإن محمدا وأصحابه سمعوا التحية وعليه يكون الإعجاز الغيبي لاغيا، فإذا قال قائل إنهم قالوها بشكل مخادع حتى يعتقد المسلمون أنها تعني (السلام عليكم) بينما هي في الحقيقة (السام عليكم) سنجيبهم بواحد من الأحاديث مروي عن عائشة: «عن مسروق عن عائشة قالت: «دخل على رسول الله صلى الله عليه وسلم يهود فقالوا السام عليك يا أبا القاسم فقالت عائشة: وعليكم السام قالت: فقال رسول الله صلى الله عليه وسلم: «يا عائشة إن الله لا يحب الفحش ولا التفحش» قلت: ألا تسمعهم يقولون

---

١. المجادلة ٨

٢. انظر تفسير ابن كثير للمجادلة ٨.

السام عليك؟ فقال رسول الله صلى الله عليه وسلم «أو ما سمعت أقول وعليكم»»[١] إذن عائشة سمعتهم بحسب الحديث وهنا يلغى الإعجاز الغيبي مرة أخرى!

إن كان المقصود بالإعجاز الغيبي في هذه الآية هو قولهم في أنفسهم لوكان هذا نبيا لعذبنا الله بما نقول، سنسأل السؤال نفسه من سيؤكد لنا أنهم فعلا قالوا ذلك في أنفسهم؟ عليهم أن يقروا أنهم قالوا ذلك فأين هي تصريحاتهم المؤكدة للآية؟ وحتى إن اعترفوا - وهو أمر لم نجد له دليلا - كيف يصدقهم المسلمون وهم كما يقولون عنهم أعداء لدينهم؟ فالآية ينقصها الدليل، وكأني بدعاة الإعجاز يبنون أدلتهم على التصريح القرآني فقط قائلين: القرآن قال أنهم يقولون ذلك في أنفسهم إذن فهم يقولون ذلك شاؤوا أم أبوا صرحوا أم نفوا لا يهم! المهم أنهم قالوا ذلك وهذا إعجاز غصبا عنهم! فأي منطق هذا؟ لا بد من توفر أدلة خارج النص تثبت دعوى الإعجاز للنص وهذا غير موجود في هذه الحالة.

إن كان من المعروف أن العداوة بين محمد واليهود هي عداوة راسخة أثبتتها الأحداث المتلاحقة من تكذيبهم لرسالته، وامتحانهم له في غير ما مرة، واعتزازهم بدينهم وتاريخهم وإرثهم الروحي واستهزائهم بالقرآن هذا من جهتهم ومن جهة محمد أنه اغتال منهم الكثير وقام بتصفيتهم، وسبى نساءهم وذراريهم وطردهم من المدينة وشتمهم في أكثر من آية قرآنية.. فهل سيخفى إذن على أي عاقل أنهم في أنفسهم يكرهون محمدا ويقولون قولا من هذا القبيل «لو كان نبيا لعذبنا الله بما نقول»؟ إنه ليس بالقول الذي يصعب تخمينه بناء على العداوة القائمة بينهم وبين محمد! كل شخص كان يعرف هذه العداوة بمن فيهم الصحابة وعائشة! وما كانوا يحضرون اجتماعات محمد إلا لامتحانه وإحراجه بالأسئلة! فالإعجاز الغيبي كما قلنا سابقا ينبغي أن يكون معجزا بكل ما في الكلمة من معنى بحيث لا يمكن تخمينه ولا توقعه، وهذا هو ما لا يتوفر في هذه الآية.

---

١. ذكره ابن كثير في تفسيره لسورة المجادلة ٨ وهو حديث جاء حتى في الصحيح حيث قال ابن كثير: "وفي رواية في الصحيح أنها قالت لهم: عليكم السام والذام واللعنة، وأن رسول الله صلى الله عليه وسلم قال «إنه يستجاب لنا فيهم ولا يستجاب لهم فينا»." ذكره البخاري على الأقل في ست مواضع بينها باب الدعاء على المشركين.

المثال الثالث البقرة ٩٤، ٩٥

{قُلْ إِن كَانَتْ لَكُمُ الدَّارُ الآَخِرَةُ عِندَ اللّهِ خَالِصَةً مِّن دُونِ النَّاسِ فَتَمَنَّوُاْ الْمَوْتَ إِن كُنتُمْ صَادِقِينَ وَلَن يَتَمَنَّوْهُ أَبَداً بِمَا قَدَّمَتْ أَيْدِيهِمْ وَاللّهُ عَلِيمٌ بِالظَّالمِينَ}[1]

جاء في تفسير هذه الآية:

«أي ادعوا بالموت على أي الفريقين أكذب، فأبوا ذلك على رسول الله صلى الله عليه وسلم {وَلَن يَتَمَنَّوْهُ أَبَداً بِمَا قَدَّمَتْ أَيْدِيهِمْ وَاللّهُ عَلِيمٌ بِالظَّالمِينَ} أي بعلمهم بما عندهم من العلم بك والكفر بذلك ولو تمنوه يوم قال لهم ذلك ما بقي على الأرض يهودي إلا مات. وقال الضحاك عن ابن عباس: فتمنوا الموت فسلوا الموت وقال عبد الرزاق عن معمر عن عبد الكريم الجزري عن عكرمة قوله: فتمنوا الموت إن كنتم صادقين. قال: قال ابن عباس: لو تمنى يهود الموت، لماتوا. وقال ابن أبي حاتم: حدثنا أبي، حدثنا علي بن محمد الطنافسي، حدثنا عثام: سمعت الأعمش قال: لا أظنه إلا عن المنهال، عن سعيد بن جبير، عن ابن عباس، قال: لو تمنوا الموت لشرق أحدهم بريقه، وهذه أسانيد صحيحة إلى ابن عباس».[2]

إن خلاصة الإعجاز الغيبي المتمثل في هذه الآية قد جمعه رحمت الله الهندي في كتابه إظهار الحق حيث قال:

«والمراد بالتمني التمني بالقول، ولا شك أنه عليه الصلاة والسلام مع تقدمه في الرأي والحزم وحسن النظر في العاقبة كما هو المسلم به عند المخالف والموافق والوصول إلى المنزل الذي وصل إليه في الدارين، والوصول إلى الرياسة العظيمة، لا يجوز له - وهو غير واثق من جهة الرب بالوحي - أن يتحدى أعدى الأعداء بأمر لا يأمن عاقبة الحال فيه، ولا يأمن من خصمه أن يقهره بالدليل والحجة، لأن العاقل الذي لم يجرب الأمور لا يكاد يرضى بذلك، فكيف الحال في أعقل العقلاء. فثبت أنه ما أقدم على هذا التحدي إلا بعد الوحي واعتماده التام. وكذا لا شك أنهم كانوا من أشد أعدائه، وكانوا أحرص الناس في تكذيبه، وكانوا متفكرين في الأمور التي بها ينمحي الإسلام أو تحصل الذلة لأهله، وكان المطلوب منهم أمرًا سهلًا لا صعبًا، فلو لم يكن النبي صلى الله عليه وسلم صادقًا في دعواه عندهم لبادروا إلى القول به لتكذيبه، بل أعلنوا هذا التمني بالقول مرارًا وشهروا أنه

١. البقرة ٩٤

٢. تفسير ابن كثير لسورة البقرة ٩٤

كاذب يفتري على اللّٰه أنه قال كذا، ويدعي من جانب نفسه ادعاء ويقول تارةً: والذي نفسي بيده لا يقولها رجل منهم إلا غص بريقه، يعني مات مكانه، ويقول تارةً: لو أن اليهود تمنوا الموت لماتوا ونحن تمنينا مرارًا وما متنا مكاننا فظهرت بصرفهم عن تمنيهم مع كونهم على تكذيبه أحرص الناس معجزته وبانت حجته، وفي هذه الآية إخباران عن الغيب: (الأول) أن قوله {لن يتمنوه} يدل دلالة بينة على أن ذلك لا يقع في المستقبل من أحد منهم فيفيد عموم الأشخاص. (والثاني) أن قوله أبدًا يدل على أنه لا يوجد في شيء من الأزمنة الآتية في المستقبل يفيد عموم الأوقات فبالنظر إلى العمومين هما غيبان».[1]

إن هذا التحدي الغريب الذي أطلقه القرآن لليهود، كدليل على صدقه من جهة ودليل على كذبهم من جهة ثانية، يحتاج منا وقفة تأمل لنطرح بعض الأسئلة المعقولة حتى نعيد الأمور إلى نصابها:

هذا التحدي هو تحدي مطلق، يمس اليهود المعاصرين لمحمد واليهود في يومنا هذا ويهود المستقبل أيضا، وبالتالي لو نطق أي يهودي بكلمة التمني هذه قائلا أنه (يتمنى الموت) لثبت كذب محمد والقرآن معا! ما رأي علماء الإسلام أني طلبت من عدة أشخاص (رغم سخافة الطلب) أن يتمنوا الموت وتمنوه فعلا ولكني تعجبت أنه ولا واحد منهم مات مبتلعا ريقه! أنا إذن اقتنعت بأن القرآن كذب مادام أنهم أثبتوا لي عدم صدق الآية التي تجزم بأنهم «لن يتمنوه»! هل يستطيع علماء الإسلام أن يقفوا أمام الشاشات وفي المنابر الإعلامية قائلين أنهم يتحدون أي يهودي أن يتمنى الموت مباشرة على الهواء، ويعطوا الفرصة لليهود كي يفعلوا ذلك فنثبت للجميع صحة هذا القرآن من عدمها، لنرى فعلا إذا ما كانوا سيموتون، ونرى فعلا إعجاز الآية القرآنية! إنه مجرد تحدي مطلق هكذا دون ضوابط، ودون أن يكون تحديا جادا يقبلون بنتائجه العكسية. لماذا يخافون أن يفعلوا ذلك مادامو متأكدين من صدق كتابهم؟ هل هناك أدلة من عصر محمد غير الأدلة الإسلامية المتحيزة التي تثبت أن اليهود فعلا لم يتمنوا الموت ليثبتوا لنا كذب محمد؟ هل خرج محمد أمام اليهود وأتى بشهود معه، وقال يايهود أنا اليوم سأثبت كذبكم وصدقي: إن تمنى أحدكم الموت فسيموت حالا! فتمنوا الموت فإن لم تستطيعوا فأنتم كاذبين، ثم انتظر الناس

١. كتاب إظهار الحق الجزء الثاني الباب الخامس الفصل الثاني في رفع شبهات القسيسين على القرآن.

ليحكموا لمحمد بانتصاره في هذا التحدي! إن القرآن كالعادة أطلق لنا تحديا في آية وأجاب عنه في نفس الآية دون أن ينتظر النتائج لتحديه ذاك! {فَتَمَنَّوُاْ الْمَوْتَ إِن كُنتُمْ صَادِقِينَ وَلَن يَتَمَنَّوْهُ أَبَداً} وهذه عادة قرآنية معروفة رأيناها حتى في التحدي على أن يأتوا بمثل القرآن أو بسورة من مثله!

٩

الإعجاز التنبؤي

"تبت يدا أبي لهب وتب، ما أغنى عنه ماله وما كسب، سيصلى ناراً ذات لهب، وامرأته حمالة الحطب، في جيدها حبل من مسد"
سورة المسد

التنبؤ عن المستقبل

سندرس

هنا بعض الأمثلة المشهورة والتي يتخذها أغلب المسلمين على أنها دليل كبير على إعجاز القرآن التنبؤي.

المثال الأول: سورة المسد

قول عن الإعجاز

قال أحدهم عن الإعجاز الذي يراه في هذه السورة:

«جاء القرآن الكريم بأمور غيبية، وجاء المستقبل مطابقاً لها تماماً، فمن أوائل سور القرآن المكية قول الله تعالى: تبت يدا أبي لهب وتب، ما أغنى عنه ماله وما كسب، سيصلى ناراً ذات لهب، وامرأته حمالة الحطب، في جيدها حبل من مسد (سورة تبّت)، وسمع أبو لهب. واسمه عبد العزى، وهذا الاسم حرام، لذلك لم يذكره الله تعالى باسمه ـ السورة، وعاش بعد ذلك عشر سنوات، فلو قال أبو لهب أو امرأته أروى بنت حرب : لا إله إلا الله، ولو كذباً أو رياءً أو نفاقاً، لأبطل

الوحي كله، هذا إعجاز غيبي خطير!»[١]

وقال آخر: «قبل ١٠ سنوات من وفاة أبي لهب نزلت سورة في القرآن اسمها سورة المسد، هذه السورة تقرر أن أبا لهب سوف يذهب إلى النار، أي بمعنى آخر أن أبا لهب لن يدخل الإسلام . خلال عشر سنوات كل ما كان على أبي لهب أن يفعله هو أن يأتي أمام الناس ويقول «محمد يقول أني لن أسلم وسوف أدخل النار ولكني أعلن الآن أني أريد أن أد خل في الإسلام وأصبح مسلما !! الآن ما رأيكم هل محمد صادق فيما يقول أم لا ؟ هل الوحي الذي يأتيه وحي إلهي؟ لكن أبا لهب لم يفعل ذلك تماما رغم أن كل أفعاله كانت هي مخالفة الرسول صلى الله عليه وسلم لكنه لم يخالفه في هذا الأمر».[٢]

جاء في الحديث الصحيح

«حدَّثَنا عمرُ بن حفصِ بن غياثٍ حدَّثَنا أبي حدَّثَنا الأعمشُ حدَّثَني عمروُ بن مُرَّةَ عن سعيدِ بن جُبيرٍ عنِ ابن عباسٍ رضيَ الله عنهما قال: «لما نَزَلت {وأنذِر عَشيرَتَكَ الأقرَبين} صَعِدَ النبيُّ صلى الله عليه وسلم على الصَّفا فجعل يُنادي: يا بني فِهر، يا بني عَديّ. لبطونِ قُرَيشٍ. حتى اجتمعوا، فجعلَ الرجلُ إذا لم يَستطعْ أن يَخرجَ أرسل رسولاً ليَنظرَ ما هو، فجاء أبو لهبٍ وقريشٌ، فقال: أرأيتَكُم لو أخبرتُكم أنَّ خيلاً بالوادي تريدُ أن تُغيرَ عليكم أكنتم مُصَدِّقيَّ؟ قالوا: نعم، ما جرَّبنا عليك إلاّ صِدقاً. قال: فإني نَذيرٌ لكم بينَ يَدَيْ عذابٍ شديد. فقال أبو لهب: تَبّاً لك سائرَ اليوم، ألهذا جمعتَنا؟ فنَزَلت {تَبَّتْ يدا أبي لهبٍ وتَبَّ . ما أغنى عنه ماله وما كَسَب} المسد: ١، ٢»[٣].

تحليل ونقد علمي للقصة

هذه القصة تحتاج هي الأخرى شيئا من التحليل والنقد العلمي:

هناك أسئلة منطقية يطرحها الإنسان وينبغي عليه أن يطرحها بنزاهة وصدق، ونترك القارئ وحده يحكم على صدق هذه الأسئلة، فالمسلمون الذين

---

١. هذا مجرد نموذج من نماذج كثيرة وردت على مواقع الأنترنت، هذا التعليق أخذناه من موقع : تفسير نت، تحت عنوان نظرات في القرآن الكريم.

٢. هذا الكلام منسوب إلى دكتور كندي يدعى ملير يقولون أنه أسلم، ونشرته العديد من المنتديات والمواقع الإلكترونية.

٣. صحيح البخاري، كتاب التفسير، سورة الشعراء، باب وانذر عشيرتك الأقربين.

يدعون الإعجاز في هذه الآية إنما هم في الحقيقة لا يحترمون عقل الإنسان ويسقطون عمدا أسئلة معاكسة لمنطقهم، فمن المعروف أن سورة المسد مكية وهي من أوائل السور، فهل كان المسلمون يقرؤون هذه السورة؟ الجواب: نعم، هل كان المسلمون يتلون السورة في صلواتهم؟ الجواب: نعم، هل هذه السورة كلام الله وصارت جزءا لا يتجزأ من العقيدة الإسلامية منذ بداياتها؟ الجواب نعم! هل هذه السورة مسبة وشتيمة وهجاء لواحد من أعظم شخصيات قريش ولزوجته؟ الجواب: نعم!! إذن كيف يتخيل أي إنسان أن هذا الشخص سيعتنق الإسلام ولو من باب إثبات خطأ محمد؟ هل هناك إنسان عاقل في الوجود كله يرضى أن يعتنق دينا معينا إن كان هذا الدين يسبه ويلعنه هو وعائلته؟ هل كان أبو لهب سيُصَلي بهذه السورة يلعن فيها نفسه وعائلته بينما امرأته تردد خلفه آمين صدق الله العظيم؟ أي منطق هذا؟ هل هذه مسألة تحتاج إلى إعجاز غيبي ليعرف المرء بأن أبا لهب لن يعتنق الإسلام أبدا؟ هل كنت أنت لتعتنق دينا يقول صاحبه بأن إلهه بنفسه يلعنك ويحتقرك؟ خصوصا شخص ذو مكانة ووجاهة بين بني قومه؟ إنها أولا وأخيرا مسألة كرامة. إن محمدا حدد بنفسه موقفه من عمه، وسبه وشتمه بعد أن جُرح وشعر بالإهانة لأن عبد العزى قال له: «تبا لك إلهذا جمعتنا؟» ونسب تلك الأقوال للإله وهو الشيء الذي زاد عمه يقينا بأن ابن أخيه ليس على حق، لأن تلك الكلمات إنما كلماته هو يفرغ بها غيظه وينسبها للإله، فازداد رفضا وإصرارا، ومنذ أن قيلت تلك الآيات علم محمد بأنه خسر عمه للأبد، وأن الأمور لن تصلح بينهما أبدا، وقد سجل لنا رواة السيرة القليل مما قالت زوجة أبي لهب حيث روي عنها أنها قالت: «مُذَمَّمٌ أَبَيْنَا، وَدِينُهُ قَلَيْنَا، وَأَمْرُهُ عَصَيْنَا»[٢] وحتى أصحاب محمد لا يوجد أي قول أو فعل منهم يوحي بأنهم كانوا يتوددون إلى عبد العزى وزوجته لأن ما حصل قد حصل! ولو قيلت نفس الكلمات في حق أي

---

١. جاء في المستدرك على الصحيحين جزء ٢ ص ٣٩٣: "أقبلت العوراء أمّ جميل بنت حرب ولها ولولة وفي يدها فهر وهي تقول: مذمما أبينا، ودينه قلينا، وأمره عصينا، والنبيّ جالس في المسجد ومعه أبو بكر، فلما رآها أبو بكر قال: يا رسول الله قد أقبلت وأنا أخاف أن تراك، فقال رسول الله : «إنَّها لَنْ تَراني». وقرأ قرآناً فاعتصم به كما قال، وقرأ: }وَإِذا قَرَأْتَ الْقُرْآنَ جَعَلْنا بَيْنَكَ وَبَيْنَ الّذينَ لا يُؤْمِنونَ بِالآخِرَةِ حِجاباً مَسْتوراً{. فوقفت على أبي بكر ولم ترَ رسول الله، فقالت: يا أبا بكر إني أخبرت أن صاحبك هجاني فقال:، لا ورب هذا البيت ما هجاك، فولّت وهي تقول: قد علمت قريش أني بنت سيدها." حديث صحيح الإسناد.

٢. نفس المصدر السابق.

شخص ما كان سيدخل الإسلام أبدا، ليس لأن الإله يعلم مسبقا بمصير الناس بل لأن قبوله للإسلام معناه قبول المذلة لنفسه! أو إزالة تلك الكلمات إزالة تامة والاعتذار عنها وهو شيء سيظهر بأن القرآن في الأخير ليس كلام الإله وبالتالي فإن كلا الأمرين يستحيل حصولهما.

لو كانت حكمة هذه السورة دقيقة لهذه الدرجة لطرحنا سؤالا آخر: لماذا لم يوح الله بقائمة من الأسماء بها من سيدخل الإسلام ومن لا يدخله، من سيدخل الجنة ومن سيدخل النار؟ وهكذا يريح محمدا من عبء الدعوة لأي كان! إن حدوث أمر كهذا سيكون أكثر إعجازا من ذكر شخص واحد إذ من المستحيل أن يكون صدفة، وهكذا تصير تلك القائمة دليلا قويا على صحة الإعجاز الغيبي في القرآن؟ لماذا بالضبط أبو لهب فقط؟ لماذا ترك الله محمدا يسترجي أبا طالب أن يسلم وهو على فراش الموت إن كان يخبر نبيه بمن هو والج النار حتما وبمن هو والج الجنة؟

لو افترضنا أن عبد العزى كان ذكيا بذكاء دعاة الإعجاز وأراد أن يثبت للجميع أن قرآن محمدا كاذب، وأن سورة المسد ليست من الله، وبالتالي ذهب إلى محمد وأعلن إسلامه لمجرد إثبات كذب محمد! هل كان المسلمون سيعتبرون إسلامه صحيحا؟ حتى لو وقعت قصة مثل هذه ورواها الرواة ستجدهم يقولون كلاما من هذا القبيل: «حدثنا فلان عن علان أن أبا لهب عليه لعنة الله ذهب بقصد الطعن في نبوة الرسول (ص) فأعلن إسلامه وشهد أن لا إله إلا الله وأن محمدا رسول الله نفاقا ورياء، وبعد أن أعلن إسلامه قال: إذن لن أصلى نارا ذات لهب كما قلت يا محمد! لكن رسول الله أجابه: إن كنت تشهد بأن لا إله إلا الله وأن محمدا رسول الله كيف تكذب الله ورسوله! والله إني لأعلم إنما شهدت نفاقا ورياء! ومات لعنة الله عليه على كفره وتم فيه قول الله عز وجل (سيصلى نارا ذات لهب)» انتهى! أليس حديثا مثل هذا كافيا لتبرير السورة القرآنية في حال حصول هذه الفرضية؟! ثم إن الفرضية في حذ ذاتها مناقضة لنفسها ومستحيلة الحدوث، انظروا معي: عبد العزى يشهد أن محمدا رسول الله ليثبت أنه ليس رسول الله! أليس هذا هو التناقض بعينه؟! أليس من المفروض أن شهادة لا إله إلا الله لا تقبل إلا إذا كان المرء مخلصا في شهادته كما يقولون؟! فلماذا يريدون أن يستثنوا أبا لهب في هذه الفرضية؟ فقط لكي يثبتوا لنا أن القرآن يحتوي إعجازا

غيبيا؟ ألم يشترطوا شروطا في صحة لا إله إلا الله: وهي العلم واليقين والإخلاص والمحبة والصدق والانقياد لحقوقها والقبول؟ والشرطان الأخيران غير حاصلين في حال لو أعلنها أبولهب فقط معاندة لمحمد، لأنه حينها سيكون لم ينقد لحقوقها ولم يقبلها فعلا.

ثم ألا يوجد في القرآن ما يسمى بالناسخ والمنسوخ؟ فحتى لو افترضنا أن عبد العزى أقدم على إشهار إسلامه فإنه بآية بسيطة يمكن نسخها حرفا وحكما من المصحف وتضيع للأبد كما حدث مع آيات مماثلة! أم أن هذا مستحيل الحدوث؟ ثم بعدها يطلع لنا المفسرون بألف تفسير وألف رواية من مختلف الطرق والأسانيد، كلها تقول بطريقة أو بأخرى أنه كانت هناك سورة كنا نقرؤها فيما رفع من القرآن: {تبت يدا أبي لهب وتب ما أغنى عنه ماله وما كسب سيصلى نارا ذات لهب..} وعن فلان ابن علان قال: سيصلى نارا ذات لهب (أي إذا استمر في كفره وتكذيبه لرسول الله) لكن باب الرحمة واسع لقوله عز وجل {ورحمتي وسعت كل شيء} الأعراف ١٥٦، ووسعت حتى أبا لهب بعدما كان الشيطان قد أضله، فنسخ الله سورة المسد بقوله: {إلا الذين تابوا من بعد ذلك وأصلحوا فإن الله غفور رحيم}[١] ! انتهى السيناريو! أليس هذا مما حدث في الإسلام فعلا في مواقف عديدة؟ فلماذا يريدون أن يجعلوا سورة المسد الإستثناء الوحيد؟!

ملاحظة أخيرة ينبغي أن نوضح فيها للقارئ بعض الأمور بخصوص أعمام محمد، هم تسعة أعمام[٢] لم يسلم منهم إلا اثنين فقط، رغم أن أبا طالب كان يدافع عنه دفاع المستميت لأن القضية بالنسبة له كانت قضية شرف لا قضية دين وعقيدة، إذ مات على دين آبائه ولم يقبل بدخول الإسلام رغم إلحاح محمد عليه وهو على فراش الموت! الإثنان اللذان أسلما لم يسلما عن رغبة منهما بل كانت ظروف معينة أجبرتهما على الدخول في الإسلام، هما حمزة والعباس، وهما في نفس سن محمد تقريبا، بينهما فارق سنتين أو ثلاث بحسب الروايات، حمزة أسلم بسبب قَبَلي لا أكثر ولا أقل - وهو ذات السبب الذي كان لأجله يدافع أبو

---

١. سورة آل عمران ٨٩

٢. جاء في الروض الآنف: قال ابن هشام: فولد عبد المطلب بن هاشم عشرة نفر وست نسوة العباس وحمزة وعبد الله وأبا طالب - واسمه عبد مناف - والزبير والحارث وجحلا، والمقوم وضرارا، وأبا لهب - واسمه عبد العزى.."

طالب عن محمد - حيث قيل عنه: «..كان سببُ إسلام حمزة أَنفةً وغضباً لما نال أبو جهل عدوُّ الله من النبي عليه السلام من السبِّ والأذى عند الصَّفا. أَخبرتْ حمزةَ بذلك مَولاةُ عبد الله بن جُدعان، وقد رجع من قَنصه مُتوشحاً قوسَهُ. وكان صاحبَ قَنْص. ورفع قوسَه فضربه بها فشجَّهُ شجَّةً منكرَةً. وقال: أتشتمُهُ فأنا على دينه أقولُ ما يقولُ، فرُدَّ ذلك عليَّ إن استطعتَ».[١] أما قصة إسلام العباس فقد جاءت كالآتي: «وأسر العباس يوم بدرٍ ففدى نفْسَه وفَدى نَوفلاً وعَقيلاً ابنَي أخويه الحارث وأبي طالب. والذي أسر العبَّاسَ أبو اليَسَر كعبُ بن عَمرو السُّلميُّ من بني سَلِمةَ بن الخزرج (..) إذ ذكر بعضُ من ألَّف في المغازي أنه قالَ لرسول الله صلى الله عليه وسلم حين أُسرَ يومَ بدرٍ: يا رسولَ الله إني مُسلم، وإني أُخرجْتُ كَرْهاً. فقال: «اللّٰه أعلمُ بإسلامِكَ، وأمَّا ظاهرُ أمرك فعلينا»»[٢] فكيف يريدون من عبد العزى أن يسلم وكل أعمامه كفروا به إلا من أكره على الإسلام لسبب أو لآخر؟ إنها القاعدة وليست الاستثناء! فليس إذن هناك أي إعجاز غيبي أن يتوقع محمد كفر عمه به، وهو أكثرأعمامه قوة ونفوذا وأكثرهم عداوة له، فإن كان الذين ساندوه ودافعوا عنه قد كفروا به فكم بالأحرى الذي يعاديه ويكرهه. إن القضية لا تحتاج ذكاء البتة.

المثال الثاني: سورة الروم الآية ١

{غُلِبَتِ الرُّومُ فِي أَدْنَى الأَرْضِ وَهُم مِّن بَعْدِ غَلَبِهِمْ سَيَغْلِبُونَ فِي بِضْعِ سِنِينَ لِلَّهِ الأَمْرُ مِن قَبْلُ وَمِن بَعْدُ وَيَوْمَئِذٍ يَفْرَحُ الْمُؤْمِنُونَ}[٣]

وجه الإعجاز

قالوا في وجه الإعجاز: «جاءت آيات الروم متضمنة للبشارات والبراهين المعجزة التالية:

أ - أن الروم سينتصرون على الفرس في مدة أقل من تسع سنين وهو ما حدث كما تنبأ به القرآن.

ب - أن المعركة بين الروم والفرس ستقع لا محالة، وهذا في حد ذاته إعجاز غيبي، لأنه ماذا كان يمكن أن يحدث لو لم تحدث المعركة أكان بعد ذلك يصدق أي إنسان

---

١. الجوهرة في نسب الرسول، ذكر عمومة رسول الله.

٢. نفس المصدر السابق.

٣. سورة الروم الآية ١

القرآن أو يؤمن بالدين الجديد؟

جـ - تنبأ القرآن بأن المسلمين سوف يفرحون بنصر عزيز في نفس الوقت الذي ينتصر فيه الروم على الفرس، وهذا بالرغم من قلة عدد المسلمين في مكة، وكان يوم انتصار المسلمين المبشر به هو يوم بدر.»[1]

جاء في التفسير

«عَنْ ابْنِ عَبَّاس، قَالَ : كَانَ الْمُسْلِمُونَ يُحِبُّونَ أَنْ تَغْلب الرُّوم أَهْل الْكتَاب، وَكَانَ الْمُشْرِكُونَ يُحِبُّونَ أَنْ يَغْلب أَهْل فَارِس، لِأَنَّهُمْ أَهْل الْأَوْثَان، قَالَ : فَذَكَرُوا ذَلِكَ لِأَبِي بَكْر، فَذَكَرَهُ أَبُو بَكْر لِلنَّبِيِّ صَلَّي اللَّه عَلَيْه وَسَلَّمَ فَقَالَ : «أَمَا إِنَّهُمْ سَيُهْزَمُونَ»، قَالَ: فَذَكَرَ ذَلِكَ أَبُو بَكْر لِلْمُشْرِكِينَ، قَالَ : فَقَالُوا : أَفَنَجْعَل بَيْننَا وَبَيْنكُمْ أَجَلًا ، فَإِنْ غَلَبُوا كَانَ لَك كَذَا وَكَذَا، وَإِنْ غَلَبْنَا كَانَ لَنَا كَذَا وَكَذَا، قَالَ : فَجَعَلُوا بَيْنهمْ وَبَيْنه أَجَلًا خَمْس سِنِينَ، قَالَ : فَمَضَتْ فَلَمْ يَغْلِبُوا ؛ قَالَ : فَذَكَرَ ذَلِكَ أَبُو بَكْر لِلنَّبِيِّ صَلِّي اللَّه عَلَيْه وَسَلَّمَ، فَقَالَ لَهُ : «أَفَلَا جَعَلْته دُون الْعَشْر»، قَالَ سَعِيد: وَالْبِضْع مَا دُون الْعَشْر، قَالَ : فَغُلِبَ الرُّوم، ثُمَّ غَلَبَتْ ؛ قَالَ : فَذَلِكَ قَوْله : {الم غُلِبَتْ الرُّوم فِي أَدْنَى الْأَرْض وَهُمْ مِنْ بَعْد غَلَبهمْ سَيَغْلِبُونَ فِي بِضْع سِنِينَ} وفي موضع آخر قال محمد لأبي بكر: نَاحَبَ أَبُو بَكْر قُرَيْشًا ، ثُمَّ أَتَى النَّبِيّ صَلَّي اللَّه عَلَيْه وَسَلَّمَ، فَقَالَ لَهُ : إِنِّي قَدْ نَاحَبْتهُمْ، فَقَالَ لَهُ النَّبِيّ صَلِّي اللَّه عَلَيْه وَسَلَّمَ : «هَلَّا احْتَطْت فَإِنَّ الْبِضْع مَا بَيْن الثَّلَاثَة إِلَى التِّسْع»[2]

ثلاث اختلافات جوهرية في الآية

اختلافهم في القراءة

«وَقَوْله : {غُلِبَتْ الرُّوم} اخْتَلَفَتْ الْقُرَّاء فِي قِرَاءَته:

حَدَّثَنَا ابْن وَكِيع، قَالَ : ثني أَبِي، عَنْ الْحَسَن الْجَفْرِيّ، عَنْ سَلِيط، قَالَ: سَمِعْت ابْن عُمَر يَقْرَأ «الم غَلَبَتْ الرُّوم» فَقِيلَ لَهُ : يَا أَبَا عَبْد الرَّحْمَن، عَلَى أَيّ شَيْء غَلَبُوا ؟ قَالَ : عَلَى رِيف الشَّام»[3]

القراءة المبنية للمعلوم ستجعل الآية مجرد إخبار عن حدث وقع بعد أن انتصرت الروم لا قبل الإنتصار وتعدهم بانتصار آخر، وهذا ابن عمر قرأها

---

١. مجلة الوعي الإسلامي العدد ٤٩١

٢. تفسير الطبري لسورة الروم الآية ٢.

٣. تفسير الطبري سورة الروم الآية٢

على المعلوم، ومادامت الآية اختلف في قراءتها، سنطرح السؤال البديهي: لو كانت الآية إعجازا غيبيا عرفه الصحابة وأقروا به جميعا لماذا إذن اختلفوا في القراءة؟ أما كان ينبغي أن يكون هناك إجماع على أنها (غُلبت) وليس (غَلبت)؟ ومادام القرآن قد كتب دون تشكيل ولا تنقيط فهذا الاحتمال وارد أيضا، وينسف قضية الإعجاز المزعوم فيها من أساسها لأن المعجزة ينبغي أن تكون واضحة جلية سالمة من المعارضة على حد تعبير السيوطي! هل إعجاز تنبؤي مثل هذا عرفه كل المسلمين يمكن أن يحدث خلاف بشأنه ويقع شذوذ عنه خصوصا من شخص بمقام عبد الله بن عمر؟

اختلافهم في معنى كلمة بضع

يقول الرازي: «{فِى بِضْعِ سِنِينَ} قيل هي ما بين الثلاثة والعشرة، أبهم الوقت مع أن المعجزة في تعيين الوقت أتم»[1]

«وروى الشعبي أن النبي عليه الصلاة والسلام قال لأصحابه: «كم البضع» قالوا الله ورسوله أعلم قال: «ما دون العشرة»»[2]

«وَفِي الْحَدِيث أَنَّ رَسُول اللَّه صَلَّى اللَّه عَلَيْهِ وَسَلَّمَ قَالَ لِأَبِي بَكْر الصِّدِّيق رَضِيَ اللَّه عَنْهُ: (وَكَمْ الْبِضْع) فَقَالَ : مَا بَيْن الثَّلَاث إِلَى السَّبْع»[3]

«عَنْ ابْن عَبَّاس رَضِيَ اللَّه عَنْهُمَا «فَلَبِثَ فِي السِّجْن بِضْع سِنِينَ «قَالَ ثِنْتَا عَشْرَة سَنَة وَقَالَ الضَّحَّاك أَرْبَع عَشْرَة سَنَة».[4]

إن هذه الكلمة جوهرية في الآية وبالتالي إن كان المسلمون لا يعلمون بالضبط كم هي بضع هل هي ما بين الثلاثة والعشرة أو ما بين الثلاثة والسبعة أو يمكن أن تصل حتى أربعة عشر، فإني أتساءل كيف يجرأون على القول بأن هناك إعجاز في الآية، خصوصا أن العامل الزمني هنا يلعب دورا محوريا؟ ومن سيؤكد لنا خارج الروايات الإسلامية أن كلمة بضع تعني المعنى الذي قالوه؟ هل هناك نصوص شعرية أو نثرية معاصرة لمحمد تؤكد أقوالهم؟ لو كانت كلمة بضع واضحة المعنى لما كان أبو بكر قد وقع في الخطأ وراهن وخسر الرهان، ألم يكن يعرف

---

١. تفسير الرازي لسورة الروم الآية ٤

٢. تفسير الرازي لسورة يوسف ٤٢

٣. تفسير القرطبي لسورة يوسف ٤٢

٤. تفسير ابن كثير لسورة يوسف ٤٢

معنى بضع وهو ابن اللغة العربية؟ إن النبوءة فضفاضة وغير محددة وتوحي بأن قائلها غير متأكد مما يقول، حتى أن الرازي نفسه أقر بأن القرآن لو حدد المدة لكانت المعجزة أبلغ وأتم! السؤال هو لماذا استعمل القرآن كلمة غامضة للتنبؤ عن حدث مثل هذا والغرض هو إثبات معرفته بالمستقبل؟ إن الكلمة التي لها أكثر من معنى لا يمكن بتاتا اعتمادها حجة في الإعجاز الغيبي، لأن من شروط الإعجاز الدقة والتحديد!

اختلافات في التاريخ

اختلافهم في تاريخ «نزول» الآية وتاريخ حدوث المعركة حيث اختلفوا في متى غلبت الروم فارس هل هو عام الحديبية أم تزامنا مع معركة بدر.

جاء في التفسير: «وكانت نصرة الروم على فارس يوم وقعة بدر في قول طائفة كثيرة من العلماء، كابن عباس والثوري والسدي وغيرهم. وقد ورد في الحديث الذي رواه الترمذي وابن جرير وابن أبي حاتم والبزار من حديث الأعمش عن عطية عن أبي سعيد قال: لما كان يوم بدر، ظهرت الروم على فارس، فأعجب ذلك المؤمنين ففرحوا به، وأنزل الله {فِي بِضْعِ سِنِينَ لِلَّهِ الْأَمْرُ مِن قَبْلُ وَمِن بَعْدُ وَيَوْمَئِذٍ يَفْرَحُ الْمُؤْمِنُونَ بِنَصْرِ اللَّهِ يَنصُرُ مَن يَشَاءُ وَهُوَ الْعَزِيزُ الرَّحِيمُ} ..وقال الآخرون: بل كان نصر الروم على فارس عام الحديبية. قاله عكرمة والزهري وقتاده وغير واحد».[1]

قال المستشرق الألماني نولدكه عن هذه الآيات: «لا بد أن الآيات الأولى من سورة الروم نُزِّلت بعد هزيمة البيزنطيين (الروم) أمام الفرس في إحدى الدول المجاورة لشبه جزيرة العرب، لكن يصعب تحديد أي من الهزائم الكثيرة التي مني بها البيزنطيون - حتى بعد الهجرة- هي المعنية هنا، لا سيما وأنه لا توجد أخبار بيزنطية موثوق بها تؤكد روايات الكتاب المسلمين القدامى، وهي مشوشة وغير دقيقة حول هذه الأحداث».[2]

إن اختلاف المسلمين في تاريخ هذه المعركة ونقصان الأدلة التاريخية الأخرى غير الروايات الإسلامية تجعل تأكيد نسبة الإعجاز لهذه الآية من المستحيلات، لأن الإعجاز كله زمني هنا فإن جهلوا الزمن واختلفوا فيه بطل الإعجاز.

---

١. تفسير ابن كثير لسورة الروم الآيات ١-٧

٢. تاريخ القرآن، الترجمة العربية، طبعة ٢٠٠٤ ص ١٣٤.

ثم فليلاحظ القارئ أن ابن كثير أعطانا معلومة أخرى جد مفيدة، وهي أن الآية الأولى والثانية قيلتا حين انهزمت الروم {ألم غُلبت الروم في أدنى الأرض وهم من بعد غلبهم سيغلبون}، أما الآية التي تليها فقد قيلت حين انتصرت الروم بعد أعوام من ذلك حيث قال: «لما كان يوم بدر، ظهرت الروم على فارس، فأعجب ذلك المؤمنين ففرحوا به، وأنزل الله {فِي بِضْعِ سِنِينَ لِلَّهِ الْأَمْرُ مِن قَبْلُ وَمِن بَعْدُ وَيَوْمَئِذٍ يَفْرَحُ الْمُؤْمِنُونَ بِنَصْرِ اللَّهِ يَنصُرُ مَن يَشَاءُ وَهُوَ الْعَزِيزُ الرَّحِيمُ}» وهذا التصريح الخطير هو أكبر دليل على أن قول دعاة الإعجاز إنما هو ضرب من التخمين لا يستند على أسس علمية ولا تاريخية، وبالتالي فإن ادعاء إعجاز تنبؤي غيبي في هذه الآية باطل من أساسه.

قال الأستاذ الحداد عن هذه الآية: «انها تسجيل حدث مشهود عام ٦٢٤ م فرح به المسلمون لنصر الإيمان، كما فرحوا بنصر بدر على مشركى العرب. والتاريخ خير شاهد: فقد بدأت حملة الفرس الظافرة عام ٦١٢ م فاحتلوا سورية سنة ٦٢٢ م، وفلسطين ٦١٤ م ومصر ٦١٨ م. وظهر هرقل فسار بحملة الثأر الظافرة سنة ٦٢٢ م، وسنة ٦٢٤ م كان طرد الفرس من سوريا، يوم نصر بدر. وظل هرقل زاحفا حتى احتل عاصمة فارس، واسترجع منها ذخيرة الصليب. فما يسمونه نبوءة فى آية الروم ليس سوى واقع تاريخى مشهود»[١].

إن آيات سورة الروم التي لا يكاد يخلو منها أي كتاب يتحدث عن الإعجاز القرآني هي واحدة من آيات كثيرة مليئة بالاختلافات بين المفسرين، وفيها من الغموض والتناقض وعدم الدقة ما يكفي ويزيد، ومع ذلك يصر دعاة الإعجاز على ترديدها متخذين إياها حجة ليس بعدها حجة على صدق كتابهم وألوهية مصدره، ولكنها في الحقيقة بعيدة عن الإعجاز كل البعد.

المثال الثالث: التنبؤ عن وسائل النقل

{خَلَقَ السَّمَاوَاتِ وَالْأَرْضَ بِالْحَقِّ تَعَالَى عَمَّا يُشْرِكُونَ خَلَقَ الْإِنسَانَ مِن نُّطْفَةٍ فَإِذَا هُوَ خَصِيمٌ مُّبِينٌ وَالْأَنْعَامَ خَلَقَهَا لَكُمْ فِيهَا دِفْءٌ وَمَنَافِعُ وَمِنْهَا تَأْكُلُونَ وَلَكُمْ فِيهَا جَمَالٌ حِينَ تُرِيحُونَ وَحِينَ تَسْرَحُونَ وَتَحْمِلُ أَثْقَالَكُمْ إِلَى بَلَدٍ لَّمْ تَكُونُوا بَالِغِيهِ إِلَّا بِشِقِّ الْأَنفُسِ إِنَّ رَبَّكُمْ لَرَؤُوفٌ رَّحِيمٌ وَالْخَيْلَ وَالْبِغَالَ وَالْحَمِيرَ لِتَرْكَبُوهَا وَزِينَةً

---

١. معجزة القرآن للأب يوسف الحداد ص ١٨١.

وَيَخْلُقُ مَا لاَ تَعْلَمُونَ}[1]

جاء في كتاب روح الدين الإسلامي: «وفي القرآن تنبؤات عما سيحدث من وسائل النقل الكثيرة، فمنذ أربعة عشر قرنا يقول القرآن {وَالْخَيْلَ وَالْبِغَالَ وَالْحَمِيرَ لِتَرْكَبُوهَا وَزِينَةً وَيَخْلُقُ مَا لاَ تَعْلَمُونَ} فجملة {ويخلق ما لا تعلمون} معطوفة على الإبل التي جعلها الله أداة للركوب، أي أن الله سيجعل وسائل للركوب غير التي كانت في عصر نزول القرآن وها هو الإنسان يتوصل إلى اختراع السيارات والقطارات والطائرات مما هدى الله الإنسان لاكتشافه»[2] هذا نموذج من النماذج التي نواجهها عند دراستنا لقضايا الإعجاز في القرآن.

هناك على الأقل ثلاث مشاكل تواجه من يدعي الإعجاز في هذه الآية:

معنى كلمة «يخلق»:

معنى الخلق في لسان العرب: الخَلْق في كلام العرب: ابتِداع الشيء على مِثال لم يُسبق إليه؛ وكل شيء خَلقه الله فهو مُبْتَدِئه على غير مثال سُبق إليه.[3]

إن المتأمل لفعل «خلق» في القرآن يجد أنه فعل مختص بالله سبحانه {أفمن يخلق كمن لا يخلق أفلا تذكرون}[4] وبالتالي فهو فعل يميز الله عن غيره، وهو فعل استعمل للدلالة على عملية الإبتداء على مثال لم يسبق إليه كما جاء في اللسان: كخلق السموات والأرض أو خلق الإنسان..إلخ، والخلق عملية يتولاها الله سبحانه بنفسه لا يوكلها إلي أي مخلوق آخر، ويقوم بها بنفسه دون وساطة أحد وبالتالي فإن الأفعال التي يقوم بها أي مخلوق لا يمكن أن يقال عنها بأنها خلق، لذلك لا يمكن أن يقال عن الصناعة خلقا.

هناك آيتان شكلتا الاستثناء في هذه القاعدة القرآنية:

{وَاللَّهُ خَلَقَكُمْ وَمَا تَعْمَلُونَ}[5]: هذه الآية جاءت على لسان إبراهيم في عتاب لقومه حيث يدور حوار افتراضي يتساءل فيه إبراهيم {قَالَ أَتَعْبُدُونَ مَا تَنْحِتُونَ والله خلقكم وما تعملون؟} وهذه الآية تتحدث عن الخلق غير المباشر الذي ينسب

١. سورة النحل من الآية ٣ إلى الآية ٨

٢. روح الدين الإسلامي ص ٦٠

٣. لسان العرب لابن منظور باب الخاء.

٤. النحل الآية ١٧

٥. الصافات ٩٦

لله أيضا، لأنه بما أنه خلق الناحت فالمنحوت يعتبر خلقا له بالتعدي. لكن هذه الآية مجرد استثناء أولا، وثانيا فيها قرينة لغوية توضح بأن معنى الخلق هنا خلق مباشر وخلق غير مباشر أيضا (ما تنحتون...ما تعملون)، فلولا وجود هاتين القرينتين لما أمكن تفسير الخلق إلا على ظاهره وهو الخلق المباشر المعروف كخلق السموات والأرض وخلق الإنسان. وبما أن الآية موضوع الدراسة لا توجد فيها أي قرينة لغوية تفيد عكس الخلق المباشر وهو ظاهر الآية فلا يمكننا قبول الخلق بمعنى الصنع، إذن فالآية ينبغي أن تؤخذ على ظاهرها إلى حين وجود دليل قاطع يفيد عكس ذلك.

الآية الثانية التي شكلت الاستثناء هي قوله: {إنما تعبدون من دون الله أوثانا وتخلقون إفكا}[١] ومعناها: «تعبدون الأوثان وتخلقون الكذب»[٢] هذه الآية هي الأخرى تحوي قرينة لغوية تفيد معنى الخلق بالمعنى الاستثنائي خروجا على القاعدة، فالحديث موجه إلى بشر وجاء ذكر الأوثان قبله وهو أيضا كلام مفترض من إبراهيم إلى قومه، ويصح في الكلام أن نقول «خلق كذبة» أو«اختلق الكذب»: بمعنى أوجد شيئا لم يكن له وجود من قبل. إذن فمعنى الخلق ما كان ليخالف المعنى السائد لولا وجود هذه القرائن في الآية.

السياق

إن سياق الآية يقتضي الكلام عن المخلوقات من الأحياء، حيث أتى على ذكر خلق الإنسان أولا، ثم ذكر الأنعام التي يأكل منها الإنسان، وبعد ذلك سرد مجموعة من الحيوانات التي يركبها الإنسان، وختمها بقوله ويخلق ما لا تعلمون، فالسياق إذن يقتضي أن يستمر الحديث عن مخلوقات حية أخرى لا يعلمها الإنسان وليست مما يأكل منه ولا مما يركبه.. فالإنتقال مستحيل من مخلوقات إلى مصنوعات في ظل هذا السياق، ولا توجد أي قرينة تؤكد لنا ضرورة هذا الإنتقال، فلو أراد القرآن التطرق إلى وسائل الركوب من المصنوعات لذكر لنا أولا ما كان متوفرا حينها من وسائل النقل كالعربات والسفن حتى يكون سياق الآية متناسقا مع التأويل الذي أراده دعاة الإعجاز لكلمة {ما لا تعلمون}! إذن فتفسير {ما لا تعلمون} على أنه سيارات وطائرات ووسائل النقل العصرية هو تفسير

١. سورة العنكبوت الآية ١٧

٢. تفسير القرطبي للعنكبوت ١٧

مبني على الظن ليس إلا، إذ لا يوجد ما يؤكده لا من الناحية اللغوية ولا من ناحية السياق، وبالتالي لا يمكننا قبول إعجاز مبني على الظن والغموض، بل فيه مخالفة حتى لأبسط قواعد تفسير القرآن المعروفة وهي حمل النص على ظاهره إلى أن يثبت العكس. ولنلق نظرة على تفاسير القرآن لهذه الآية لنتأكد من معناها:

التفاسير

جاء في تفسير القرطبي لهذه الآية: رُوِيَ عَنِ النَّبِيِّ صَلَّى اللَّهُ عَلَيْهِ وَسَلَّمَ أَنَّهَا أَرْضٌ بَيْضَاءُ ، مَسِيرَةُ الشَّمْسِ ثَلَاثِينَ يَوْمًا مَشْحُونَةٌ خَلْقًا لَا يَعْلَمُونَ أَنَّ اللَّهَ تَعَالَى يُعْصَى فِي الْأَرْضِ، قَالُوا : يَا رَسُولَ اللَّهِ، مِنْ وَلَدِ آدَمَ ؟ قَالَ : (لَا يَعْلَمُونَ أَنَّ اللَّهَ خَلَقَ آدَمَ) . قَالُوا: يَا رَسُولَ اللَّهِ، فَأَيْنَ إِبْلِيسُ مِنْهُمْ ؟ قَالَ : (لَا يَعْلَمُونَ أَنَّ اللَّهَ خَلَقَ إِبْلِيسَ) – ثُمَّ تَلَا {وَيَخْلُقُ مَا لَا تَعْلَمُونَ} ذَكَرَهُ الْمَاوَرْدِيّ .[١]

وجاء في تفسير الرازي: اعلم أنه تعالى لما ذكر أولاً: أحوال الحيوانات التي ينتفع الإنسان بها انتفاعاً ضرورياً وثانياً: أحوال الحيوانات التي ينتفع الإنسان بها انتفاعاً غير ضروري بقي القسم الثالث من الحيوانات وهي الأشياء التي لا ينتفع الإنسان بها في الغالب فذكرها على سبيل الإجمال فقال: {وَيَخْلُقُ مَا لَا تَعْلَمُونَ}[٢]

أما الطبري فيقول: «{وَيَخْلُقُ ما لا تَعْلَمُونَ} يقول تعالى ذكره: ويخلق ربكم مع خلقه هذه الأشياء التي ذكرها لكم ما لا تعلمون مما أعدّ في الجنة لأهلها وفي النار لأهلها مما لـم تره عين ولا سمعته أذن ولا خطر على قلب بشر».[٣]

لقد اخترت فقط نماذج مما قاله المفسرون، حتى يتأكد القارئ بأن ادعاء الإعجاز في هذه الآية ليس مخالفة لأصول التفسير فحسب، بل هو خروج عما أجمع عليه قدماء المفسرين وما ذكر في أمهات الكتب وبالتالي فهو تفسير بالرأي، والتفسير بالرأي حرام شرعا! فهل يستطيع دعاة الإعجاز أن يعطونا دليلا واحدا سواء من اللغة، أو من السياق، أو مما رواه السلف، أو مما قاله قدماء المفسرين يؤكد إعجازهم المزعوم؟ إن الإعجاز ينبغي أن يكون واضحا جليا ودقيقا، ليس مبنيا على تأويل الكلام وإبعاده عن سياقه العام، والخروج به عما أجمع عليه علماء السلف.

---

١. تفسير القرطبي لسورة النحل الآية ٨.

٢. تفسير الرازي لسورة النحل الآية ٨.

٣. تفسير الطبري للنحل ٨.

المثال الرابع: الإخبار بالأمور الإلهية

آخر ما سنتطرق له في إطار الإعجاز الغيبي هو إخبار القرآن بالإلهيات، حيث يقول صبحي الصالح في كتابه مباحث في علوم القرآن ما يلي: «لقد وصف القرآن نشأة الخلق الأولى ومصيره المحتوم، وفصل نعيم الآخرة وعذابها الأليم، وأحصى عدة أبواب جهنم وعدة الملائكة الموكلين بكل باب، وعرض هذا كله على العرب تحت سمع أهل الذكر وبصرهم ممن أوتوا الكتاب، وقال: {وما جعلنا أصحاب النار إلا ملائكة، وما جعلنا عدتهم إلا فتنة للذين كفروا، ليستيقن الذين أوتوا الكتاب ويزداد الذين آمنوا إيمانا} فمن أين لمحمد تلك المعارف الغيبية الواسعة في مثل بيئة قومه الأميين الوثنيين؟ هل هبط بها عليهم من كوكب في السماء، أم جاءهم بها من الشعرى والمريخ؟».[1]

للرد على هذا الكلام نقول: بأن الإخبار بأمور غيبية كهذه مما لا يمكن التأكد من صحته، لا يعد إعجازا على الإطلاق، فكيف يمكننا التحقق من أن القرآن قال الصدق أم الكذب في هذه الأمور؟ هل هناك من يؤكد لنا عدة أبواب جهنم؟ أو عدة الملائكة؟ يمكن للقرآن أن يدعي أي عدد شاء ومهما كان هذا العدد سيقول لنا الإعجازيون أنه «إعجاز» وبالتالي سنعود لقول السيوطي: «ما لا يمكن الوقوف عليه لا يتصور التحدي به».[2]

ونضيف هنا ملاحظة مهمة، وهي أن أن قصة الخلق مفصلة في توراة اليهود (سفر التكوين)[3] تفصيلا أكثر من الذي جاء في القرآن، أما نعيم الآخرة وعذابها الأليم فهو أمر سبقت كتب أخرى قد تحدثت عنه قبل القرآن. فالكتاب المقدس بعهديه القديم والجديد قد تطرق لذلك بتفصيل وتدقيق[4]، بل وحتى كلمة جهنم التي استعملها القرآن هي مأخوذة من الكتاب المقدس لأنها ليست كلمة عربية، وهي تعني وادي هنوم حيث كان الرجل يعبر ابنه أو ابنته في النار في الوادي حينما نُجس الوادي والمرتفعات بعظام الأموات وبكسر التماثيل

---

١. مباحث في علوم القرآن ص ٤١.

٢. الإتقان في علوم القرآن، ص ٧١٢

٣. نقرأ في سفر التكوين الأصحاح الأول والثاني عن خلق السماء والأرض والمياه، وخلق الحيوانت وخلق الإنسان بتفصيل لأكثر مما ورد بالآيات القرآنية التي تطرقت للموضوع بتعميم مبهم.

٤. يصف الكتاب المقدس مكان العذاب بالبحيرة المتقدة بالنار والكبريت (انظر: رؤيا يوحنا الأصحاح ١٩ والآية ٢٠، الأصحاح ٢٠ والآية ١٠، الأصحاح ٢١ والآية ٨)

(٢ مل ٢٣: ١٠-١٤ و٢ أخبار ٣٤: ٤ و٥). ثم جعل الوادي مزبلة القدس ومكان الضباب بلوعتها. وهكذا استمر احتقار المكان حتى سمى اليهود مكان الهلاك على اسمه ومن هنا ولدت كلمة جهنم.[١] أما عن عدد أبواب جهنم والملائكة الموكلين بها وغيرها من الأمور، كلها أمور كانت مذكورة قبلا عند اليهود في تراثهم الشفهي وفي تلموذهم، وبالتالي فليس هناك من شيء جديد البتة يمكن للقرآن أن يقدمه في هذا الباب حتى نستطيع تسميته بالإعجاز الغيبي.

_____

١. قاموس الكتاب المقدس حرف الهاء، هنوم.

١٠
إعجــاز الأميــة

"لم يذكر أحد من الرواة أن خصوم الدعوة المحمدية من قريش قد عزا إليه كتابة القرآن، ليس لأنهم كانوا يعرفون أنه لا يقرأ ولا يكتب، بل لأن المعرفة بالقراءة والكتابة عندهم، ليست شرطا في الإتيان بالكلام البليغ"
محمد عابد الجابري

إعجاز الأمية

إن إعجاز القرآن يرتكز في مجمله على فكرة محورية وأساسية وهي أمية محمد، وبالتالي حاول الإعجازيون فبركة معادلة يعتقدون أنها صعبة الحل، وخلاصتها أنه كيف يمكن لشخص أمي لم يكن يعرف القراءة والكتابة أن يأتي بكتاب مثل القرآن؟ إذ لا يعقل أن ينتج لنا رجل أمي هذه الكمية من الآيات الجميلة والتي تحوي الكثير من البلاغة والبيان، وفيها أيضا ما لا يعد ولا يحصى من الشرائع والأحكام والعلوم الدنيوية منها والأخروية! ومن هذه المعادلة يخرجون باستنتاج وحيد أن القرآن لا بد وأن يكون كتابا من عند الله!

وإذا عكسنا منطقهم فيمكننا القول بأنه إن استطعنا نفي الأمية عن محمد يسقط إعجاز القرآن بأكمله. فمسألة ادعاء أمية محمد تعد مغامرة خطيرة يخوضها الإعجازيون دون أن يدركوا أنهم إنما يورطون القرآن في مسألة غير مضمونة النتائج، وأكثر من هذا هم يختزلون أمورا عديدة بتركيزهم على فكرة الأمية، ويتناسون عمدا عوامل كثيرة أدت إلى وجود القرآن بصيغته الحالية، منها طول المدة التي تكون فيها القرآن والتي قاربت ثلاثا وعشرين سنة، ومنها أيضا

الحروب والمجادلات والمشاكل التي كان القرآن في غالب الأحيان مجرد أداة للرد عليها بصفة (إلهية) حتى يتم الحسم فيها بصفة نهائية ويتم التخلص من كل اعتراض أو احتجاج عليها، ومنها كذلك الآيات التي تخدم محمدا حين يهوى أمرا ما خصوصا ما حصل في سورة الأحزاب بخصوص قصة زينب بنت جحش وزيد ابن حارثة (ابن محمد بالتبني)[1] وآيات أخرى لا مجال لذكرها هنا.

وهناك أسباب أخرى دعت المفسرين والرواة على التركيز على أمية محمد، وهي أن أهل الكتاب موجود عندهم صفته في الإنجيل والتوراة أنه أمي لا يقرأ ولا يكتب: «قالوا الذي نجده في كتبنا أنه أميّ لا يكتب ولا يقرأ وليس به. قال مجاهد: كان أهل الكتاب يجدون في كتبهم أن محمداً صلى الله عليه وسلّم لا يخط ولا يقرأ»[2] وهذه فرية كبيرة لا دليل للرواة عليها، لأنهم لم يذكروا لنا هذه النبوءات التي تحدثت عن هذا الأمر بنصوصها الحرفية، ولم يذكروا لنا الأسفار التي جاءت فيها، وبالتالي تبقى مجرد ادعاءات باطلة تحتاج إلى الدليل والبرهان، لن ندخل هنا في قضية النبوءات الكتابية هل هي عن المسيح أم عن محمد لكونها بعيدة نوعا ما عن موضوع بحثنا هذا لذلك سنتجاهلها في هذا الموضع.

وبالتالي إذا أردنا الرد على إعجاز الأمية فينبغي لنا التطرق إلى نقاط كثيرة نراها مناسبة لفهم هذه المعادلة التي يتمسك بها الإعجازيون:

هل كان محمد أميا؟

لن نعرض في هذا الباب تفاصيل أكثر مما ينبغي، لأن هذا الموضوع قد تم تناوله في كتب كثيرة سواء من علماء مسلمين أو غير مسلمين بين مؤيد ومعارض، وهمنا هنا هو أن نستعرض خلاصة تلك الآراء وطرح أسئلة علمية ومنطقية قد تفتح المجال لرؤية أوسع من أن تحصر في كون محمد كان أميا أم لم يكن، لأن في الحقيقة هذا الأمر لم يكن مطروحا على الإطلاق في عهد محمد ولا في عصر الصحابة، إنما هو أمر متأخر تم الخوض فيه لمحاولة الاستدلال على إعجاز القرآن. أكبر سؤال يطرح هو لماذا لم تكن هذه المعجزة حاضرة في عهد محمد نفسه؟ وسنعالج هذا السؤال بالتفصيل في نقط لاحقة.

أول مسألة ينبغي الإشارة إليها أن علماء الإسلام اختلفوا في مسألة الأمية

---

١. سورة الأحزاب ٣٦ و٣٧

٢. تفسير القرطبي للآية ٤٨ من سروة العنكبوت (طبعة دار الكتب العلمية، جزء ١٣ ص ٣٥١)

هاته اختلافا كبيرا، وقد قال القرطبي عنها: «إن المسألة ليست قطعية، بل مستندها ظواهر أخبار أحادٍ صحيحة، غير أن العقل لا يحيلها. وليس في الشريعة قاطع يحيل وقوعها».[١] واختلافهم هو أكبر دليل على الالتباس الحاصل في الموضوع، فالمعجزة إذا رجعنا إلى تعريف السيوطي هي «أمر خارق للعادة، مقرون بالتحدي، سالم من المعارضة».[٢] وبناء على هذا الاختلاف نجد أن معجزة «الأمية» هي أمر غير سالم من المعارضة، فهل يصلح ياترى وصفها بالمعجزة؟ إن اختلاف علماء الإسلام يظهر بجلاء أن النصوص المعتمدة لإثبات هذه الأمية هي نصوص قابلة للتأويل على أكثر من وجه، ولايوجد نص واحد صريح من محمد نفسه أو من أحد أصحابه يقول بكل صراحة أن محمدا كان لا يقرأ ولا يكتب! فكيف نبني أكبر معجزة محمدية على الإطلاق على نصوص غير قطعية؟ إذا تفحصنا الأدلة المؤيدين لأمية محمد نجدها مرتكزة على النصوص التالية:

من القرآن: {الذين يتبعون الرسول النبى الأمي الذى يجدونه مكتوبا عندهم فى التوراة والانجيل}[٣]

{فآمنوا بالله ورسوله النبى الأمي الذى يؤمن بالله وكلماته واتبعوه لعلكم تهتدون}[٤]

{ومنهم أميون لا يعلمون الكتاب إلا أماني وإن هم إلا يظنون}[٥]

{وما كنت تتلوا من قبله من كتاب ولا تخطه بيمينك إذا لارتاب المبطلون}[٦]

أما من كتب الحديث فنجد النص التالي: «إِنَّا أُمَّةٌ أُمِّيَّةٌ. لاَ نَكْتُبُ وَلاَ نَحْسُبُ. الشَّهْرُ هَـكَذَا وَهَـكَذَا وَهَـكَذَا» وعقد الإبهام في الثالثة «وأشهر هكذا وهكذا وهكذا» يَعْنِي تَمَامَ ثَلاَثِينَ.[٧]

١. تفسير القرطبي لسورة العنكبوت الآية ٤٨

٢. الإتقان في علوم القرآن، النوع الرابع والستون.ص٧١٠ طبعة ٢٠٠٤ دار الكتاب العربي.

٣. الأعراف ١٥٧

٤. الأعراف ١٥٨

٥. سورة البقرة الآية ٧٨

٦. العنكبوت ٤٨

٧. رواه البخاري بلفظ مختلف في كتاب الصوم باب قولِ النبيِّ صلى الله عليه وسلّم: «لا نَكْتُبُ ولا نَحسُب»، ورواه مسلم بهذا اللفظ في كتاب الصيام باب وجوب صوم رمضان لرؤية الهلال، والفطر لرؤية الهلال وأنه إذا غم في أوله أو آخره أكملت عدة الشهر ثلاثين يوما.

كل المؤيدين لفكرة أمية محمد بمعنى جعله جاهلا بالقراءة والكتابة يستخدمون النصوص المذكورة قبلا للدلالة على أن محمدا لم يكن يقرأ ولا يكتب، وهنا يركزون على المعنى اللغوي لكلمة أمي «والأُمِّيّ: الذي لا يَكْتُبُ، قال الزجاج: الأُمِّيُّ الذي على خِلْقَة الأُمَّةِ لم يَتَعَلَّم الكِتاب فهو على جِبِلَّتِه»[١]. فالأمي هو الذي لا يكتب ولا يحسب ولا يعرف من الكتاب إلا أماني، ومحمد ما كان يتلو أو يخط أي كتاب قبل الوحي، والنتيجة باختصار هي أن النصوص واضحة كل الوضوح تؤكد أن الأمية معناها الجهل بأصول القراءة والكتابة، وأن محمدا كان نبيا أميا بهذا المعنى، لكن معنى الأمي في النصوص التي يتخذها المؤيدون دليلا على كلامهم قابل أيضا للتأويل على كونه يعني الذي لا يعرف الكتب السماوية السابقة مثل «التوراة والإنجيل»، وقد تكون لفظة الأمية أتت في أغلبية النصوص بمعنى «الذين ليس لهم كتاب سماوي» وأتت استثناء في نص واحد بمعنى عدم المعرفة بالقراءة والكتابة كما في الحديث الذي سقناه من قبل «إِنَّا أُمَّةٌ أُمِّيَّةٌ. لاَ نَكْتُبُ وَلاَ نَحْسُبُ». وهذا حصل مع كلمات كثيرة، مثل كلمة نكاح التي أتت في نصوص كثيرة بمعنى الزواج، وأتت في بعضها بمعنى الجماع نفسه «قال الأزهري: أَصل النكاح في كلام العرب الوطء، وقيل للتزوّج نكاح لأنه سبب للوطء المباح»[٢] وقد حصل هذا في سورة النور مثلا {الزَّاني لا يَنكِحُ إِلاَّ زَانِيَةً أَوْ مُشْرِكَةً وَالزَّانِيَةُ لا يَنكِحُهَا إِلاَّ زَانٍ أَوْ مُشْرِكٌ}[٣] أورد الطبري أقوالا لابن عباس ومجاهد وسعيد بن جبير وقتادة كلها تقول: «معنى النكاح في هذا الموضع: الجماع»[٤].

بعض أدلة المعارضين

من القرآن

أما إذا أتينا إلى أدلة الذين يعارضونهم فمن القرآن نجدهم يستدلون بالنصوص التالية: {اقرأ باسم ربك الذي خلق}[٥] سؤالهم هنا لماذا يقول الملاك لمحمد إقرأ إن لم يكن يعرف القراءة؟ وجواب محمد عن هذا السؤال يختلف

---

١. لسان العرب باب الهمزة

٢. لسان العرب، باب النون.

٣. سورة النور آية ٣

٤. تفسير الطبري لسورة النور آية ٣

٥. سروة العلق آية ١

بحسب الرواية، عند البخاري عن عروة بن الزبير عن عائشة: ما أنا بقارئ! وفي رواية أبي الأسود في مغازيه عن عروة أنه قال: كيف أقرأ؟ وفي رواية عبيد بن عمير عند ابن إسحق: ماذا أقرأ؟ وفي مرسل الزهري في دلائل البيهقي: كيف أقرأ؟ خصوصا وأنه في رواية ابن إسحاق يقول أن جبريل جاءني وأنا نائم بنمطٍ من ديباج فيه كتاب[1] فكيف يأتيه بكتاب يطلب منه قراءته لو لم يكن يعرف القراءة؟ ويعتبرون أن رواية ابن إسحاق أقرب إلى الواقع لأن محمدا لا يعترض على القراءة إنما يتساءل عن الشيء الذي سيقرؤه «ماذا أقرأ؟».

نص آخر: {رسول من الله يتلو صحفا مطهرة}[2] فهاهو محمد يقرأ القرآن (الصحف المطهرة) فكيف يذكر القرآن بأنه يقرأ إن كان معنى الأمية هو عدم المعرفة بالقراءة؟

نص آخر: {وقل للذين أوتوا الكتاب والأميين أأسلمتم فإن أسلموا فقد اهتدوا}[3] إن الأميين هنا جاءت مقابلة لكلمة أهل الكتاب {الذين أوتوا الكتاب}، وبالتالي فهي تعني الذين ليس لهم كتاب ولا تعني الذين لا يعرفون القراءة والكتابة، وهذا هو محور الخلاف بين المؤيدين والمعارضين.

لنتأمل هذا النص {ومن أهل الكتاب من إن تأمنه بقنطار يؤده إليك ومنهم من إن تأمنه بدينار لا يؤده إليك إلا ما دمت عليه قائما ذلك بأنهم قالوا ليس علينا في الأميين سبيل}[4] في هذه الآية أيضا نجد لفظة الأميين تأتي مقابلة للفظة أهل الكتاب، وبالتالي فمعناها أنهم الأمة التي لا كتاب لها.

آخر نص قرآني نورده للمعارضين هو قوله {هو الذي بعث في الأميين رسولا}[5] فلو كان المعنى بالنسبة لهم هم الذين لا يعرفون القراءة والكتابة، فهل يعقل أن يكونوا جميعا أميين؟ ألم يكن كبار صحابة محمد كلهم يعرفون القراءة والكتابة؟

---

١. للمقارنة بين هذه الروايات انظر فتح الباري جزء ١ ص ٣٥ (كتاب بدء الوحي)، سيرة ابن هشام ج١ ص ٤٠٢ (باب مبعث النبي)

٢. البينة ٢

٣. آل عمران الآية ٢٠

٤. آل عمران آية ٧٥

٥. الجمعة ٢

خصوصا أبو بكر وعمر وعثمان وعلي؟ ألم يكن لمحمد عدد كبير من كتبة الوحي؟[١]
إن المقصود هنا هم الذين ليس لهم كتاب سماوي.

من الحديث

أما من الحديث فسنورد النصوص التالية:

«قَالَ رَسُولُ اللّٰهِ صلى الله عليه وسلم: «ائْتُونِي بِالْكَتِفِ وَالدَّوَاةِ (أَوِ اللَّوْحِ
وَالدَّوَاةِ) أَكْتُبْ لَكُمْ كِتَاباً لَنْ تَضِلُّوا بَعْدَهُ أَبَداً» فَقَالُوا: إِنَّ رَسُولَ اللّٰه يَهْجُرُ.»[٢] رغم
أن هذا الحديث صريح بأن محمدا كان سيكتب بيده غير أن هناك من يفسره
بالقول أنه قد تعلم الكتابة في أواخر حياته لما انتشر الإسلام، وحتى لو سلمنا
بمنطقية الرد، فهنا سينتفي لفظ النبي الأمي عنه وسيقال «النبي الذي كان أميا»
لأن لفظ الأمي زال بمجرد أن صار يعرف الكتابة في هذه الحالة.

أما النص الذي ذكر عن صلح الحديبية جاء فيه: «عَنِ الْبَرَاءِ، قَالَ: لَمَّا
أُحْصِرَ النَّبِيُّ عِنْدَ الْبَيْتِ، صَالَحَهُ أَهْلُ مَكَّةَ عَلَى أَنْ يَدْخُلَهَا فَيُقِيمَ بِهَا ثَلَاثاً، وَلَا
يَدْخُلَهَا إِلَّا بِجُلُبَّانِ السِّلَاحِ، السَّيْفِ وَقِرَابِهِ. وَلَا يَخْرُجَ بِأَحَدٍ مَعَهُ مِنْ أَهْلِهَا، وَلَا
يَمْنَعَ أَحَداً يَمْكُثُ بِهَا مِمَّنْ كَانَ مَعَهُ. قَالَ لِعَلِيٍّ: «اكْتُبِ الشَّرْطَ بَيْنَنَا. بِسْمِ اللّٰهِ
الرَّحْمٰنِ الرَّحِيمِ. هٰذَا مَا قَاضَى عَلَيْهِ مُحَمَّدٌ رَسُولُ اللّٰهِ» فَقَالَ لَهُ الْمُشْرِكُونَ: لَوْ
نَعْلَمُ أَنَّكَ رَسُولُ اللّٰهِ تَابَعْنَاكَ، وَلٰكِنِ اكْتُبْ: مُحَمَّدُ بْنُ عَبْدِ اللّٰه. فَأَمَرَ عَلِيّاً أَنْ
يَمْحَاهَا. فَقَالَ عَلِيٌّ: لَا، وَاللّٰهِ! لَا أَمْحَاهَا. فَقَالَ رَسُولُ اللّٰهِ صلى الله عليه وسلم:
«أَرِنِي مَكَانَهَا» فَأَرَاهُ مَكَانَهَا، فَمَحَاهَا. وَكَتَبَ «ابْنُ عَبْدِ اللّٰه» فَأَقَامَ بِهَا ثَلَاثَةَ أَيَّامٍ.»[٣]
فهو يعد تصريحا واضحا بأن محمدا كان يعرف بمبادئ القراءة والكتابة لأنه
كتب اسمه بنفسه.

أما آخر حديث نورده في هذا السياق هو المروي عَنْ أَنَسِ بْنِ مَالِكٍ حيث قَالَ:
«قَالَ رَسُولُ اللّٰهِ: «رَأَيْتُ لَيْلَةَ أُسْرِيَ بِي عَلَى بَابِ الْجَنَّةِ مَكْتُوباً: الصَّدَقَةُ بِعَشْرِ

---

١. جاء في تفسير القرطبي لسورة العنكبوت الآية ٤٨ " وكان من كتبة الوحي بين يديه صلى الله عليه وسلم
ستة وعشرون كاتباً"

٢. صحيح مسلم كتاب الوصية، باب ترك الوصية لمن ليس له شيء يوصي فيه، وهذا الحديث مروي بروايات
مختلفة عن ابن عباس، لم أرد إدراجها كلها لكن المعنى واضح ويكاد يكون واحدا مع بعض الاختلافات هنا
وهناك.

٣. صحيح مسلم كتاب الجهاد والسير، باب صلح الحديبية في الحديبية، ورد هذا الحديث بصيغ مختلفة
أيضا.

أَمْثَالِهَا. وَالْقَرْضُ بِثَمَانِيَةَ عَشَرَ. فَقُلْتُ: يَا جِبْرِيلُ مَا بَالُ الْقَرْضِ أَفْضَلُ مِنَ الصَّدَقَةِ؟ قَالَ: لأَنَّ السَّائِلَ يَسْأَلُ وَعِنْدَهُ. وَالْمُسْتَقْرِضُ لاَ يَسْتَقْرِضُ إِلاَّ مِنْ حَاجَةٍ».[١] السؤال هنا كيف يقرأ على باب الجنة أن الصدقة بعشر أمثالها إن لم يكن يعرف القراءة؟

إن لفظة أمي شكلت محور الخلاف الجوهري بين المؤيدين والمعارضين، وهي لفظة دخيلة ليست عربية عند البعض، وعند البعض الآخر هي لفظة عربية حاولوا إعطاءها معنى عدم المعرفة بالقراءة والكتابة، لكن يبدو أنه حتى إذا أردنا التسليم بذلك سنجد أن هناك عوامل كثيرة لا تساعدنا في هذا الأمر، فإن كان تعريف الأمية هو عدم المعرفة بأمور الحساب والكتابة والقراءة فكيف يمكننا أن نقبل أن خديجة أرسلت محمدا كتاجر يقوم لها بتجارتها وهو لا يعرف كل هذه الأمور والتي هي من أساسيات التجارة؟ ألم يكن الأجدر أن تأخذ شابا آخر غيره؟ وكيف يمكن أن تكون خديجة متعلمة تعرف القراءة والكتابة وتتزوج من لا يعرفها بل وتجعله نبيا كذلك دون أن يذكر لنا الرواة أنها انبهرت بكونه صار قارئا وبليغا بعد أن كان أميا لا يعرف شيئا من ذلك؟ هل عندما عاد محمد إلى خديجة في قصة بدء الوحي كانت متعجبة من الفصاحة التي تخرج من فم شخص أمي لا يعرف القراءة والكتابة أم كان النقاش حول هوية الكائن الذي رآه؟ ألا يعد هذا دليلا على أن كلام القرآن كلام عادي لم يثر استغراب محمد أو خديجة؟ بل إننا نجدهما قد شكا أنه كلام يمكن أن يصدر عن الشيطان والجن أيضا، وكانت خديجة تحتاج أن تمتحن هذا الكائن حين يظهر لتتأكد هل هو شيطان أم ملاك! إذن لم يكن القرآن هو البرهان أن هذا الكلام من الله، ولم تكن الأمية هي المعجزة التي أدت إلى تصديق خديجة ومحمد لأمر النبوة، بل كانت هناك حاجة إلى برهان خارج النص القرآني وبعيدا عن الأمية.[٢]

حتى لو كان أميا

إذا قمنا بعملية حسابية بسيطة سنجد أن آيات القرآن هي: ٦٢٣٦ آية تفرقت

---

١. سنن ابن ماجة، كتاب الصدقات باب القرض

٢. لمعرفة القصة الكاملة عن اختبار خديجة المرجو الرجوع إلى سيرة ابن هشام الجزء الأول، باب مبعث النبي (ص) " أدخلت رسول الله صلى الله عليه وسلم بينها وبين درعها، فذهب عند ذلك جبريل، فقالت لرسول الله صلى الله عليه وسلم: إن هذا لملك وما هو بشيطان"

على ثلاثة وعشرين سنة (ما يقارب ٨٣٩٥ يوما) مما يعني أن محمدا كان يأتي بمعدل ٠,٧٤ آية كل يوم (أي أقل من آية يوميا) ليحصل على القرآن بصيغته الحالية، فهل يعتبر هذا شيئا مستحيلا على الإنسان ياترى؟ خصوصا إذا أخذنا بعين الاعتبار أن محمدا لم يكن له شغل ولا حرفة تشغله عن هذا الأمر، فـ «القرآن» كان هو حرفته، خصوصا في المرحلة المكية التي ظهرت فيها معظم السور (حوالي ٨٥ سورة)، فحتى لو كان أميا، تلاوة أقل من آية يوميا ليست بالأمر العسير، فهل يعسر على الشاعر أن يقول بيتا كل يوم؟

الرد على حجة الأمية

• لا نرى أي حديث يتباهى فيه محمد بأنه رسول الله بناء على (معجزة) كونه الأمي الذي استطاع أن يقول كلاما لا يصدر إلا عن رجل متعلم.

• لم نسمع عن أي شخص من قريش آمن بمحمد بسبب هذه المعجزة (معجزة الأمية التي تظهر أن القرآن ليس من عنده)، وهي من المفروض المعجزة الكبرى لمحمد، فكان ينبغي أن تؤثر على معاصريه أكبر تأثير، وأن تكون هي السبب الرئيسي في إسلام الكثيرين، وأن تستمر كذلك حتى في عصر الصحابة والتابعين، بل على العكس من ذلك نجد أن الحرب كان لها الدور الأكبر في قلب الموازين لصالح محمد عوضا عن هذه المعجزة.

• لم نسمع عن الصحابة والتابعين أي تأكيد على أمية محمد ودعوة الأمم والشعوب إلى الإسلام بسببها، فمن غير المعقول إذا كانت هذه هي المعجزة الكبرى أن يتم تجاهلها بهذا الشكل المريب الذي يدفعنا فعلا للتساؤل عن صحتها والميل إلى آراء المنكرين لها.

• اللغة التي كتب بها القرآن هي لغة قريش، أي هي اللهجة العامية اليومية التي يتكلمها أي إنسان في قريش، فمحمد تعلمها منذ الصغر وكانت لغة مفهومة لكل بني قومه دون استثناء، سواء المتعلمين منهم أو غير المتعلمين، وبالتالي فادعاء أن القرآن لا يستطيع أن يأتي به رجل أمي مثل محمد من الناحية اللغوية هو ادعاء باطل، فهاهو الجاحظ يخبرنا أن العرب لا يحتاجون إلى تعلم ليقولوا كلاما بليغا حيث قال: «وكلُّ شيءٍ للعرب فإنّما هو بديهةٌ وارتجال، وكأنّه إلهام، وليست هناك معاناةٌ ولا مكابدة، ولا إجالةُ فكر ولا استعانة، وإنّما هو أن يصرفَ وهمَه إلى الكلام، وإلى رجَزِ يومِ الخصام، أو حين يمتَح على رأس بئر، أو يحدُو ببعير، أو

عند المقارعة أو المناقلة، أو عند صِراع أو في حرب، فما هو إلاّ أن يصرف وهْمَه إلى جملة المذهب، وإلى العمود الذي إليه يقصد، فتأتيه المعاني أرسالاً، وتنثال عليه الألفاظ انثيالاً، ثم لا يقيِّده على نفسه، ولا يَدْرُسه أحداً من ولده، وكانوا أُمِّيِّين لا يكتبون، ومطبوعِين لا يتكلَّفون، وكان الكلام الجيِّد عندهم أظهرَ وأكثر، وهم عليه أقدر، وله أقهَر، وكل واحد في نفسه أنطَق، ومكانُه من البيان أرفع، وخطباؤهم للكلام أوجَد، والكلام عليهم أسهل، وهو عليهم أيسر من أن يفتقروا إلى تحفُّظ، ويحتاجوا إلى تدارُس»[1].

وقد تنبه بعض علماء الإسلام اليوم إلى هذه النقطة ولم يجدوا في حجة الأمية هذه منطقا مقبولا يجعلها ترقى إلى مستوى الدليل القاطع الذي يؤكد أن القرآن كلام إلهي، نجد الدكتور محمد عابد الجابري يقول في كتابه «مدخل إلى القرآن الكريم» : «لم يذكر أحد من الرواة أن خصوم الدعوة المحمدية من قريش قد عزا إليه كتابة القرآن، ليس لأنهم كانوا يعرفون أنه لا يقرأ ولا يكتب، بل لأن المعرفة بالقراءة والكتابة عندهم، ليست شرطا في الإتيان بالكلام البليغ، فالقول البليغ ليس مرهونا بالمعرفة بالقراءة والكتابة، وقد كان شعراء العرب وخطباؤهم يقولون الشعر ويخطبون ارتجالا، من دون إعداد لا قولا ولا كتابة»[2]. ويمضي قائلا: «لا بد أن نستحضر في أذهاننا أن ما حمل علماء المسلمين من جميع الفرق على نفي المعرفة بالقراءة والكتابة عن النبي (ص) سواء قبل البعثة فقط، أو بعدها إلى مرحلة ما من حياته، هو- حسب ما فهمنا من احتجاجاتهم – تأكيد الطابع المعجز للقرآن، بدعوى أنه إذا كان الذين يعرفون القراءة والكتابة من قريش لم يستطيعوا الإتيان بمثله، على الرغم من تحديه لهم، وكان النبي لا يعرف القراءة والكتابة وأتى بهذا القرآن، فذاك دليل على أنه وحي من الله»[3].

مثال آخر نسوقه:

- جاء في الحديث: «عَنْ أَبِي سَعيد الْخُدْرِيِّ، أَنَّ رَسُولَ اللَّهِ قَالَ: «لاَ تَكْتُبُوا عَنِّي. وَمَنْ كَتَبَ عَنِّي غَيْرَ الْقُرْآنِ فَلْيَمْحُهُ»[4]. إذن محمد طلب من الناس ألا يكتبوا

١. البيان والتبيين، للجاحظ، كتاب العصا، ج٢ ص ١٣

٢. مدخل إلى القرآن الكريم، الجزء الأول صفحة ٩٣

٣. مدخل إلى القرآن الكريم الجزء الأول صفحة ٩٣

٤. صحيح مسلم، كتاب الزهد والرقائق، باب التثبت في الحديث وحكم كتابة العلم

أحاديثه حتى لا تختلط عليهم مع القرآن، جاء في شرح النووي لهذا الحديث: «إنما نهى عن كتابة الحديث مع القرآن في صحيفة واحدة لئلا يختلط فيشتبه على القارىء في صحيفة واحدة»[1] لو كان القرآن كلاما إلهيا ومحمد مجرد إنسان أمي لا يعرف القراءة والكتابة كيف له أن يخاف على الناس ألا يستطيعوا أن يميزوا بين كلامه وبين كلام الله؟ هل كلام الله «الواسع العلم» يختلط مع كلام «الأمي» الذي لا علم له؟

أمثلة من شعراء العرب

إن التاريخ العربي يقدم لنا نماذج كثيرة لأناس أميين كانوا فطاحلة في الفصاحة والبلاغة، ونذكر ههنا واحدا من أعمدة الشعر الجاهلي، طرفة بن العبد بن سفيان بن سعد بن مالك بن ضبيعة بن قيس بن ثعلبة، وهو الشاعر القتيل الذي مات عن سن السادسة والعشرين، «وهو أشعر الشعراء بعد امرئ القيس. ومرتبته ثاني مرتبة؛ ولهذا ثني بمعلقته. وقال الشعر صغيراً. قال ابن قتيبة: هو أجود الشعراء قصيدةً. وله بعد المعلقة شعرٌ حسن. وليس عند الرواة من شعره وشعر عبيدٍ إلا القليل. وقتل وهو ابن ست وعشرين سنة»[2]. ولم يكن طرفة بقارئ ولا متعلم ولكنه كان شاعرا عظيما كما تشهد على ذلك معلقته الشهيرة:

لخولة أطلالٌ ببرقة ثهمـد تلوح كباقي الوشم في ظاهر اليد
بروضة دعميٍ فأكناف حائلٍ ظللت بها أبكي وأبكي إلى الغد
وقوفاً بها صحبي علي مطيهم يقولون لا تهلك أسىً وتجلد

ومما يؤكد أنه لم يكن يعرف القراءة والكتابة قصة موته، حيث تذكر لنا الأخبار أنه وفد هو وخاله المتلمس على الملك عمرو بن هند، وكانا قد قالا فيه هجاء ذات يوم، ولما سمع الملك من أحدهم خبر هجاء طرفة له واستمع لتلك الأبيات مكث مدة ثم «دعا المتلمس وطرفة، وقال: لعلكما قد اشتقتما إلى أهلكما، وسركما أن تنصرفا! قالا: نعم! فكتب لهما إلى عامله على هجر أن يقتلهما. وأخبرهما أنه قد كتب لهما بحباء، وأعطى كل واحد منهما شيئاً فخرجا - وكان المتلمس قد أسن - فمرا بنهر الحيرة على غلمان يلعبون؛ فقال المتلمس: هل لك أن ننظر في كتابينا، فإن كان فيهما خيرٌ مضينا له، وإن كان شراً ألقيناهما؟ فأبى

١. شرح النووي على صحيح مسلم كتاب الزهد، ج١٨ ص ١٠٣

٢. خزانة الأدب ولب لباب لسان العرب، لعبد القادر البغدادي

عليه طرفة. فأعطى المتلمس كتابه بعض الغلمان؛ فقرأه عليه، فإذا فيه السوء. فألقى كتابه في الماء، وقال لطرفة: أطعني والق كتابك! فأبى طرفة ومضى بكتابه إلى العامل، فقتله»[١]. وهذه القصة مشهورة في كثير من الكتب، الغاية من ذكرها هو أن طرفة وخاله طلبا من بعض الغلمان قراءة الكتاب، مما يؤكد أن طرفة لم يكن بقارئ ولا بكاتب بل كان أميا، ولكنه مع ذلك ظل خالدا في الشعر العربي وتعد معلقته من أفضل ما قيل من الشعر إلى اليوم، فهل لنا أن نعتبره نبيا؟ ونعتبر شعره إعجازا ما بعده إعجاز؟ هل لو قام طرفة مثلا حينها وتحدى العرب أن يأتوا بشعر مماثل لشعره وإلا فليسلموا بنبوته وليعترفوا بأن شعره كلام الله نفسه أوحاه إليه، سنضطر نحن أيضا للرضوخ لهذا التحدي ولنبوة طرفة لمجرد أننا اليوم عاجزين عن الإتيان بمعلقة تضاهي معلقة طرفة؟

نسوق مثالا آخر يؤكد هذا الكلام وهو الشاعر «نصر بن أحمد بن نصر بن مأمون أبو القاسم البصري الشاعر، المعروف بالخُبْزَأرُزِّي. كان أُمّياً لا يتهجَّى ولا يكتب، وكان يخبز خبزَ الأَرُزّ بمِربَد البصرة في دكان، وكان ينشد أشعار الغَزَل والناس يزدحمون عليه ويعجبون منه، وكان أبو الحسين محمد بن لَنْكَك الشاعر مع علوّ قدْره ينتابه ليسمع شعره، واعتنى به وجمع له ديواناً»[٢]. هذا الشاعر كان أعجوبة زمانه، أمي لا يعرف القراءة والكتابة ومع ذلك يقول كلاما يحار له حتى الشعراء المتعلمون أمثال محمد بن لنكك. وأسوق بعض الأمثلة من شعر هذا الشاعر الأمي الملقب بالخبزأرزي:

كم أناس وفوا لنا حين غابوا ... وأناس جفوا وهم حضار
عرضوا ثم أعرضوا وآستمالوا ... ثم مالوا وجاوروا ثم جاروا
لا تلمهم على التجني فلو لم ... يتجنوا لم يحسن الاعتذار

إذن القول البليغ المقفى الموزون لا يعتبر معجزة حتى وإن كان صاحبه أميا لا يعرف القراءة والكتابة، وإلا فنحن مضطرون إلى التسليم بأن نصر بن أحمد الخبزأرزي نبي قد فاتتنا فرصة الشهادة بنبوته لنفس الأسباب التي يريد المسلمون أن يستدلوا بها على نبوة محمد، ما الفرق إذن؟ هل يصح أن يقف هذا

---

١. خزانة الأدب ولب لباب لسان العرب لعبد القادر البغدادي، نهاية الأرب في فنون الأدب للنويري

٢. كتاب الوافي بالوفيات لصلاح الدين الصفدي، وجاء أيضا في كتاب النجوم الزاهرة في ملوك مصر والقاهرة.

١١
أسـئلة جوهـرية

"جاء أناس من اليهود إلى رسول الله صلى الله عليه وسلّم، فقالوا : إن موسى جاء بالألواح من عند الله، فأتنا بالألواح من عند الله حتى نصدّقك فأنزل الله : يَسْئَلُكَ أَهْلُ الكتابِ أَنْ تُنَزِّلَ عَلَيْهِمْ كِتابا مِنَ السّماءِ"
محمد بن جرير الطبري

لماذا نزل القرآن منجماً؟

إذا كان القرآن كتابا معجزا، وكان محمد مجرد متلقي، كان سيكون الأمر أكثر من معجزة لو أتى القرآن دفعة واحدة، وقد أدركت قريش حيلة محمد وأنه إنما ينتظر الأسئلة والمناسبات ويعطيهم آية هنا وآية هناك متفرقات ثم يقول لهم هذا قرآن من عند الله، فقالوا له لو كان عندك وصايا كاملة أتتك من الله، وكان فعلا ما تأتي به وحي إلهي فلماذا لا تأتينا به جملة واحدة فندرك أنك فعلا رسول الله، لأن ذلك سيكون حقا معجزة المعجزات. وهذا الاعتراض هو ما صرح به القرآن في قوله: {وَقَالَ الَّذِينَ كَفَرُوا لَوْلا نُزِّلَ عَلَيْهِ الْقُرْآنُ جُمْلَةً وَاحِدَةً كَذَلِكَ لِنُثَبِّتَ بِهِ فُؤَادَكَ وَرَتَّلْنَاهُ تَرْتِيلا}[1]. ونرى أن القرآن لا يعطينا إلا جوابا واحدا على هذا السؤال وهو أن الغرض من نزول القرآن متفرقا هو تثبيت قلب محمد! وهذا جواب غير مقنع من الناحية المنطقية، لأن محمدا من المفروض أنه متأكد من الذي جاءه لأنه هو «الرسول» وقومه هم

---

١. الفرقان ٣٢

الذين يشكون في مصدر هذا القرآن وفي نبوته، وطلبهم تنزيل القرآن دفعة واحدة كمعجزة هو الدليل لتصديقه وليثبت فؤادهم هم، لكنه أجاب بأنه لن يفعل ذلك بل على العكس سيبقي على تنزيله آية آية ليثبت فؤاده هو!! ويحاول الرازي تبرير هذا الجواب بأجوبة أخرى لم ترد في الآية إطلاقا، منها أنه لو نزل القرآن دفعة واحدة لكان من الصعب على محمد أن يحفظه أو يضبطه[١]، وهو أمر مردود، لأن الله الذي من المفترض أنه أعطاه القوة على الإتيان بالوحي وهو أمي ليس بعاجز على إعطائه القوة على حفظه، ألم يقل القرآن نفسه «سنقرؤك فلا تنسى»[٢]؟ ثم ساق الرازي تعليلات أخرى من السهل الرد عليها أهمها أن القرآن إنما نزل منجما ليسهل على الناس تحمل الشرائع، لأنها لو نزلت دفعة واحدة لثقل عليهم ذلك، وهو أمر منطقي لو لم يكن هناك تحديات أخرى سبقت ذلك من بينها أن أهل الكتاب (اليهود خصوصا)، طلبوا أن ينزل عليهم ألواحا فقط لا كتابا كبيرا، مجرد ألواح مثل الألواح التي كتبها الله لموسى، والتي كانت تحمل الوصايا العشر حيث يقول القرآن {يَسْأَلُكَ أَهْلُ الْكِتَابِ أَن تُنَزِّلَ عَلَيْهِمْ كِتَابًا مِّنَ السَّمَاءِ}[٣] يفسر الطبري هذه الآية قائلا: «جاء أناس من اليهود إلى رسول الله صلى الله عليه وسلّم، فقالوا: إن موسى جاء بالألواح من عند الله، فأتنا بالألواح من عند الله حتى نصدّقك فأنزل الله: {يَسْئَلُكَ أَهْلُ الكتابِ أَنْ تُنَزِّلَ عَلَيْهِمْ كِتابا مِنَ السَّماءِ}[٤] والرد على هذا الطلب كان في الآية نفسها أن اليهود طلبوا أعظم من ذلك من موسى! فهل هذا بالجواب المقنع؟ إن محمدا لم يأت بكتاب ولم يأت بألواح ولم يقدم أي دليل خارجي، ولم يبرهن للناس أن كتابه منزل من عند الله، بل بالعكس كان يتوعد أهل قريش بأنهم سوف {يُحْشَرُونَ عَلَى وُجُوهِهِمْ إِلَى جَهَنَّمَ أُوْلَئِكَ شَرٌّ مَّكَانًا وَأَضَلُّ سَبِيلا}[٥] بعدما طلبوا منه دليلا على معجزة القرآن هذه، وراح يسرد لليهود جزءا من ماضي آبائهم متناسيا الدليل الذي طلبوه، إنه فعلا أمر يدعو للحيرة، أن يدعي محمد أن القرآن كلام الله وكتاب معجز، ثم عندما

---

١. انظر تفسير الرازي للآية ٣٢ من سورة الفرقان، جزء ٢٤ ص ٤٥٩

٢. سورة الأعلى الآية ٦

٣. النساء ١٥٣

٤. تفسير الطبري لسورة النساء الآية ١٥٣، الجزء ٦ ص ٦

٥. الفرقان ٣٤

يطلب منه الدليل يكون الجواب هو القرآن نفسه!! إنها حلقة مفرغة!

إن «نزول» القرآن منجما لهو خير دليل على أن محمدا إنما كان يتفاعل مع بيئته، يذكر أحداثه اليومية وخصومات أزواجه، وأقوال أعدائه، وكلام أصحابه، ويصف وقائع حروبه، ويقسم فيه غنائمه، ويلوم هذا ويرد على ذاك، يتغير أسلوبه الأدبي من مكة إلى المدينة، وتتغير نبرة خطابه من السلم إلى العنف بازدياد قوته، وينقطع مدحه لأهل الكتاب الموجود في مكة ليتحول إلى عداوة في المدينة، وتتغير القبلة بسبب ذلك أيضا، ويتغير الصيام لنفس السبب، ويفرض الحج في أواخر حياته بعدما تم الاستيلاء على مكة، كل هذا ومع ذلك يقال بأن القرآن معجز؟ إن شخصية محمد ظاهرة واضحة وضوح الشمس في القرآن من أوله لآخره، تثبت دون شك أنه ليس كتابا نازلا من السماء منفصلا عن محمد غير مختلط بمشاعره وظروفه، لو كان القرآن أملي عليه إملاء ما كنا نرى بصمات حياة محمد في كل آية من آياته.

التشابه مع الشعر الجاهلي

لماذا نجد تشابها كبيرا مع الشعر الجاهلي؟

لو كان القرآن كتابا إلهيا يختلف كليا عن كلام البشر، وكان محمد رجلا أميا لم ينقل عن غيره، ولم يطلع على أي كتاب أو علم سبقه، فإن مسألة التشابه بين القرآن والشعر الجاهلي ينبغي أن تكون منعدمة لتؤكد لنا هذا الكلام، غير أننا نجد تشابها بين العديد من الآيات القرآنية وبين نصوص أخرى سبقته: وقد تكلم امرؤ القيس بالقرآن قبل أن ينزل. فقال:

يتمنى المرء في الصيف الشتاء ... حتى إذا جاء الشتاء أنكره

فهو لا يرضى بحال واحد ... قتل الإنسان ما أكفره

وقال:

اقتربت الساعة وانشق القمر ... من غزال صاد قلبي ونفر

وقال:

إذا زلزلت الأرض زلزالها ... وأخرجت الأرض أثقالها»[1].

---

١. فيض القدير، جزء ٢ ص ١٨٧ طبعة دار الكتب العلمية

(قتل الإنسان ما أكفره جاءت في سورة عبس الآية ١٧، اقتربت الساعة وانشق القمر جاءت في سورة القمر الآية ١، إذا زلزلت الأرض زلزالها وأخرجت الأرض أثقالها جاءت في سورة الزلزلة الآية ١ و٢).

وبالرغم من محاولة علماء الإسلام الطعن في هذه القصة نظرا لعدم وجودها في روايات صحيحة السند كما يقولون، يصعب على الباحث أن يتقبل فكرة وضعها ودسها في التراث الإسلامي من طرف المسلمين أنفسهم، بل على الأرجح أنه تم تنقية كل كتب السيرة والروايات من الكثير من الأمور التي يمكنها أن تطعن في صحة القرآن وفي صدق نبوة محمد، والسيرة النبوية لابن إسحاق التي حذف منها ابن هشام كل ما يسيء إلى نبوة محمد من شعر وهجاء خير دليل على هذا الأمر، فالأقرب إلى المنطق أن الروايات الأخرى تم التخلص منها ولهذا السبب لم يصلنا إلا القليل.

وقد ورد بالسيرة النبوية لابن هشام هذه الأبيات، بعضهم ينسبها لزيد بن عمرو بن نفيل والبعض لأمية بن أبي الصلت، وفي الحالتين يبقى هذا الشعر متقدما على الإسلام، والمتأخر يأخذ عن الذي قبله لا العكس، تقول الأبيات:

ولكن أعبد الرحمن ربي ليغفر ذنبي الرب الغفور
فتقوى الله ربكم احفظوها متى ما تحفظوها لا تبوروا
ترى الأبرار دارهمُ جنان وللكفار حامية سعير
وخزي في الحياة وإن يموتوا يلاقوا ما تضيق به الصدور[1]

كلمة رب غفور وردت في (سبأ ١٥) ويبدو أن كلمات مثل الرحمن، والأبرار، والجنان، والسعير كلمات قرآنية محضة، مما يدل على أنها أخذت أخذا من هذه الأشعار، وهي أشعار لأناس موحدين كان محمد متعلقا بهم، سواء أكانت لزيد بن عمرو بن نفيل قدوة محمد في التحنث بغار حراء، أو أمية بن أبي الصلت الذي كان يأمل أن يكون نبيا هو الآخر.

ومن شعر أمية بن أبي الصلت هناك الكثير من الأبيات التي يظهر واضحا جليا مدى تشابهها مع آيات القرآن، وهو أمر يدعو للاستغراب خصوصا إذا عرفنا أن محمدا كان معجبا بشعر أمية كما سنرى فيما بعد، وهذه بعض النماذج:

---

١. السيرة النبوية لابن هشام، جزء١ ص ٣٨٦ ذكر ورقة بن نوفل بن أسد بن عبدالعزى وعبيد الله بن جحش وعثمان بن الحويرث وزيد بن عمرو بن نفيل، شعر زيد في فراق الوثنية.

عند ذي العرش:

عند ذي العرش يُعرضون عليه ... يعلم الجهرَ والكلامَ الخفيّا
يومَ نأتيه وهو رب رحيم ... أنه كان وعده مأتيّا
يومَ نأتيه مثلما قال فرداً ... لم يذر فيه راشداً وغويّا
أسعيد سعادةً أنا أرجو ... أم مُهانٌ بما كسبت شقيا
ربّ إن تعف فالمعافاة ظني ... أو تعاقب فلم تعاقب بريًّا
إن أُواخَذْ بما اجترمتُ فإني ... سوف ألقى من العذاب فريًّا
ربّ كلاً حَتَّمْتَهُ واردَ النار ... كتاباً حتمته مقضيّا
رب لا تحرمنّني جنة الخلد ... وكن ربِّ بي رؤُوفاً حفيّا

حكمة الخلق:

لم يخلق السماءُ والنجومُ ... والشمسُ معْها قمرٌ يقومُ
قدَّرَهُ المهيّمنُ القيّوم ... والحشُّ والجنةُ والنعيمُ
إلاَّ لأمرٍ ... شأنه عظيم

إله العالمين:

إلهُ العالمين وكلِّ أرضٍ ... ورب الراسيات من الجبال
بناها وابتنى سبعاً شدادا ... بلا عَمدٍ يُرَيْنَ ولا رجال
وسوَّاها وزيَّنها بنورٍ ... من الشمس المضيئةِ والهلالِ
ومن شُهُبٍ تلألأ في دجاها ... مراميها أشدُّ من النِّصالِ
وشقَّ الأرض فانبجست عيوناً ... وأنهاراً من العذب الزلال
وبارك في نواحيها وزكّى ... بها ما كان من حرْثٍ ومالِ
فكل معمَّرٍ لا بد يوماً ... وذي دنيا يصير إلى زوالِ
ويفنى بعد جدَّته ويبلى ... سوى الباقي المقدَّس ذي الجلالِ
وسيق المجرمون وهم عراةٌ ... إلى ذات المقامع والنَّكالِ
فنادوا ويلنا ويلاً طويلاً ... وعجّوا في سلاسلها الطوالِ
فليسوا ميّتين فيستريحوا ... وكلُّهمُ بحرِّ النار صالِ
وحلَّ المتَّقون بدار صدقٍ ... وعيش ناعم تحت الظلالِ
لهم ما يشتهون وما تمنوا ... من الأفراح فيها والكمالِ

هذه نماذج بسيطة من أوجه التشابه بين القرآن والشعر الجاهلي الديني، وهو تشابه لا يخلو من التقليد والنقل، ولا يمكن إنكاره بحجة أن محمدا لم يكن بقارئ لأن الشعر كان ينتقل شفهيا وليس كتابيا، وهكذا كانت أغلب المعارف العربية آنذاك، فإن كان القرآن معجزا فللشعر الفضل وكل الفضل في هذا الإعجاز إذن.

لماذا كان محمد يستمع لأشعار الشعراء؟

عَنْ عَمْرِو بْنِ الشَّرِيدِ عَنْ أَبِيه . قَالَ: رَدِفْتُ رَسُولَ اللّٰه يَوْماً. فَقَالَ: «هَلْ مَعَكَ مِنْ شِعْرِ أُمَيَّةَ بْنِ أَبِي الصَّلْتِ شَيْءٌ؟» قُلْتُ: نَعَمْ. قَالَ: «هِيهِ» فَأَنْشَدْتُهُ بَيْتاً. فَقَالَ: «هِيهِ» ثُمَّ أَنْشَدْتُهُ بَيْتاً. فَقَالَ: «هِيهِ» حَتَّى أَنْشَدْتُهُ مِائَةَ بَيْت.[1] عَنْ عَمْرِو بْنِ الشَّرِيدِ عَنْ أَبِيه، قَالَ: اسْتَنْشَدَنِي رَسُولُ اللّٰه . بِمِثْلِ حَدِيثِ إِبْرَاهِيمَ بْنِ مَيْسَرَةَ. وَزَادَ: قَالَ «إِنْ كَادَ لَيُسْلِمُ» وَفِي حَدِيثِ ابْنِ مَهْدِيَ قَالَ: «فَلَقَدْ كَادَ يُسْلِمُ فِي شِعْرِه».[2]

عَنْ أَبِي هُرَيْرَةَ، عَنِ النَّبِيِّ . قَالَ: «أَشْعَرُ كَلِمَةٍ تَكَلَّمَتْ بِهَا الْعَرَبُ، كَلِمَةُ لَبِيدٍ: أَلاَ كُلُّ شَيْءٍ مَا خَلاَ اللّٰه بَاطِلٌ».[3]

ترى لماذا كان محمد يستمع لأشعار أناس آخرين؟ خصوصا وأنه هو الذي حرم الشعر حيث ورد بالحديث: «عَنْ سَعْد، عَنِ النَّبِيِّ . قَالَ: «لأَنْ يَمْتَلِىءَ جَوْفُ أَحَدِكُمْ قَيْحاً يَرِيهِ، خَيْرٌ مِنْ أَنْ يَمْتَلِىءَ شِعْراً»[4]. والقرآن يقول {الشعراء يتبعهم الغاوون}[5]. ألم يكن محمد يتذوق الشعر ويتعلم منه؟ ألم يكن يسمع بيتا ثم يستزيد قائلا: هيه؟ وحين يقول: أشعر كلمة تكلمت بها العرب كلمة لبيد، ماالذي عرفه أنها أشعر كلمة إن لم يكن له اطلاع على معظم ما قالته العرب، وإلا كيف له أن يحكم؟ إن محمدا سواء كان يعرف القراءة والكتابة أم لم يكن، فإن هذا الأمر لن يغير من كونه كان عالما بثقافة العرب وأشعارهم وآدابهم، سواء عن طريق القراءة أو عن طريق التناقل الشفهي، والذي يستطيع أن يتذوق الشعر ويفهم معانيه لن يعسر عليه أن يأتي بجمل من نفس جنس الشعر وبنفس لغته.

---

١. صحيح مسلم كتاب الشعر.

٢. نفس المصدر السابق

٣. نفس المصدر السابق

٤. نفس المصدر السابق

٥. سورة الشعراء الآية ٢٢٤

محمد يطلع على أعمال أخرى في مكة

جاء في السيرة النبوية أن «سويد بن صامت، أخو بني عمرو بن عوف، قدم مكة حاجا أو معتمرا، فتصدى له رسول الله صلى الله عليه وسلم حين سمع به، فدعاه إلى الله وإلى الإسلام، فقال له سويد: فلعل الذي معك مثل الذي معي؛ فقال له رسول الله صلى الله عليه وسلم: وما الذي معك قال: مجلة لقمان – يعني حكمة لقمان – فقال له رسول الله صلى الله عليه وسلم: اعرضها علي، فعرضها عليه؛ فقال له: إن هذا لكلام حسن، والذي معي أفضل من هذا، قرآن أنزله الله تعالى علي، هو هدى ونور. فتلا عليه رسول الله صلى الله عليه وسلم القرآن، ودعاه إلى الإسلام، فلم يبعد منه، وقال: إن هذا لقول حسن»[1]. ترى لماذا طلب محمد من سويد بن صامت أن يعرض عليه ما لديه ثم يستحسنه؟ ألم يكن متذوقا للكلام عارفا بأصوله؟ أليس هذا دليلا آخر على أن محمدا كان دائم التعلم من مصادر أخرى؟

_____

١. السيرة النبوية لابن هشام، باب عرض رسول الله (ج٢ ص ٢٤١) طبعة دار المعرفة

١٢

الإعجاز في التأثير

"جاء أعرابي إلى رسول الله فجعل يتكلم بكلام بيّن، فقال رسول الله (ص): إن من البيان سحراً وإن من الشعر حكماً"
مسند أحمد

الإعجاز في التأثير

اخترع المسلمون وجها آخر من وجوه إعجاز القرآن وسموه بالإعجاز في التأثير، لكن ماذا يقصدون بالإعجاز في التأثير؟ هل التأثير في القلوب؟ أم التأثير الناتج عن جمالية اللغة؟ أم التأثير بسبب التجويد والقافية؟ أم التأثير في تغيير المجتمعات؟ أم كل هذه الأمور مجتمعة؟ لنخلص إلى تعريف شامل لهذا الوجه من الإعجاز ينبغي أن نعرض بعض أقوال علماء الإسلام بهذا الخصوص.

قال السيوطي: «هو كون قارئه لا يكل وسامعه لا يمل وإن تكررت عليه تلاوته»[1].

وقال أيضا: «ومنها: أن قارئه لا يمله وسامعه لا يمجه بل الإكباب على تلاوته يزيده حلاوة وترديده يوجب له محبة وغيره من الكلام»[2].

ثم يمضي السيوطي ساردا مجموعة من آراء علماء الإسلام محاولا تعريف هذا النوع من الإعجاز قائلا بأنه هو «الروعة التي تلحق قلوب سامعيه عند سماعهم والهيبة التي تعتريهم عند تلاوته وقد أسلم جماعة عند سماع آيات منه كما وقع

---

١. الإتقان في علوم القرآن، النوع الرابع والستون، جزء ٢ ص ١٢١

٢. الإتقان في علوم القرآن، النوع الرابع والستون، جزء ٢ ص ١٢٢

لجبير بن مطعم أنه سمع النبي صلى الله عليه وسلم يقرأ في المغرب بالطور قال: فلما بلغ هذه الآية أم خلقوا من غير شيء أم هم الخالقون إلى قوله المسيطرون كاد قلبي أن يطير»[1] «وقد مات جماعة عند سماع آيات منه أفردوا بالتصنيف»[2].

الإعجاز في التأثير يقصد به إذن كل هذا: تأثيره في الناس لدرجة أن بعضهم مات عند سماع آيات منه، ولا يكل السامع منه ولا يمل، ويشعر بحلاوته ويتذوق عذوبته وتعتريه الهيبة، ويبكي عند سماعه خشوعا وتأثرا.. إلخ. وللإنصاف سنقول بأن أي نص له هذه الميزات هو نص جميل فعلا، ويمكن النظر إليه على أنه نص مؤثر بطريقة أو بأخرى، لكن هل هذا التأثير يمكن أن يجعله يرقى إلى مستوى المعجزة؟ وهل هو دليل قاطع على ألوهية مصدره؟ هل بالمقابل يمكننا تعميم هذا المبدأ لنقول بأن أي نص يؤثر في الناس ويبكيهم، ولا يملون سماعه وتكراره، وكان له تأثير في التاريخ مثلا هو نص معجز؟ وهل هذا الإعجاز يجعل منه وحيا إلهيا؟ هذا هو السؤال المحوري الذي ينبغي أن نجيب عنه إذا قبلنا هذا المبدأ، وهذا مبدأ خطير من المؤكد أنه سيجعلنا ننسب لله نصوصا كثيرة لها من التأثير النفسي والاجتماعي على الناس الشيء الكثير. وهل بالمقابل إذا وجدنا أناسا يثير القرآن فيهم الغضب وتضيق به صدورهم ولا يطيقون سماعه ويملون تكراره ولا يزدادون إلا نفورا من الإسلام كلما سمعوا آيات منه، فهل يمكننا إذن أن نتخذ هذا دليلا يبطل عنه إعجاز التأثير المنسوب له؟ فإذا قبلنا المبدأ الأول لا مفر من قبول هذا المبدأ أيضا لأنهما متلازمان، وهناك الكثير من الناس الذين لا يحبون القرآن، ولا يتذوقونه، ولا يعني لهم أي شيء، بل هناك الكثير من الناس ممن يكرهون القرآن ويبغضونه، فلماذا نتغاضى عن هذا الشق ونأخذ فقط الشق الأول، فالتأثير مقتصر على من آمن به وكانت له قدسية في نفسه وكانت عنده قابلية التأثر، أما الذي لا يعتقد بألوهية مصدر القرآن ولا يكن له أي قدسية في داخله فهو سيعتبره مجرد نص قديم مليء بالأسطورة والخرافة لا يؤثر في نفسه لا من قريب ولا من بعيد، إذن فالإيمان بالقرآن وبإعجازه هو الذي يؤدي إلى التأثير لا العكس! فلنفحص إذن بعض

١. الإتقان في علوم القرآن، النوع الرابع والستون، جزء ٢ ص ١٢٢

٢. نفس المصدر

النماذج التي يتخذها دعاة الإعجاز حجة لهذا النوع من الإعجاز:

نماذج من هذا التأثير

إن نماذج تأثير آيات القرآن على أشخاص معينين في العصر الأول للإسلام قليلة جدا تكاد لا تتجاوز بضع حالات، وفوق كل هذا تضاربت الروايات بخصوصها حتى صار من الصعب تصديقها، وهنا يثار سؤال عريض، لماذا لا نجد تأثير القرآن في الناس في بداية الإسلام حاضرا بقوة في كتب السيرة؟ لماذا تنحصر نماذج هذا التأثير (رغم تناقض الروايات) في بضع حالات؟ ونرى أخبار الغزوات والسرايا هي التي تملأ كتب السيرة، ألا يجدر بالمعجزة أن تكون أخبارها أوفر وأكثر؟ ألم تكن الغزوات أكثر تأثيرا من القرآن؟ هل فتح مكة كان عن طريق تأثير القرآن أم عن طريق القوة؟ هل غزوة بدر كانت بسبب إظهار تأثير القرآن أم للتعرض لعير قريش؟ إن في كل أحداث تطور الدعوة الإسلامية من بدايتها إلى اليوم لا نجد أن تأثير القرآن هو العامل الأول لإسلام الناس، بل نجد عوامل أخرى كان السيف أكثرها ظهورا خصوصا في المرحلة المدنية، وهي المرحلة الأهم في تاريخ الإسلام، لو كان تأثير القرآن وجها من وجوه إعجازه لكنا رأينا الآلاف أسلموا بسببه وذكرت أسماؤهم في كتب السيرة كما ذكرت أسماء القتلى والأسرى إسما إسما، وبالتالي يحق لنا أن نتساءل كيف يكون القرآن هو المعجزة الكبرى، ويكون تأثيره من أعظم وجوه إعجازه، ومع ذلك يغيب عن أخبار الدعوة الإسلامية غيابا مريبا؟ من الأدلة التي يسوقها أصحاب الإعجاز قصة إسلام عمر بن الخطاب، فلتكن هي محور تحليلنا في النقطة التالية:

١- قصة إسلام عمر بن الخطاب

إن روايات إسلام عمر بن الخطاب متضاربة فيما بينها، ولا تحدد السبب الرئيسي لإسلامه، ويبدو أنه كان موحدا قبل ذلك، لأن زيد بن عمرو بن نفيل كان عمه وكان موحدا هو الآخر وأحد الحنفاء الذين يعتكفون في غار حراء قبل محمد، ويعتبر محمد مقلدا لهم وتابعا لحركتهم، المهم في الأمر أن عمر بن الخطاب تداخلت في عوامل إسلامه أمور كثيرة ترجع إلى ماضيه، وأسرته، وأصدقائه منهم حمزة الذي أسلم قبله بأيام معدودة.. هذه العوامل كلها وغيرها تضافرت لتقود عمر بن الخطاب إلى الإسلام، أما روايات تأثره بالقرآن فهي لا تحدد لنا النص الذي سمعه، ولا ممن سمعه، ولا مالذي أثر فيه هل هي جاذبية النص بحد

ذاته أم مغزاه ومعانيه... هذه مجموعة تساؤلات لا تجيب عنها الروايات، بل تسرد لنا أخبارا أقل ما يقال عنها أنها متعارضة فيما بينها حد التناقض، وسأعطي بعض الأمثلة من هذه المتناقضات مركزا بالأخص على النصوص التي قالوا بأنها كانت سبب إسلام عمر بن الخطاب، فهل هي سورة الحديد، أم سورة الحاقة، أم سورة طه، أم قرآنا مجهولا؟ أو ربما أسباب أخرى هي التي دفعت بعمر بن الخطاب إلى اعتناق الإسلام، فلنتابع اختلاف هذه الروايات.

١-١- سورة الحديد

«في مسند البزار وغيره عن عمر أنه دخل على أخته قبل أن يسلم فإذا صحيفة فيها أول سورة الحديد فقرأها وكان سبب إسلامه[١] وهناك رواية أخرى يقول فيها عمر أنه عندما أخذ الصحيفة : «...فَإِذَا فِيهَا بِسْمِ اللَّه الرَّحْمَنِ الرَّحِيم فَلَمَّا قَرَأْتُ الرَّحْمَنِ الرَّحِيم تَذَكَّرْتُ مِنْ أَيْنَ اشْتُقَ، ثُمَّ رَجَعْتُ إِلَى نَفْسِي، فَقَرَأْتُ فِي الصَّحِيفَة سَبَّحَ لِلَّه مَا فِي السَّمَوَات وَالأَرْض وَهُوَ الْعَزِيزُ الْحَكِيمُ، فَكُلَّمَا مَرَرْتُ بِاسْم مِنْ أَسْمَاءِ اللَّه ذَكَرْتُ اللَّه، فَأَلْقَيْتُ الصَّحِيفَةَ مِنْ يَدِي، قَالَ: ثُمَّ أَرْجِعُ إِلَى نَفْسِي، فَأَقْرَأُ فِيهَا سَبَّحَ لِلَّه مَا فِي السَّمَوَات وَالأَرْض وَهُوَ الْعَزِيزُ الْحَكِيمُ حَتَّى بَلَغَ آمِنُوا بِاللَّه وَرَسُوله وَأَنْفقُوا مِمَّا جَعَلَكُمْ مُسْتَخْلَفِينَ فيه، قَالَ: قُلْتُ: أَشْهَدُ أَنْ لاَ إِلَهَ إِلاَّ اللَّه، وَأَشْهَدُ أَنَّ مُحَمَّدًا رَسُولُ اللَّهِ، فَخَرَجَ الْقَوْمُ مُبَادِرِينَ فَكَبَّرُوا اسْتَبْشَارًا بِذَلِكَ»[٢].

١-٢- سوة الحاقة

حدثنا عبد الله حدَّثني أبي ثنا أبو المغيرة ثنا صفوان ثنا شريح بن عبيدة قال: قال عمر بن الخطاب رضي الله عنه خرجت: «أتعرض رسول الله صلى الله عليه وسلّم قبل أن أسلم فوجدته قد سبقني إلى المسجد، فقمت خلفه، فاستفتح سورة الحاقة فجعلت أعجب من تأليف القرآن، قال: فقلت هذا والله شاعر كما قالت قريش: قال فقرأ {إنه لقول رسول كريم وما هو بقول شاعر قليلاً ما تؤمنون} قال: قلت كاهن، قال: {ولا بقول كاهن قليلاً ما تذكرون تنزيل من رب العالمين ولو تقوّل علينا بعض الأقاويل لأخذنا منه باليمين ثم لقطعنا منه الوتين فما منكم

---

١. الإتقان في علوم القرآن ج ١ ص ١٣ (النوع الأول)

٢. مسند البزار ج ١ ص ٤٠٠، وأيضا: أسد الغابة ج ٣ ص ٣٢٠، السيرة الحلبية ج٢ ص ٣

من أحد عنه حاجزين} إلى آخر السورة قال: فوقع الإسلام في قلبي كل موقع».[1]

١-٣- سورة طه

«فأعطته الصحيفة وفيها طه فقرأها فلما قرأ منها صدرا قال ما أحسن هذا الكلام وأكرمه فلما سمع ذلك خباب بن الأرت خرج إليه فقال له والله يا عمر إني لأرجو أن يكون الله قد خصك بدعوة نبيه صلى الله عليه وسلم فإني سمعته أمس وهو يقول اللهم أيد الاسلام بأبي الحكم بن هشام أو بعمر بن الخطاب فالله الله يا عمر فقال عند ذلك فدلني يا خباب على محمد حتى آتيه فاسلم».[2] رواية أخرى:

«أخبرنا أَبُو الحُسَيْنِ بنُ بِشْرَانَ العَدْلُ بِبَغْدَادَ أنا أَبُو جَعْفَر مُحَمَّدُ بنُ عَمْرو بن البَخْتَرِيِّ الرَّزَّازُ نا مُحَمَّدُ بنُ عَبْدِ الله يَعْنِي ابنَ المُنَادي ثنا إِسْحَاقُ بنُ يُوسُفَ يَعْنِي الأَزْرَقَ ثنا القَاسِمُ بنُ عُثْمَانَ البِصْرِيُّ عن أَنَسِ بن مَالك قَالَ: خَرَجَ عُمَرُ مُتَقَلِّداً بسَيْفه، فَذَكَرَ الحَديْثَ وَفيْه قيل له: إنَّ خَتَنَكَ وأُخْتَكَ قَدْ صَبَوْا وَتَرَكا ديْنَك الَّذي أَنْتَ عَلَيْه، فَمَشَى عُمَرُ حَتَّى أَتَاهُمَا وَعِنْدَهُمَا رَجُلٌ منَ المُهَاجريْنَ يُقَالُ لَهُ خَبَّابٌ، وَكَانُوا يَقْرَءُونَ طه فَقَالَ عُمَرُ: أَعْطُوني الكتَابَ الَّذي هُوَ عنْدَكُمْ فَأَقْرَأُ قَالَ: وَكَانَ عُمَرُ يَقْرَأُ الكتَابَ، فَقَالَتْ أُخْتُهُ: إنَّكَ رَجسٌ وإنَّهُ لاَ يَمَسُّهُ إلاَّ المُطَهَّرُونَ، فَقُمْ فَاغْتَسلْ أَوْ تَوَضَّأْ قَالَ: فَقَامَ عُمَرُ فَتَوَضَّأَ ثُمَّ أَخَذَ الكتَابَ فَقَرَأَ طه.وَلهَذَا الحَديْث شَوَاهدُ كَثيْرَةٌ، وَهُوَ قَوْلُ الفُقَهَاء السَّبْعَة منْ أَهْل المَديْنَة.»[3]

١-٤- قرآن غير معروف

«خرجت ليلة أريد جلسائي أولئك في مجلسهم ذلك، قال: فجئتهم فلم أجد فيه منهم أحدا. قال: فقلت: لو أني جئت فلانا الخمَّار، وكان بمكة يبيع الخمر، لعلي أجد عنده خمرا فأشرب منها.

قال: فخرجت فجئته فلم أجده. قال: فقلت: فلو أني جئت الكعبة فطفت بها سبعا أو سبعين. قال: فجئت المسجد أريد أن أطوف بالكعبة، فإذا رسول الله صلى الله عليه وسلم قائم يصلي، وكان إذا صلى استقبل الشام، وجعل الكعبة بينه وبين

---

١. مسند أحمد، ج ١ ص ٣١ (دار إحياء التراث العربي)

٢. البداية والنهاية لابن كثير ج ٣ ص ٨٠، سيرة ابن هشام ـ إسلام عمر بن الخطاب ـ ج٢ ص ١٢٢و ١٢٣

٣. السنن الكبرى للبيهقي (باب نهي المحدث عن مس المصحف)، وجاء أيضا في سنن الدارقطني (باب في نهي المحدث عن مسس القرآن)

الشام، وكان مصلاه بين الركنين: الركن الأسود، والركن اليماني. قال: فقلت حين رأيته، والله لو أني استمعت لمحمد الليلة حتى أسمع ما يقول! قال: فقلت: لئن دنوت منه أستمع منه لأروِّعنه؛ فجئت من قبل الحجر، فدخلت تحت ثيابها، فجعلت أمشي رويدا، ورسول الله صلى الله عليه وسلم قائم يصلي يقرأ القرآن، حتى قمت في قبلته مستقبله، ما بيني وبينه إلا ثياب الكعبة. قال: فلما سمعت القرآن رق له قلبي، فبكيت ودخلني الإسلام»[١].

١-٥- خشي أن يدعو عليه محمد

حدّثنا أبو بكر قال حدثنا يحيى بن يعلى الأسلمي عن عبد الله بن المؤمل عن أبي الزبير عن جابر قال: كان أول إسلام عمر قال: قال ضرب أختي المخاض ليلاً فأخرجت من البيت فدخلت في أستار الكعبة في ليلة قارة، قال: فجاء النبي عليه الصلاة والسلام فدخل الحجر وعليه نعلاه، فصلّى ما شاء الله ثم انصرف، قال: فسمعت شيئًا لم أسمع مثله، فخرجت فاتبعته فقال: «مَنْ هَذَا؟» فقلت: عمر: قال: «يَا عُمَرَ مَا تَتْرُكُنِي نَهَارًا وَلاَ لَيْلاً» قال: فخشيت أن يدعو عليَّ، قال: فقلت: أشهد أن لا إله إلا الله وأنك رسول الله، قال: فقال: «يَا عُمَرَ اسْتُرْهُ» قال: فقلت: فوالذي بعثك بالحق لأعلنه كما أعلنت الشرك.[٢]

أدرجت هذه الروايات هنا على سبيل المثال لا الحصر، لأن هناك صيغا أخرى وردت بها قصة إسلام عمر، ولا مجال لسردها ههنا، وبالتالي يبقى السؤال المطروح: أي نص ياترى كان هو السبب في إسلام عمر بن الخطاب؟ هذا النص الذي كان ينبغي أن تحفظه الأجيال ويتذكره عمر بن الخطاب نفسه، ويحتفل به الصحابة والتابعون، ويكون ذكرى خالدة في ذاكرة الأمة الإسلامية جمعاء لأنه كان سببا «أو معجزة» أتت بأحد أهم عمالقة الدعوة الإسلامية في عصرها الأول، فلماذا ياترى ضاعت الرواية الصحيحة بين هذا الكم من المتناقضات؟ ألا يدعو الأمر للعجب؟ هل كل هذه الروايات صحيحة؟ أم أنها على العكس تثبت لنا أن إسلام عمر بن الخطاب بسبب تأثير نص قرآني هي روايات مختلقة ؟ يحق

١. سيرة ابن هشام، إسلام عمر بن الخطاب، ج٢ ص ١٢٥، أيضا: السيرة الحلبية، البداية والنهاية، وكتاب فضائل الصحابة للنسائي.

٢. مصنف ابن أبي شيبة، كتاب المغازي، إسلام عمر بن الخطاب، وجاء أيضا في كنز العمال، وكذلك في جامع المسانيد والمراسيل.

لنا أن نطالب إذن بالنص الذي أثر على عمر بن الخطاب حتى نفحصه، ونرى أي جاذبية فيه ياترى سحرت عقل عمر بن الخطاب ودلت على أن القرآن فعلا معجزة إلهية لا تضاهيها أعمال البشر، وهو أمر عجزت الكتب الإسلامية عن توفيره، فتضارب أقوال الشهود يفسد القضية، ويزداد الأمر تعقيدا حين نعلم أننا لحد الآن لم نستطع أن نثبت أن هناك شخصا واحدا على الأقل اعتنق الإسلام بسبب تأثير النص القرآني (المعجزة) عليه، وإلا ما الهدف من هذه المعجزة التي لم تكن سببا في إقناع أي شخص بالإسلام؟ نأتي إلى قصة أخرى:

٢- قصة الوليد بن المغيرة

من بين الروايات المستخدمة من قبل المدافعين عن إعجاز القرآن رواية تأثر الوليد بن المغيرة بآيات القرآن، حتى أنه شهد له بالحلاوة والطلاوة وشهد أنه أسمى من الشعر ومن غيره من كلام العرب، وتحدثت الكتب والمجلدات عن هذا الأمر وتناقلته بصيغ مختلفة، حتى كاد يصير من المسلمات التي لا تقبل النقاش ولا الجدال، فحق لنا أن نخوض في بحث هذه الشهادة ونفحصها في ظل المعطيات المتوفرة عنها:

«عن ابن عباس رضي الله عنهما: أن الوليد بن المغيرة جاء إلى النبيّ فقرأ عليه القرآن، فكأنه رق له فبلّغ ذلك أبا جهل فأتاه، فقال: يا عم إن قومك يرون أن يجمعوا لك مالاً، قال: لمَ؟ قال ليعطوكه، فإنك أتيت محمد التعرض لما قبله قال: قد علمت قريش إني من أكثرها مالاً، قال: فقل فيه قولاً يبلغ قومك أنك منكر له أو أنك كاره له، قال: وماذا أقول فوالله ما فيكم رجل أعلم بالأشعار مني، ولا أعلم برجز ولا بقصيدة مني، ولا بأشعار الجن، والله ما يشبه الذي يقول شيئاً من هذا، ووالله إن لقوله الذي يقول حلاوة، وإن عليه لطلاوة، وإنه لمثمر أعلاه مغدق أسفله، وإنه ليعلو وما يعلى، وانه ليحطم فاتحته، قال: لا يرضى عنك قومك حتى تقول فيه، قال: فدعني حتى أفكر، فلما فكر قال: هذا سحر يؤثر بأثره عن غيره، فنزلت: {ذَرْنِي وَمَنْ خَلَقْتُ وَحِيداً}. هذا حديث صحيح الإسناد على شرط البخاري ولم يخرجاه»[1].

إن هذا القول المنسوب للوليد بن المغيرة والذي تداولته أغلب الكتب الإسلامية

١. رواه الحاكم في المستدرك ج ٩ ص ٤٨٦

كشهادة من أحد ألذ خصوم محمد على عظمة القرآن وإعجاز لغته وبيانه، هو من أكثر الأقوال تضاربا وغموضا، وقصته غير موثوقة بالمرة لأسباب كثيرة، فالرواية أولا مروية عن طريق مسلمين وليس عن طريق أعداء الإسلام، وبالتالي لا يستبعد أن تكون قد نسبت زورا إلى الوليد بن المغيرة مادام ليس هناك من يدافع عن الوليد، والغريب أن من يروي هذه الرواية عند ابن إسحاق مثلا هو ابن عباس، الذي لم يسمع حتما من الوليد بن المغيرة، ولم يكن معاصرا للقصة ولا حاضرا أثناء حدوثها (على فرض حدوثها)، فعبد الله بن العباس كان ابن ثلاث عشرة سنة حين توفي محمد على أكثر تقدير[١]، ومعناه أنه ولد قبل الهجرة بثلاث سنين فقط،، والحادثة إذا افترضنا وقوعها فإنها ينبغي أن تكون قد وقعت قبل سورة المدثر لأنها هي التي نزلت بعد مقولته المزعومة بحسب الروايات، وسورة المدثر من أوائل السور المكية وبالتالي فهي وقعت قبل الهجرة بسنوات، مما يعني أن عبد الله بن عباس لم يكن قد ولد بعد، ومن المؤكد أيضا من واقع النصوص أن الوليد بن المغيرة مات قبل الهجرة بسنوات فهو الذي لم يستطع السجود في قصة الغرانيق نظرا لكبر سنه فرفع ترابا وضعه على جبينه[٢]، فليقل لنا المسلمون من كان حاضرا لهذه الواقعة ومن رواها؟ بالإضافة إلى هذا السؤال فإن الرواية غير صحيحة للأسباب التالية:

٢-١- الاختلاف في اسم القائل

يعد الوليد بن المغيرة أشهر من نسب له القول: «إن لقوله الذي يقول حلاوة، وإن عليه لطلاوة، وإنه لمثمر أعلاه مغدق أسفله» حيث ورد في سيرة ابن هشام عن ابن إسحاق أن:

«الوليد بن المغيرة اجتمع إليه نفر من قريش، وكان ذا سن فيهم، وقد حضر الموسم فقال لهم: يا معشر قريش، إنه قد حضر هذا الموسم، وإن وفود العرب ستقدم عليكم فيه، وقد سمعوا بأمر صاحبكم هذا، فأجمعوا فيه رأيا واحدا، ولا تختلفوا فيكذب بعضكم بعضا، ويرد قولكم بعضه بعضا؛ قالوا: فأنت يا أبا عبد شمس، فقلْ وأقمْ لنا رأيا نقول به؛ قال: بل أنتم فقولوا أسمعْ؛ قالوا: نقول كاهن؛

١. انظر الاستيعاب في معرفة الأصحاب، باب من اسمه منهم عبد الله، جزء ٣ ص ٦٦

٢. جاء في تفسير الطبري لسورة الحج آية ٥٢ " فلم يبق في المسجد مؤمن ولا كافر إلا سجد إلا الوليد بن المغيرة، فإنه كان شيخا كبيرا فلم يستطع، فأخذ بيده حفنة من البطحاء فسجد عليها"

قال: لا والله ما هو بكاهن، لقد رأينا الكهان فما هو بزمزمة الكاهن ولا سجعه؛ قالوا: فنقول: مجنون؛ قال: ما هو بمجنون، لقد رأينا الجنون وعرفناه، فما هو بخنقه، ولا تخالجه، ولا وسوسته؛ قالوا: فنقول: شاعر؛ قال: ما هو بشاعر، لقد عرفنا الشعر كله رجزه وهزجه وقريضه ومقبوضه ومبسوطه، فما هو بالشعر؛ قالوا: فنقول: ساحر؛ قال: ما هو بساحر، لقد رأينا السحار وسحرهم، فما هو بنفثهم ولا عقدهم؛ قالوا: فما نقول يا أبا عبد شمس قال: والله إن لقوله لحلاوة، وإن أصله لعذق، وإن فرعه لجناة...إلخ»[١].

فإذا كانت رواية ابن إسحاق تذكر بأن الذي شهد للقرآن وتعجب من سحر آياته هو الوليد بن المغيرة، فإن روايات أخرى تذكر بأن الذي تعجب واندهش وقال تلك المقولة الشهيرة لم يكن هو الوليد بن المغيرة، حيث يذكر القرطبي في تفسيره ما يلي:

«وروي أن قيس بن عاصم المِنْقري قال للنبيّ صلى الله عليه وسلّم: اتل عليّ مما أنزل عليك، فقرأ عليه سورة «الرَّحْمنُ» فقال: أعدها؛ فأعادها ثلاثاً؛ فقال: واللهِ إنّ له لطُلاوة، وإن عليه لحَلاَوة، وأسفله لمُغْدِق، وأعلاه مثمر، وما يقول هذا بشر، وأنا أشهد أن لا إله إلا الله وأنك رسول الله»[٢].

ولنلاحظ أن الآيات المقروءة هنا هي سورة الرحمن وليست آيات أخرى، أما في الإصابة لابن حجر العسقلاني فإن القائل هو خالد بن عقبة حيث قال:

«خالد بن عقبة: قال أبو عمر هو الذي جاء إلى النبي صلى الله عليه وسلّم فقال اقرأ علي القرآن فقرأ «إن الله يأمر بالعدل والإحسان» الآية فقال والله إن له لحلاوة وإن عليه لطلاوة وإن أسفله لمغدق وإن أعلاه لمثمر وما هذا بقول بشر قال أبو عمر لا أدري هو بن أبي معيط أم لا وظني أنه غيره قلت لم يذكر إسناده ولا من خرجه والمشهور في مغازي بن إسحاق نحو هذا للوليد بن المغيرة ومع ذلك فلا دلالة في السياق على إسلام صاحب هذه القصة»[٣].

فمن هو هذا الذي شهد لحلاوة القرآن وطلاوته؟ هل هو الوليد بن المغيرة

---

١. سيرة ابن هشام الجزء الثاني ص ١٢، الوليد بن المغيرة وكيده للرسول.

٢. تفسير القرطبي سورة الرحمن آية ٢٩

٣. الإصابة في تمييز الصحابة، القسم الأول من ذُكِرَ له صحبة، وبيان ذلك، الخاء بعدها الألف، خالد بن عقبة.

أم قيس بن عاصم أم خالد بن عقبة؟ وإن كانت الروايات الثانية قد أخطأت فهل يعقل أن شهادة مثل هذه ـ من ألد خصوم الإسلام ـ على هذه الدرجة من الشهرة حتى أن ابن عباس الطفل سمع بها لما كبر، قد غابت عن الرواة ونسبوها لأشخاص آخرين غير الوليد؟

٢-٢- الاختلاف في الآيات التي قرئت

لم يختلف العلماء والمحدثون في اسم هذا الذي شهد للفصاحة القرآنية فحسب، بل اختلفوا أيضا في الآيات التي أدت إلى تعجب الشخص والتي سلبت لبه حتى يشهد لحلاوتها وطلاوتها:

فالبعض يذكر بأنها الآية ٩٠ من سورة النحل: {إِنَّ اللَّهَ يَأْمُرُ بِالْعَدْلِ وَالإِحْسَانِ وَإِيتَاءِ ذِي الْقُرْبَى وَيَنْهَى عَنِ الْفَحْشَاءِ وَالْمُنكَرِ وَالْبَغْيِ يَعِظُكُمْ لَعَلَّكُمْ تَذَكَّرُونَ}[١]

«قال عكرمة: قرأ النبيّ صلى الله عليه وسلّم على الوليد بن المغيرة «إن الله يأمر بالعدل والإحسان» إلى آخرها، فقال: يابن أخي أعد فأعاد عليه فقال: والله إن له لحلاوة، وإن عليه لَطّلاوة، وإن أصله لمُورِق، وأعلاه لمثمر، وما هو بقول بشر»[٢]

والبعض يقول بأنها سورة الرحمن بكاملها كما جاء في تفسير القرطبي لسورة الرحمن خصوصا الآية ٢٩، بل هناك من قال إنها الآيات الثلاث الأولى من سورة غافر وهذا ما ذكره القرطبي:

«وذلك أنه لما نزل: {حم تَنزِيلُ الْكِتَابِ مِنَ اللَّهِ الْعَزِيزِ الْعَلِيمِ} غافر ١ إلى قوله: {غَافِرِ الذَّنبِ وَقَابِلِ التَّوْبِ شَدِيدِ الْعِقَابِ ذِي الطَّوْلِ لَا إِلَهَ إِلَّا هُوَ إِلَيْهِ الْمَصِيرُ} سمعه الوليد يقرؤها فقال: والله لقد سمعت منه كلاماً ما هو من كلام الإنس ولا من كلام الجنّ، وإن له لحَلاوة، وإن عليه لطُلاوة، وإن أعلاه لمثمر، وإن أسفله لمغدق، وإنه ليعلو ولا يُعْلَى عليه، وما يقول هذا بشر»[٣].

وهناك من قال بأنها الآيات الثلاث عشر الأولى من سورة فصلت:

«أن الوليد مر برسول الله صلى الله عليه وسلّم وهو يقرأ حم السجدة فلما وصل إلى قوله: {فَإِنْ أَعْرَضُوا فَقُلْ أَنذَرْتُكُمْ صَاعِقَةً مِّثْلَ صَاعِقَةِ عَادٍ وَثَمُودَ} فصلت ١٣

١. سورة النحل الآية ٩٠

٢. تفسير القرطبي لسورة النحل الآية ٩٠

٣. تفسير القرطبي، سورة المدثر آية ١٨

أنشده الوليد بالله وبالرحم أن يسكت، وهذا يدل على أنه كان يعلم أنه مقبول الدعاء صادق اللهجة، ولما رجع الوليد قال لهم: والله لقد سمعت من محمد آنفاً كلاماً ما هو من كلام الإنس ولا من كلام الجن، إن له لحلاوة، وإن عليه لطلاوة، وإنه ليعلو وما يعلى عليه»[1].

فهل يحق لنا أن نتساءل أي الآيات إذن أثارت استغراب الوليد أو غيره من الكفار حتى يشهدوا لفصاحة القرآن وبيانه؟ وهل غابت الآيات أيضا عن علماء الإسلام؟ وهي آيات كان ينبغي أن تبقى محفورة في أذهان المسلمين وفي تاريخهم لأنها أبهرت سيد قريش الوليد بن المغيرة.

٢-٣- الاختلاف في قارئ الآيات

ليس هذا فحسب بل إنهم اختلفوا حتى في الشخص الذي قرأ الآيات على «الوليد» أو «غير الوليد» هل هو محمد نفسه؟ أم هو أبو بكر؟ ففي رواية ابن إسحاق نجده محمدا نفسه وفي هذا الخبر نجده أبا بكر:

«وكان من خبره في هذا ما رواه العوفي عن ابن عباس قال دخل الوليد بن المغيرة على أبي بكر بن أبي قحافة فسأله عن القرآن، فلما أخبره خرج على قريش فقال ياعجباً لما يقول ابن أبي كبشة، فو الله ما هو بشعر ولا بسحر ولا بهذي من الجنون، وإن قوله لمن كلام الله»[2].

٢-٤- الاختلاف في المقولة

أما الاختلاف الآخر فهو في المقولة نفسها، حيث قد رويت مقولة التعجب «إن لقوله لحلاوة» بأشكال مختلفة وبمصطلحات متعددة اقتصرت على بعض منها حتى أوضح أن هذا العنصر من الرواية هو الآخر مختلف عليه:

ففي روايةٍ نجده يقول «ووالله إنَّ لقوله لحلاوة، وإنَّ عليه لطلاوة، وإنَّه لمنير أَعلاه مشرق أَسفله، وإنَّه ليعلو وما يُعلى عليه، وإنَّه ليحطم ما تحته»[3] وفي رواية أخرى يقول:

«والله إن لقوله لحلاوة، وإن أصله لعذق، وإن فرعه لجناة»[4] وهناك رواية

١. تفسير الرازي لسورة المدثر آية ٢٢

٢. تفسير ابن كثير لسورة المدثر آية ١١

٣. أسباب النزول للنيسابوري المدثر ١١ (جزء ١ ص ٧٧٣)

٤. سيرة ابن هشام الجزء الثاني ص ١٢، الوليد بن المغيرة وكيده للرسول.

ثالثة أيضا تقول: ووالله إن لقوله الذي يقول حلاوة، وإن عليه لطلاوة، وإنه لمثمر أعلاه مغدق أسفله، وإنه ليعلو وما يعلى، وانه ليحطم فاتحته»[١].

فبعد هذا التضارب كله، لا نعرف من الذي قال، ولا ما ذا قال، ولا تعليقا على ماذا قال القائل، ولا ممن سمع حتى يقول ما قال!! فهل ياترى نستطيع أن نصدق رواية أن الوليد بن المغيرة شهد للقرآن؟

ثم فرضا أن الوليد بن المغيرة شهد للقرآن فعلا، فلماذا لم يؤمن؟ مع العلم أنه رجل تقي كان يحاول إرضاء ربه، فقد كان حين أعادت قريش بناء الكعبة يقول لهم: «لا تدخلوا في بنيانها من كسبكم إلا طيبا، لا يدخل فيها مهر بغي، ولابيع ربا، ولا مظلمة أحد من الناس، قال ابن إسحاق: والناس ينحلون هذا الكلام للوليد بن المغيرة بن عبد الله بن عمرو بن مخزوم»[٢]. وقبل أن يبدؤوا في هدم الكعبة يخبرنا ابن كثير أن : «الناس هابوا هدمها وفرقوا منه، فقال الوليد بن المغيرة، أنا أبدؤكم في هدمها، فأخذ المعول ثم قام عليها وهو يقول: اللهم لم ترع، اللهم إنا لا نريد إلا الخير، ثم هدم من ناحية الركنين فتربص الناس تلك الليلة، وقالوا: ننظر، فإن أصيب لم نهدم منها شيئاً، ورددناها كما كانت، وإن لم يصبه شيء فقد رضي الله ما صنعنا، فأصبح الوليد من ليلته غادياً على عمله، فهدم وهدم الناس معه»[٣]. ويقال عنه أنه أول من شرع حد السرقة في الجاهلية : «وقد قُطِع السارق في الجاهلية، وأوّل من حكم بقطعه في الجاهلية الوليد بن المُغِيرة، فأمر الله بقطعه في الإسلام، فكان أوّل سارق قطعه رسول الله صلى الله عليه وسلّم في الإسلام من الرجال الخِيَار بن عَديّ بن نوفل بن عبد مناف»[٤].

فبالتالي اعتراف كهذا بإعجاز القرآن من الوليد بن المغيرة لا يمكن لأي شيء أن يثني الوليد عنه وهو رئيس قومه وأغناهم مالا ومشرع قوانينهم وله من البنين من يحميه ويدافع عنه فما الذي يمنعه من القبول به كلاما إلهيا؟

هناك أدلة أخرى تدل على أن المغيرة لم يعترف في يوم من الأيام بأهمية القرآن ولا بتفوقه بل كان يحتقره ويستهزئ به وهذا ما ذكره لنا القرآن نفسه

---

١. رواه الحاكم في المستدرك ج ٩ ص ٤٨٦

٢. تفسير ابن كثير البقرة ١٢٥

٣. تفسير ابن كثير البقرة ١٢٥

٤. تفسير القرطبي للمائدة ٣٨

وأكده لنا المفسرون، من أمثلة ذلك، ما ورد مثلا في سورة القلم {وَلا تُطِعْ كُلَّ حَلَّافٍ مَّهِينٍ، هَمَّازٍ مَّشَّاءٍ بِنَمِيمٍ، مَنَّاعٍ لِّلْخَيْرِ مُعْتَدٍ أَثِيمٍ، عُتُلٍّ بَعْدَ ذَلِكَ زَنِيمٍ، أَن كَانَ ذَا مَالٍ وَبَنِينَ، إِذَا تُتْلَى عَلَيْهِ آيَاتُنَا قَالَ أَسَاطِيرُ الأَوَّلِينَ، سَنَسِمُهُ عَلَى الْخُرْطُومِ}[1]. يخبرنا المفسرون أن هذه الآيات قيلت على الأرجح في الوليد بن المغيرة وأنه كان يقول عن القرآن أساطير الأولين، بل إن روايات أخرى عن ابن عباس تؤكد لنا أيضا أن الوليد كان يستهزئ بالقرآن أشد استهزاء «روي عن ابن عباس رضي الله عنهما: أن خمسة من الكفار كانوا يستهزئون بالرسول عليه الصلاة والسلام وبالقرآن. الوليد بن المغيرة المخزومي، والعاص بن وائل السهمي، والأسود بن المطلب، والأسود بن عبد يغوث، والحرث بن حنظلة، فقتل الله كل رجل منهم بطريق آخر، كما قال: {إِنَّا كَفَيْنَاكَ الْمُسْتَهْزِئِينَ}الحجر: ٩٥ فذكر الله تعالى أنهم كلما تلي عليهم آيات: {قَالَ الَّذِينَ لا يَرْجُونَ لِقَاءَنَا ائْتِ بِقُرْآنٍ غَيْرِ هَذَا أَوْ بَدِّلْهُ}»[2]. فكيف يعترف الوليد بحلاوة القرآن وطلاوته ثم في نفس الوقت يستهزئ به ويقول عنه أنه أساطير الأولين، ويقول لمحمد إئت بقرآن غير هذا أو بدله؟ بل إنه كان يحتقر محمداً وكان متيقنا دون شك أو ريب أنه ليس نبيا من الله، فقد قال مقارنا نفسه بمحمد: «والله لو كانت النبوة حقاً لكنت أنا أحق بها من محمد، فإني أكثر منه مالاً وولداً»[3] ويؤكد لنا ابن عباس هذه الحكاية قائلا: «قوله: لَوْلا نُزِّلَ هَذَا الْقُرْآنُ عَلَى رَجُلٍ مِنَ الْقَرْيَتَيْنِ عَظِيم قال: يعني بالعظيم: الوليد بن المغيرة القرشيّ، أو حبيب بن عمرو بن عُمير الثقفي، وبالقريتين: مكة والطائف.»[4] ومعروف أن الوليد بن المغيرة كان من أشد المعارضين لمحمد حتى أنه نسب إليه القول لقريش: «اتبعوني واكفروا بمحمد وعليّ أوزاركم»[5] وهذا ما يفسر تخصيص القرآن للوليد آيات كثيرة كلها تهديد ووعيد له أذكر من بينها الآيات التي وردت في سورة المدثر: {ذَرْنِي وَمَنْ خَلَقْتُ وَحِيدًا، وَجَعَلْتُ لَهُ مَالا مَّمْدُودًا، وَبَنِينَ شُهُودًا، وَمَهَّدتُّ لَهُ تَمْهِيدًا، ثُمَّ يَطْمَعُ أَنْ أَزِيدَ، كَلاَّ إِنَّهُ كَانَ لِآيَاتِنَا عَنِيدًا،

---

١. سورة القلم ١٠ - ١٦
٢. تفسير الرازي يونس ١٥
٣. تفسير الرازي للأنعام ١٢٤
٤. تفسير الطبري، الزخرف ٣١
٥. تفسير القرطبي الإسراء ١٥

سَأُرْهِقُهُ صَعُودًا، إِنَّهُ فَكَّرَ وَقَدَّرَ، فَقُتِلَ كَيْفَ قَدَّرَ، ثُمَّ قُتِلَ كَيْفَ قَدَّرَ، ثُمَّ نَظَرَ، ثُمَّ عَبَسَ وَبَسَرَ، ثُمَّ أَدْبَرَ وَاسْتَكْبَرَ، فَقَالَ إِنْ هَذَا إِلاَّ سِحْرٌ يُؤْثَرُ، إِنْ هَذَا إِلاَّ قَوْلُ الْبَشَرِ، سَأُصْلِيهِ سَقَرَ، وَمَا أَدْرَاكَ مَا سَقَرُ، لا تُبْقِي وَلا تَذَرُ، لَوَّاحَةٌ لِّلْبَشَرِ، عَلَيْهَا تِسْعَةَ عَشَرَ}[1]. فهل يعقل أن شخصا يكن كل هذا العداء لمحمد، ومن أكبر المستهزئين به، أن يعترف في يوم من الأيام بعظمة القرآن وبيانه وفصاحته وفي نفس الوقت يقول عنه أساطير الأولين؟ ألم يجد علماء الإسلام إلا كلاما ينسبونه زورا للوليد بن المغيرة كي يستدلوا على عظمة القرآن؟ كنا ننتظر من كتاب تحدى الشعراء والأدباء والفصحاء والبلغاء من العرب أن نجد من الشهادات ما يجعلنا نعجز عن إحصائها، وما يغنينا عن التنقيب والنبش بين الكتب في روايات متخبطة وأقوال متضاربة وعبارات متداخلة، يخرج المرء منها لا يلوي على شيء اللهم تأكيدا تاما بأنها ملفقة تلفيقا لمن شهد لهم القرآن نفسه بالسخرية منه.

كلمة أخيرة عن هذا الموضوع، فرضا أن الوليد بن المغيرة كان هو من شهد للقرآن وأنه فعلا قال: «إن له لحلاوة وإن عليه لطلاوة ..إلخ» هل شهادة شخص واحد تعني أنه فعلا معجز؟ هل لو شهد شخص واحد لكتاب ما في التاريخ وأعجبه وأدهشه محتواه هل هذا يكفي للقول أنه كتاب أعجز فطاحلة اللغة؟ هل كان الوليد شاعرا مقتدرا أم أديبا مشهورا، أم خطيبا فصيحا؟ لم يترك لنا الوليد معلقة حتى نقول عنه ذلك، ولم ينقل لنا التاريخ أنه كان كذلك، اللهم تلك الروايات اليتيمة التي قالها ابن عباس ناسبا إياها للوليد حيث يقول لقبيلته «فوالله ما فيكم رجل أعلم بالشعر مني ولا بزجره ولا بقصيده ولا بأشعار الجن»[2] وقد أثبتنا من قبل أن ابن عباس لم يسمع من الوليد ولم يكن حاضرا، وإن كان قد سمع من شخص آخر فإنه لم يذكر لنا هذا الشخص إنما افترى على الوليد مباشرة! وبالتالي فإن شهادة الوليد بن المغيرة للقرآن التي تغنى بها العلماء وكرروها على مسامعنا تبخرت تحت الفحص، وثبت بالدليل القطعي أنها غير مبنية على أسس سليمة او منطقية.

لكن حتى لو كان القرآن يؤثر في المؤمنين به فإن هناك نصوصا كثيرة في

١. سورة المدثر الآيات ١١ إلى ٣٠

٢. رواه الحاكم في المستدرك، أيضا في الإتقان في علوم القرآن ج ٢ ص ١١٦ وأيضا في لباب النقول في أسباب النزول (سورة المدثر)

تاريخ الإنسانية أثرت في الناس وأبكتهم ونسوق بعض الأمثلة للتأكيد على ما نقول:

كلام أبكى الناس

نماذج من كلام أبكى الناس وتأثر به السامعون:

من حياة محمد نفسه

عن ابن عباس قال: «جاء أعرابي إلى رسول الله فجعل يتكلم بكلام بيّن، فقال رسول الله صلى الله عليه وسلّم: إن من البيان سحراً وإن من الشعر حكماً».[١] وعن ابن عمر قال: «جاء رجلان من أهل المشرق إلى النبي صلى الله عليه وسلّم، فخطبا، فعَجب الناسُ من بيانهما، فقال رسول الله صلى الله عليه وسلّم: «إِنَّ مِنَ الْبَيَانِ سِحْراً، أَوْ إِنَّ بَعْضَ الْبَيَانِ سِحْرٌ».[٢] هذا الحديث رواه الترمذي وقال عنه أنه حديث حسن صحيح[٣] وله روايات أخرى كلها تتفق أن محمدا قد شهد بأن البيان (حتى من غير القرآن) هو سحر، وهنا توجد ملاحظات كثيرة أحب أن أنبه القارئ إليها: مادام الناس قد تعجبوا من قول هذا الأعرابي وخطبته، وشهد محمد نفسه بأنها بيان يسحر العقول، هل هذا يجعل من كلام الأعرابي وخطبته (أو الأعرابيان وخطبتهما) وحيا إلهيا مادام فيهما من البيان ما يشبه السحر؟ ألم يقل القرآن أن العرب قالوا عنه هو نفسه أنه سحرمبين؟ حيث تقول الآية {وَقَالَ الَّذِينَ كَفَرُوا لِلْحَقِّ لَمَّا جَاءَهُمْ إِنْ هَذَا إِلاَّ سِحْرٌ مُّبِينٌ}[٤] وقال عنه آخرون: {إِنْ هَذَا إِلاَّ سِحْرٌ يُؤْثَرُ}[٥] إذن هو نفس الكلام الذي قاله محمد عن كلام الأعرابي العجيب، وهو أمر يثبت لنا أن الكلام العربي البشري يمكن أن يشبه السحر في بلاغته وبيانه ولكن هذا لا يجعل منه كلام الله وليس هو المقياس الذي يمكن أن نحتكم إليه، والدليل أن مفسري الأحاديث قالوا كلاما خطيرا عن مقولة محمد هذه «إن من البيان سحرا» حيث قال المنذري: «وقد اختلف العلماء في قوله صلى الله عليه وسلّم إن من البيان لسحراً فقيل أورده مورد الذم لتشبيهه بعمل السحرلغلبة القلوب وتزيينه القبيح وتقبيحه الحسن وإليه أشار الإمام مالك

١. مسند الإمام أحمد، مسند عبد الله بن العباس
٢. مسند الإمام أحمد، مسند عبد الله بن عمر
٣. سنن الترمذي، كتاب البر والصلة، بابُ ما جاءَ في إِنَّ مِنَ الْبَيانِ سِحْراً
٤. سورة سبأ آية ٤٣
٥. سورة المدثر آية ٢٤

رضي الله عنه فإنه ذكر هذا الحديث في الموطأ في باب ما يكره من الكلام قيل إن معناه أن صاحبه يكسب من الإثم ما يكسبه الساحر بعلمه»[١] وقال آخر: «يعني أن بعض البيان يعمل عمل السحر. ومعنى السحر إظهار الباطل في صورة الحق»[٢] إذن حتى علماء الإسلام يتفقون على أن من البيان ما يمكن أن يجعل القبيح يظهر في صفة الحسن ويجعل الباطل يظهر في صفة الحق، وياله من اعتراف حق وكلام خطير! ألا يمكن القول إذن أن البيان ليس هو الحكم في الفصل بين الكلام الإلهي والكلام البشري؟ فالبيان يمكن أن يخدع الناس ويظهر لهم الباطل حقا وبالتالي لا يمكن بشكل من الأشكال التركيز عليه والاستدلال به وإلا فإن كلام الكثير من الشعراء والأدباء صح أن يطلق عليه كلام الله هو الآخر.

من الكتاب المقدس

«وَقَرَأُوا فِي السِّفْرِ، فِي شَرِيعَةِ اللهِ، بِبَيَانٍ، وَفَسَّرُوا الْمَعْنَى، وَأَفْهَمُوهُمُ الْقِرَاءَةَ وَنَحَمْيَا أَيِ التِّرْشَاثَا، وَعَزْرَا الْكَاهِنُ الْكَاتِبُ، وَاللاَّوِيُّونَ الْمُفْهِمُونَ الشَّعْبَ قَالُوا لِجَمِيعِ الشَّعْبِ: «هذَا الْيَوْمُ مُقَدَّسٌ لِلرَّبِّ إِلهِكُمْ، لاَ تَنُوحُوا وَلاَ تَبْكُوا». لأَنَّ جَمِيعَ الشَّعْبِ بَكَوْا حِينَ سَمِعُوا كَلاَمَ الشَّرِيعَةِ.»[٣] إذن من هذا السياق نستنتج أن كلام الشريعة عندما قرئ على شعب الله بكوا جميعا متأثرين به وذلك لما لهذا الكلام من قدسية في نفوسهم .

من الشعر

ومن الشعر نجد قصة قيس بن الملوح بن مزاحم الذي ما أن سمع بيتي ليلى بنت مهدي بنت سعد حين أنشدته:

كلانا مظهرٌ للنــاسِ بغضــا ... وكــلٌّ عنــد صاحبه مكـــينُ
تُبلغُنا العيــونُ بمــا أردنــا ... وفي القلبــين ثمَّ هــوًى دفــين

فلما سمع البيتين شهق شهقةً وأُغمي عليه، ومكث على ذلك ساعةً، ونضحوا الماءَ على وجهه، ثم أفاق وقد تمكَّنَ حبٌّ كلّ منهما في قلب صاحبه، وانفصلا وقد أصاب المجنونَ لوثةٌ، ولم يزلْ في جَنَباتِ الحَي منفرداً عارياً لا يلبسُ ثوباً إلاّ خرَّقه، يهذي ويخطّطُ في الأرض ويلعبُ بالتراب والحجارة، لا يجيب أحداً

١. عون المعبود في شرح سنن أبي داود، لابن أبي أصيبة ج ١٣ ص ٣٥١
٢. عون المعبود في شرح سنن أبي داود، لابن أبي أصيبة ج ١٣ ص ٣٥١
٣. الكتاب المقدس، سفر نحميا أصحاح ٨ آية ٩

يسأله، فإذا أحبوا أن يتكلّم أو يثوبَ عقله إليه ذكروا له ليلى، فيقول: بأبي هي وأمي، ثم يرجعُ إليه عقلُهُ وينشدهم.[١] فهل يمكننا إذن اعتبار هذين البيتين الذين أنشدتهما ليلى وحيا إلهيا لأنه كان لهما تأثير على قيس لدرجة أنه أغمي عليه في الحال؟

و نجد في كتب التراث أن عمر بن الخطاب قد بكى عندما سمع أبياتا لامرأة كانت تنشد فيهما عن نصر بن حجاج:

قُلْ لِلإِمَامِ الَّذِي تُخْشَى بَـوَادِرُهُ ... مَالي وَلِلْخَمْرِ أَوْ نَصْرِ بْنِ حَجَّاجِ
لا تَجْعَلِ الظَّنَّ حَقـًّا أَنْ تُبَيِّنَـهُ ... إِنَّ السَّبِيلَ سَبِيلُ الْخَـائِفِ الرَّاجِي
إِنَّ الْهَوَى زُمَّ بِالتَّقْـوَى فَحَبَّسَـهُ ... حَتَّى يُقَرَّ بِإِلْجَـامٍ وَإِسْـرَاجِ[٢]

فهل بكاء عمر تأثرا بهذه الأبيات يجعل منها هي الأخرى وحيًا إلهيا؟

من الخطابة

وسنأخذ مثالا من فن الخطابة ما جاء في تفسير أبي السعود: «يروى أنه كان عالم من العلماء مؤثِّرُ الكلام قويُّ التصرف في القلوب، وكان كثيراً ما يموتُ من أهل مجلسه واحدٌ أو اثنان من شدة تأثير وعظِه، وكان في بلده عجوزٌ لها ابنٌ صالحٌ رقيقُ القلب سريعُ الانفعال وكانت تحترز عليه وتمنعُه من حضور مجلس الواعظِ فحضَره يوماً على حين غفلة منها فوقع من أمر الله تعالى ما وقع ثم إن العجوز لقِيت الواعظَ يوماً في الطريق فقالت:

لِتهـدي الأنـام ولا تهتـدي ... ألا إنّ ذلـك لا ينفـعُ
فيا حَجَرَ الشَّحـذ حتى متـى ... تسُنُّ الحـديدَ ولا تقطـع؟

فلما سمعه الواعظ شهَق شهقةً فخرَّ عن فرسه مغشياً عليه فحمَلوه إلى بيته فتُوفّي إلى رحمة الله سبحانه.»[٣]

غرضي من إدراج هذه النماذج هو أن نظهر أن هناك من الفن ومن الخطابة ومن الشعر ما يؤثر في نفوس الناس تأثيرا بليغا وهذا شيء معروف عند كل الأقوام والشعوب، فكم من واعظ ألهب قلوب سامعيه وكم من شاعر أبكى الناس وكم خطيب حرك القلوب، لكن هل هذا يعد دليلا على أن أقوالهم وحي من الله؟

---

١. ذكر القصة صاحب الأغاني، أخبار مجنون بني عامر ونسبه
٢. تاريخ دمشق ج ٦٥ ص ١٥
٣. تفسير أبي السعود، ج ١ ص ٩٤

من الطرب

جاء في لسان الميزان لابن حجر العسقلاني: «عُثْمَانُ بْنُ عِيسَى بْنِ مَنْصُورِ بْنِ مُحَمَّد البُلَيْطِيّ أحد تلامذة البُلَيْطِيّ، كانت وفاته في آخر سني الغلاء.. وكان ماهراً في العلوم الأدبية، وهو صاحب القصيدة الميمية التي تقرأ بالحركات والسّكون.. فما سئل عن شيء من العلوم إلا وأحسن القيام به، وكان مع ذلك خليعاً، ماجناً، مُنْهَمِكاً على اللذات، مدمناً على الشرب والقصف. قال: وسمع بعض المُطْربين يغني صَوْتاً، فاستفزه الطَّرب، وبكى فبالغ، ثم نظر إلى المُغَنّي فوجده يَبْكي، فقال له: «أنا بكيت من شدّة الطرب، فلم بكيت أنت؟ قال: كان لي ولد يبكي إذا سمع هذا الصوت، فلما رأيتك تبكي تذكرته فَبَكَيْتُ، فقال: أنت ابن أخي، وأخرجه إلى العدول، وأشهدهم أنه ابن أخيه وأنه لا وارث له سواه، فاستمر يقال له ابن أخي البليطي»[١].

من الكتب

أما أكثر الكتب تأثيرا في التاريخ الحديث مثلا فهي: تفسير الأحلام لفرويد، وأصل الأجناس لداروين، النسبية لإنشتاين، رأس المال لكارل ماركس، الأمير لمكيافيلي، كفاحي لأدولف هتلر، وغيرها كثير.. وقد كتب روبرت داونز كتابا عنوانه «كتب غيرت العالم» ويسرد فيه قائمة من هذه الكتب ليس القرآن واحدا منها، وقد قال الكاتب متحدثا عن صعوبة عملية اختيار هذه الكتب: «من الصعب جدا الإجماع على كتاب بعينه، والاختيار أمر شخصي إلى درجة كبيرة وموضوعي جدا، والاتفاق التام على معظم الكتب المختارة غير محتمل»[٢]

وقد قام الكاتب الإنجليزي هوراس شيب بمحاولة لاختيار أعظم الكتب تأثيرا ليستعملها في كتابه «كتب حركت العالم» الصادر سنة ١٩٤٥ فأعطانا عشرة كتب بالترتيب الآتي: الكتاب المقدس، الجمهورية لأفلاطون، مدينة الله للقديس أوغسطينس، ثم القرآن، وبعده الكوميديا الإلهية لدانتي، ومسرحيات شكسبير، وتقدم الحجج لبانيان، وعضوية محكمة جنايات أثينا لميلتون، ثم أصل الأجناس لداروين، وأخيرا رأس المال لماركس.

فالتأثيرإذن مسألة ذوقية ونسبية فهي تختلف من شخص لآخر، وترتبط

١. لسان الميزان، جزء ٤ ص ١٧٣
٢. كتب غيرت العالم، روبرت داونز، ترجمة أمين سلامة، ص ١٥

بنفسية الشخص ومدى استعداده للتأثر، فهناك أناس يتأثرون بالفن، ويبكون لأغنية، وهناك من يسقط مغشيا عليه عند سماع أغنية تثير شجونه (رأيت هذا في المغرب مرارا وتكرارا في بعض الأغاني الشعبية) وبالتالي لا يمكن أبدا أن نتخذ هذا المؤشر دليلا على الإعجاز، فإن كان كلام البشر يُبكي الناس ويدخلهم في غيبوبة ويغير أفكارهم فإن الإعجاز ينبغي أن يتفوق على هذا كله لا أن يوازيه، هذا إذا سلمنا بأن القرآن يؤثر على الناس، وهل كل الآيات لها نفس التأثير وكلها تبكي الناس، وكلها تدخل لأعماق النفس؟ وهل الآيات القرآنية التي لا تبكي ولا تؤثر في النفس سننفي عنها الإعجاز إذن؟ وبالتالي فهي ليست من كلام الله؟ أسئلة كثيرة تجعل هذا الوجه من الإعجاز المفترض غير مقبول على الإطلاق ويعتبر مجرد محاولة من علماء القرآن أن يضيفوا أكبر عدد ممكن من أوجه الإعجاز لعلهم بهذه الكثرة يقنعون الناس بأن القرآن كلام الله.

١٣
الإعجاز في الحفظ

"اختلفوا في أنه تعالى كيف يحفظ القرآن قال بعضهم: حفظه بأن جعله معجزاً مبايناً لكلام البشر فعجز الخلق عن الزيادة فيه والنقصان عنه لأنهم لو زادوا فيه أو نقصوا عنه لتغير نظم القرآن فيظهر لكل العقلاء أن هذا ليس من القرآن"

فخر الدين الرازي

الإعجاز في حفظه

يعتقد المسلمون أن الله عهد إلى البشر بحفظ الكتب السابقة للقرآن من توراة وزبور وإنجيل ولذلك لحقها التحريف والتبديل والتغيير، لذلك تعهد الله بحفظ كتابه الأخير للبشرية بنفسه ولم يوكل حفظه إلى أي بشر كان، فقد قال: {إِنَّا نَحْنُ نَزَّلْنَا الذِّكْرَ وَإِنَّا لَهُ لَحَافِظُونَ}[1] والذكر هنا في عرفهم هو القرآن، وبالتالي مادام الله قد تعهد بحفظ هذا الذكر من كل تحريف أو تبديل فقد حافظ على عهده وسيظل محافظا على هذا العهد إلى يوم القيامة، ويقولون بأن القرآن لم يتغير فيه ولا حرف واحد، وهذا إعجاز في حذ ذاته، هو وجه من وجوه إعجاز القرآن، لأن كلام القرآن تنبأ عن هذا الحفظ أولا، فمن أين لمحمد أن يعرف المستقبل وما سيأتي به؟ وثانيا لأن القرآن هو الكتاب السماوي الوحيد الذي تم حفظه وهذا يظهر لا محالة أن الإسلام هو آخر الأديان، وإلا لماذا هو الوحيد الذي تميز بهذه الخاصية؟ ويقول

١. سورة الحجر آية ٩

الرازي مفسرا الآية التي سقناها من قبل: «فاختلفوا في أنه تعالى كيف يحفظ القرآن قال بعضهم: حفظه بأن جعله معجزاً مبايناً لكلام البشر فعجز الخلق عن الزيادة فيه والنقصان عنه لأنهم لو زادوا فيه أو نقصوا عنه لتغير نظم القرآن فيظهر لكل العقلاء أن هذا ليس من القرآن فصار كونه معجزاً كإحاطة السور بالمدينة لأنه يحصنها ويحفظها، وقال آخرون: إنه تعالى صانه وحفظه من أن يقدر أحد من الخلق على معارضته، وقال آخرون: أعجز الخلق عن إبطاله وإفساده بأن قيض جماعة يحفظونه ويدرسونه ويشهرونه فيما بين الخلق إلى آخر بقاء التكليف، وقال آخرون: المراد بالحفظ هو أن أحداً لو حاول تغييره بحرف أو نقطة لقال له أهل الدنيا: هذا كذب وتغيير لكلام الله تعالى حتى أن الشيخ المهيب لو اتفق له لحن أو هفوة في حرف من كتاب الله تعالى لقال له كل الصبيان: أخطأت أيها الشيخ وصوابه كذا وكذا، فهذا هو المراد من قوله: {وَإِنَّا لَهُ لَحَافِظُونَ}[1] طبعا سندرس في النقط التالية هل فعلا تم حفظ القرآن؟ وهل حفظه الناس في قلوبهم دون نسيان؟ وما هي الأدلة على أنه لم يتغير؟ لكن قبل أن نخوض في ذلك هناك العديد من الأسئلة التي تحتاج إلى إجابة.

أسئلة منطقية

عبر التاريخ وجدت كتب كثيرة، اختفى بعضها وتم تدميره، ولكن البعض الآخر وصلنا كاملا دون أن يضيع منه شيء، فوصلتنا الحضارة اليونانية بفلسفتها وطبها، ووصلتنا الثقافة العربية بأشعارها وقصصها، ووصلنا الشيء الكثير عن الأساطير اليهودية من كتب التلموذ وغيرها، وكلها قد حفظت عبر الزمن ولم تتغير أو تتبدل وقد وجدت مخطوطات كثيرة في العالم تثبت أصالتها وبقائها على حالها، فهل كل كتاب ظل محفوظا يعتبر معجزة؟ وهل كل كتاب تم حفظه لقرون طويلة يعتبر وحيا من الله؟ هل هذا هو المقياس الذي نميز به الوحي من غيره؟ بل حتى الإنجيل الذي يقول عنه المسلمون أنه تحرف: قد ثبت أن النسخ التي بين أيدينا كلها تعود إلى زمن ما قبل محمد، فحتى لو اعتبرناها مجرد كتابات بشرية (على سبيل الفرض) فإنها ظلت محفوظة على الأقل من وقت محمد إلى يومنا هذا، فهل هذا يجعل منها إذن كلاما إلهيا مادامت قد حفظت مدة تتجاوز

---

١. تفسير الرازي لسورة الحجر آية ٩.

مدة القرآن؟ ثم لو كان الله هو الذي تولى حفظ القرآن لماذا خاف المسلمون على ضياعه بعد موت القراء في معركة اليمامة؟ ألم يقل عمر بن الخطاب لأبي بكر: «إِنَ القتلَ قَدِ استحرَّ يوم اليمامةِ بالناس، وإني أخشى أن يَستحرَّ القتلُ بالقُراءِ في المَواطِنِ فيذهب كثيرٌ منَ القرآنِ إلاّ أن تجمَعوهُ، وإني لأرَى أن تجمعَ القُرآنَ»؟[١] أليس خوفهم دليلا أكبر على أنهم كانوا متأكدين من أن ضياع القرآن احتمال قائم رغم معرفتهم بآية {إنا نحن نزلنا الذكر}؟

كل هذه الأسئلة تحتاج إجابات منطقية، وتجعل الباحث يرفض أن تكون قضية حفظ القرآن معجزة أو إعجازا يجعل القرآن كلاما إلهيا، والأكثر من ذلك أن الأدلة التي تدل على أن القرآن قد تعرض للتغيير والتبديل وتبطل مقولة حفظ القرآن هي كثيرة :

أدلة تبطل الإعجاز في حفظ القرآن

بعض الأدلة التي تبطل مقولة الإعجاز في حفظ القرآن:

مصاحف مختلفة

قبل أن أطرح هنا بعض الأسئلة لمعرفة إذا ما كان القرآن الذي بين أيدينا اليوم هو نفس القرآن الذي كان بالأمس في عهد محمد، فإني أسوق في الأول رواية جمع القرآن كما جاءت في كتاب المصاحف: «عن الزهري قال: أخبرني أنس بن مالك الأنصاري، أن حذيفة بن اليمان قدم على عثمان بن عفان في ولايته، وكان يغزو مع أهل العراق قبل أرمينية وأذربيجان في غزوهم ذلك الفرج ممن اجتمع من أهل العراق، وأهل الشام ويتنازعون في القرآن، حتى سمع حذيفة من اختلافهم فيه ما ذعره، فركب حذيفة حتى قدم على عثمان، فقال: يا أمير المؤمنين، «أدرك هذه الأمة قبل أن يختلفوا في القرآن اختلاف اليهود والنصارى في الكتب، ففزع لذلك عثمان، وأرسل إلى حفصة بنت عمر، أن أرسلي إلي بالصحف التي جمع فيها القرآن، فأرسلت بها إليه حفصة، فأمر عثمان زيد بن ثابت، وسعيد بن العاص، وعبد الله بن الزبير، وعبد الرحمن بن هشام أن ينسخوها في المصاحف، وقال لهم: إذا اختلفتم أنتم وزيد بن ثابت في عربية من عربية القرآن، فاكتبوها بلسان قريش فإن القرآن أنزل بلسانهم، ففعلوا ذلك حتى كتبت في المصاحف، ثم

١. صحيح البخاري، كتاب التفسير، باب {لَقَدْ جَآءَكُمْ رَسُولٌ مِّنْ أَنفُسِكُمْ عَزِيزٌ عَلَيْهِ مَا عَنِتُّمْ حَرِيصٌ عَلَيْكُم بِالْمُؤْمِنِينَ رَءُوفٌ رَّحِيمٌ} (التوبة: ١٢٨) من الرأفة

رد عثمان الصحف إلى حفصة، وأرسل إلى كل جند من أجناد المسلمين بمصحف وأمرهم أن يحرقوا كل مصحف يخالف المصحف الذي أرسل به، فذاك زمان حرقت المصاحف بالعراق بالنار» .[١] «فبعد كتابة المصحف على يد زيد إذن أمر عثمان بحرق باقي المصاحف التي تخالف المصحف الذي كتبه، وبغض النظر عن هذه الاختلافات أهي اختلافات لغوية أم اختلافات أخرى فإن المهم في هذه الرواية هو كون المصحف العثماني مختلف عن مصاحف أخرى، فكيف يستطيع الناس القول أن القرآن هو هو كما كان بالأمس دون أن يتغير منه حرف واحد؟ لماذا يردد الشيوخ هذه الأقوال على مسامع البسطاء من المسلمين وهم يعلمون علم اليقين أن المصاحف ماكانت ستحرق لو لم يكن هناك أي حرف قد تغير؟ هل يعقل أن يتم حرق كل المصاحف الأخرى إن كان ما فيها هو نفس ما يوجد في مصحف عثمان دون أن يتغير منه حرف واحد أو كلمة واحدة؟ بل أكثر من هذا فإننا نعلم كل العلم أن عبد الله بن مسعود وهو من بين الأوائل في حفظ القرآن قد اعترض على هذا الجمع واحتفظ بمصحفه ولم يشأ أن يتخلى عنه وأمر الناس أن يحتفظوا بمصاحفهم أيضا ويخفوها حتى لا يطالها الحرق والإتلاف، وهذا هو نص الرواية: عن عبد الله قال: «لما أمر بالمصاحف ساء ذلك عبد الله بن مسعود قال: من استطاع منكم أن يغل مصحفا فليغلل، فإنه من غل شيئا جاء بما غل يوم القيامة، ثم قال عبد الله: لقد قرأت القرآن من في رسول الله صلى الله عليه وسلم سبعين سورة وزيد صبي، أفأترك ما أخذت من رسول الله صلى الله عليه وسلم»[٢]. لماذا اعترض عبد الله بن مسعود على إعادة كتابة القرآن على يد زيد إن كان زيد لم يغير في القرآن ولو حرفا واحدا؟ لماذا أمر الناس بالاحتفاظ بمصاحفهم القديمة لو كان يعلم أن المصاحف الجديدة تحوي نفس الشيء؟ ابن مسعود هو واحد من كتبة الوحي وهو ممن قال فيهم محمد : «خُذوا القرآنَ من أربعة، من عبدِ الله بن مسعود ـ فبدَأ به ـ وسالم مَولى أبي حُذيفةَ، ومُعاذِ بن جبَلٍ، وأبيِّ بن كعبٍ»[٣]، فلو كان يعلم أن القرآن الجديد المكتوب على يد زيد هو نفس المصحف الذي بين يديه لكان هو أول من أيده وأكد ما فيه، لكن مادام قد اعترض

---

١. المصاحف لابن أبي داود، جمع عثمان رحمة الله عليه.
٢. كتاب المصاحف، لابن أبي داود، كَرَاهِيَةُ عَبْدِ اللَّهِ بْنِ مَسْعُودٍ ذَلِكَ
٣. صحيح البخاري، كتاب مناقب الأنصار، باب مناقب أُبَيِّ بن كعبٍ رضيَ اللّهُ عنه

فعلى المسلمين أن يثبتوا لنا ان هذا الاعتراض لا يمت بأي صلة للتغيير الذي طال القرآن. وهذا الاستنتاج يوجد في التاريخ ما يؤكده خصوصا حادثة مقتل عثمان بن عفان، حيث نجد من بين الأسباب التي ساهمت في قتله هو اعتقاد المسلمين أنه غير في القرآن، حيث نقرأ في البداية والنهاية لابن كثير: «وروى الحافظ ابن عساكر أن عثمان لما عزم على أهل الدار في الأنصراف ولم يبق عنده سوى أهله تسوروا عليه الدار وأحرقوا الباب ودخلوا عليه وليس فيهم أحد من الصحابة ولا ابنائهم إلا محمد بن أبي بكر وسبقه بعضهم فضربوه حتى غشى عليه وصاح النسوة فانزعروا وخرجوا ودخل محمد بن أبي بكر وهو يظن أنه قد قتل فلما رآه قد أفاق قال على أي دين أنت يا نعثل قال على دين الإسلام ولست بنعثل ولكني أمير المؤمنين فقال غيرت كتاب الله فقال كتاب الله بيني وبينكم»[1]. ألا نجد هنا أن محمدا بن أبي بكر قد اتهم عثمان بالتغيير في القرآن؟ فلماذا هذا الاتهام لو كان مصحف عثمان لم يتغير فيه حرف واحد مما كان في المصاحف التي قبله؟

البسملة

كل سورة في القرآن تبدأ ببسم الله الرحمن الرحيم ما عدا سورة التوبة، وكل مسلم يقرؤها في صلاته يوميا، فهل هذه البسملة هي جزء من القرآن؟

سئل ابن تيمية عن البسملة هل هي من القرآن أم لا، فأجاب كالآتي:

«اتفق المسلمون على أنها من القرآن في قوله: {إِنَّهُ مِن سُلَيْمَانَ وَإِنَّهُ بِسْمِ اللَّهِ الرَّحْمَنِ الرَّحِيمِ} النمل: ٣٠ وتنازعوا فيها في أوائل السور حيث كتبت على ثلاثة أقوال:

أحدها: أنها ليست من القرآن، وإنما كتبت تبركاً بها، وهذا مذهب مالك، وطائفة من الحنفية، ويحكى هذا رواية عن أحمد ولا يصح عنه، وإن كان قولاً في مذهبه.

والثاني: أنها من كل سورة، إما آية، وإما بعض آية، وهذا مذهب الشافعي - رضي الله عنه.

والثالث: أنها من القرآن حيث كتبت آية من كتاب الله من أول كل سورة، وليست من السورة. وهذا مذهب ابن المبارك، وأحمد بن حنبل - رضي الله عنه - وغيرهما»[2].

---

١. كتاب البداية والنهاية، ج ٧ آية ١٨٤

٢. فتاوى ابن تيمية (عن دار النشر: دار عالم الكتب)، ج ٢٢ ص ٤٣٨

وجاء في صحيح مسلم أن محمدا والصحابة لم يقرأوا البسملة في الصلاة:

عَنْ أَنَس، قَالَ: صَلَّيْتُ مَعَ رَسُولِ اللَّه، وَأَبِي بَكْر، وَعُمَرَ، وَعُثْمَانَ، لَمْ أَسْمَعْ أَحَداً مِنْهُمْ يَقْرَأُ بِسْمِ اللّهِ الرَّحْمنِ الرَّحِيمِ.[١] وهذا الحديث يعد حجة لأولئك الذين يقولون أن البسملة ليست جزءا من القرآن وإلا لكانت قد قرئت كما يقرأ سائر القرآن في صلاة الجهر.

إذن فنحن أمام اختلاف المسلمين حول ١١٣ جملة {بسم الله الرحمن الرحيم} موجودة في المصحف بعضهم يعتبرها زائدة في القرآن وكتبت فقط تبركا في بداية كل سورة، وبعضهم يعتبرها قرآنا منزلا من الله وجزءا لا يتجزأ من السور القرآنية، فهل هذا الاختلاف يؤيد مقولة من ينادون بأن القرآن معجز في حفظه ولم يتغير منه ولو حرف واحد؟ أعتقد أن وجود ١١٣ جملة مختلف عليها في القرآن هو دليل واضح يهدم نظرية إعجاز حفظ القرآن من التبديل والتغيير.

آية الرجم

ومن بين الأدلة على أن القرآن قد طاله التبديل والتغيير بفعل عوامل كثيرة هو ما قيل عن آية الرجم، حيث جاء في صحيح مسلم: عن عَبْدَ اللَّهِ بْنَ عَبَّاس قال: «قَالَ عُمَرُ بْنُ الْخَطَّاب، وَهُوَ جَالِسٌ عَلَى مِنْبَرِ رَسُولِ اللّه: إِنَّ اللَّهَ قَدْ بَعَثَ مُحَمَّداً بِالْحَقِّ، وَأَنْزَلَ عَلَيْهِ الْكِتَاب، فَكَانَ مِمَّا أُنْزِلَ عَلَيْهِ آيَةُ الرَّجْم. قَرَأْنَاهَا وَوَعَيْنَاهَا وَعَقَلْنَاهَا، فَرَجَمَ رَسُولُ اللّه وَرَجَمْنَا بَعْدَهُ، فَأَخْشَى، إِنْ طَالَ بِالنَّاسِ زَمَانٌ، أَنْ يَقُولَ قَائِلٌ: مَا نَجِدُ الرَّجْمَ فِي كِتَابِ اللَّه، فَيَضِلُّوا بِتَرْكِ فَرِيضَةٍ أَنْزَلَهَا اللَّه، وَإِنَّ الرَّجْمَ فِي كِتَابِ اللَّهِ حَقٌّ عَلَى مَنْ زَنَى إِذَا أَحْصَنَ، مِنَ الرِّجَالِ وَالنِّسَاءِ، إِذَا قَامَتِ الْبَيِّنَةُ، أَوْ كَانَ الْحَبَلُ أَوْ الاِعْتِرَافُ»[٢].

وجاء في السنن الكبرى: «قالَ عُمَرُ بنُ الخطابِ رضي الله عنه : إِيَّاكُمْ أَنْ تَهْلَكُوا عن آية الرجم، أَن يقولَ قائلٌ: لا نَجِدُ حَدَّيْنِ في كتابِ اللهِ عَزَّ وَجَلَّ، فقد رَجَمَ رسولُ اللهِ صَلَّى اللهُ عَلَيْهِ وَسَلَّمَ وَرَجَمْنَا، فَوَالَّذِي نَفْسِي بِيَدِهِ لَوْلاَ أَنْ يقول النَّاسُ زَادَ عُمَرُ فِي كتابِ اللهِ لَكَتَبْتُهَا: الشَّيْخُ والشَّيْخَةُ إِذَا زَنَيَا فَارْجُمُوهُمَا

---

١. صحيح مسلم، كتاب الصلاة، باب حجة من قال لا يجهر بالبسملة

٢. صحيح مسلم، كتاب الحدود، باب رجم الثيب في الزنى

البَتَّةَ، فَإِنَّا قَدْ قَرَأْنَاهَا.»[1]

وفي مسند الإمام أحمد: «عن عاصم بن بهدلة عن زر قال: قال لي أبي بن كعب: كائن تقرأ سورة الأحزاب أو كائن تعدها؟ قال: قلت له: ثلاثاً وسبعين آية. فقال: «قط، لقد رأيتها وأنها لتعادل سورة البقرة، ولقد قرأنا فيها الشيخ والشيخة إذا زنيا فارجموهما البتة نكالاً من الله، والله عليم حكيم»[2].

وفي سنن النسائي: «عن أبي سهل، قال: حدثتني خالتي قالت: لقد أقرأنا رسول الله آية الرجم: الشيخ والشيخة فارجموهما ألبتة بما قضيا من اللذة.»[3]

إن آية الرجم غنية عن التعريف وقد جاءت في مراجع كثيرة في التراث الإسلامي وتحدثت عنها كتب السيرة، واشتهر عمر بمقولته عنها أنه «لَوْلاَ أَنْ يَقُولَ النَّاسُ زَادَ عُمَرُ فِي كِتَابِ اللهِ لكَتَبها» وبالتالي هل هذه الآية المفقودة والتي لازال المسلمون اليوم يعملون بحكمها تخدم مقولة أن القرآن معجزة في حفظه من التبديل والتغيير؟ وحتى لو قال المسلمون أنها من الآيات المنسوخة حرفا والباقية حكما، فإن هذا لا يزيد الطين إلا بلة! فهل كان عمر يريد أن يضيف آية يعلم أنها منسوخة؟ لماذا لم يقل للجميع بأن هذه الآية منسوخة وانتهى الأمر؟ لماذا نجد أبي بن كعب يدخلها في إطار آيات كثيرة محذوفة أو مفقودة من سورة الأحزاب؟ وهل كانت تقرأ هكذا: «الشيخ والشيخة إذا زنيا فارجموهما البتة نكالاً من الله»؟ أم هكذا «الشيخ والشيخة فارجموهما ألبتة بما قضيا من اللذة»؟ إنها أسئلة كثيرة أجد من الصعب على أي باحث أن يقبل بعدها أن القرآن ظل محفوظا دون أن يتغير منه حرف واحد، فهذه شعارات مطاطة لا تصمد أمام أبسط بحث يقوم على الدليل والحجة.

آيات مفقودة

ليست آية الرجم هي الوحيدة التي فقدت من القرآن فحاول فقهاء الإسلام إيجاد حل فقهي يعفيهم من التفكير والتدبير فقالوا أنها من المنسوخ حرفا والباقي حكما، بل هناك عدد كبير من الآيات التي أخبرتنا النصوص الإسلامية

---

١. السنن الكبرى للبيهقي، كتاب الحدود، باب ما يستدل به على أن جلد المائة ثابت على البكرين الحرين ومنسوخ عن الثيبين وأن الرجم ثابت على الثيبين الحرين

٢. مسند الإمام أحمد حديث زر بن حبيش عن أبي بن كعب.

٣. سنن النسائي، كتاب الرجم، نسخ الجلد عن الثيب

أنها مفقودة من القرآن أو نسيها محمد لسبب أو لآخر، وفي هذا الإطار نقرأ النصوص التالية:

حدّثنا محمدُ بن عُبيدِ بنِ ميمونٍ أخبرنا عيسى بنُ يونسَ عن هشامٍ عن أبيه عن عائشةَ رضي الله عنها قالت: «سَمعَ النبيُّ صلى الله عليه وسلّم رجُلاً يقرأ في المسجد فقال: رَحمَهُ اللهُ، لقد أذكَرَني كذا وكذا آيةً أسقطتُهنَّ من سُورة كذا وكذا»[1].

وفي حديث آخر مروي عَنْ عَائشَةَ أيضا، قَالَتْ: «كَانَ النَّبيُّ يَسْتَمعُ قرَاءَةَ رَجُلٍ في المَسْجِدِ. فَقَالَ: «رَحِمَهُ الله. لَقَدْ أَذْكَرَني آيَةً كُنْتُ أُنْسِيتُهَا»»[2].

هذه كلها نصوص تخبرنا أن الناس كانوا ينسون القرآن بما في ذلك محمد نفسه والذي من المفروض أنه هو الذي أتى بهذا الوحي حتى لو نسيه الناس أجمعون سيكون هو من يذكرهم، لكننا نجد العكس حيث أنه لا يتذكر بعض الآيات إلا حين يقرؤها شخص ما في المسجد، إن كان هذا حصل مع آيات قرئت في المسجد أمام محمد فكم بالحري آيات أخرى ربما لم يجد محمد من يذكره بها؟ هل هذه النصوص تشجعنا على القول بأن القرآن لم يتغير حرف واحد منه أم أنها تدفعنا إلى القول بأن الله وحده أعلم كم وصلنا من القرآن الذي أملاه محمد، وكم آية بقيت هي نفسها كما قيلت في أول يوم، ولتأكيد استنتاجنا بأن ظاهرة نسيان آيات من القرآن كانت متفشية بين الجميع ندرج النصوص التالية:

«عَنْ أَبي وَائلِ عَنْ عَبْد اللّه، قَالَ: قَالَ رَسُولُ اللّه صلى الله عليه وسلم: «بئْسَمَا لأحدهم أن يَقُولَ: نَسيتُ آيَةَ كَيْتَ وَكَيْتَ. بَلْ هُوَ نُسِّيَ. اسْتَذْكرُوا الْقُرْآنَ. فَلَهُوَ أَشَدُّ تَفَصِّياً منْ صُدُور الرِّجَال منَ النِّعَم بعُقُلهَا»»[3] وعَنْ شَقيق بْن سَلَمَةَ. قَالَ: سَمعْتُ ابْنَ مَسْعُود، يَقُولُ سَمعْتُ رَسُولَ اللّه يَقُولُ: «بئْسَمَا للرَّجُلِ أَنْ يَقُولَ نَسيتُ سُورَةَ كَيْتَ وَكَيْتَ. أَوْ نَسيتُ آيَةَ كَيْتَ وَكَيْتَ. بَلْ هُوَ نُسِّيَ.»[4]

هذه الأحاديث تؤكد لنا شيئا واحدا أن الناس كانوا ينسون آيات كثيرة بل

---

١. صحيح البخاري كتاب الشهادات باب شهادة الأعمى وأمره ونكاحه

٢. صحيح مسلم،كتاب صلاة المسافرين وقصرها، باب الأمر بتعهد القرآن، وكراهة قول نسيت آية كذا، وجواز قول أنسيتها

٣. صحيح مسلم،كتاب صلاة المسافرين وقصرها، باب الأمر بتعهد القرآن، وكراهة قول نسيت آية كذا، وجواز قول أنسيتها

٤. صحيح مسلم،كتاب صلاة المسافرين وقصرها، باب الأمر بتعهد القرآن، وكراهة قول نسيت آية كذا، وجواز قول أنسيتها

وسورا بأكملها أحيانا وهذا ما عناه الحديث بقوله «سورة كيت وكيت»، وهذا راجع لكون القرآن يسهل نسيانه «أشد تفصيا من صدور الرجال من النعم بعقلها» بمعنى هو أشد تفلتا من الإبل، وهو كناية على شدة قابليته للنسيان، وبالرغم من أن محمدا ينهى عن القول بأن الإنسان ينسى من نفسه بل هو يُنَسَّى عن قصد، فإن هذا لا ينفي تعرض آيات كثيرة من القرآن للضياع، ومحاولة تبريرها بالاعتقاد أن الله هو الذي ينسي الإنسان تطرح بنا إلى دائرة أخرى من الأسئلة التي لا جواب لها، مثل: ما الغاية من إنزال هذه الآيات إن كان الله سينسيها للناس؟ ولماذا لا ينساها الجميع مرة واحدة حيث نجد رجلا يتذكرها ويصلي بها بينما محمد قد أنساها له الله؟ ولماذا يترك محمد الناس يصلون بها وهي من الآيات التي نسخها الله (عن طريق النسيان)؟ إن محاولة تبرير نسيان الناس للقرآن تظهر لنا حيرة الناس أمام هذه الظاهرة وتعارضها مع آيات قرآنية أخرى يتعهد فيها صاحب القرآن بأنه سيحفظه من أي شيء {إنا نحن نزلنا الذكر وإنا له لحافظون}[١] والحفظ هنا يشمل حتى حفظه من النسيان {سنقرؤك فلا تنسى إلا ماشاء الله}[٢] وعبارة ما شاء الله هنا هي استثناء آخر لتبرير ما حصل من نسيان للقرآن، لأن السؤال المطروح هل هناك نسيان في هذا الوجود لم يشأه الله؟ وهل يستطيع هذا النسيان أن يحصل ضد مشيئة الله؟ أسئلة كثيرة قد يحتاج المرء كتبا أخرى لمعالجتها لكننا سنكتفي هنا بالقول أن نسيان القرآن دليل آخر يضاف إلى الأدلة التي تثبت أن إعجاز القرآن المزعوم في حفظه هو إعجاز لا وجود له. وبهذه المناسبة أسوق نصوصا أخرى لأقطع للقارئ الشك باليقين أن ما فقد من القرآن لم يكن بالشيء القليل: «عَنْ عَاصِمٍ قَالَ: «سَمِعْتُ زِرَّ بْنَ حُبَيْشٍ» يُحَدِّثُ عَنْ أُبَيِّ بْنِ كَعْبٍ أَنَّ رَسُولَ اللهِ قَالَ لَهُ: إِنَّ اللَّهَ أَمَرَنِي أَنْ أَقْرَأَ عَلَيْكَ فَقَرَأَ عَلَيْهِ {لَمْ يَكُنِ الَّذِينَ كَفَرُوا مِنْ أَهْلِ الْكِتَابِ} فَقَرَأَ فِيهَا: إِنَّ ذَاتَ الدين عِنْدَ اللَّهِ الْحَنِيفِيَّةُ الْمُسْلِمَةُ لاَ الْيَهُودِيَّةُ وَلا النَّصْرَانِيَّةُ، مَنْ يَعْمَلْ خَيْراً فَلَنْ يَكْفُرَهُ، وَقَرَأَ عَلَيْهِ: وَلَوْ أَنَّ لاِبْنِ آدَمَ وَادِياً مِنْ مَالٍ لاَبْتَغَى إِلَيْهِ ثَانِياً، وَلَوْ كَانَ لَهُ ثَانِياً لاَبْتَغَى إِلَيْهِ ثَالِثاً،

---

١. سورة الحجر آية ٩

٢. سورة الأعلى آيات ٦ و٧

وَلا يَمْلأُ جَوْفَ ابْنِ آدَمَ إلاّ التُّرَابُ، وَيَتُوبُ اللّهُ عَلَى مَنْ تَابَ»[١]. وعن عمر رضي الله عنه أنه قال: «إن الله عز وجل بعث محمداً صلى الله عليه وسلّم بالحق، وأنزل معه الكتاب فكان مما أنزل عليه آية الرجم، فرجم رسول الله صلى الله عليه وسلّم ورجمنا بعده، ثم قال: قد كنا نقرأ ولا ترغبوا عن آبائكم فإنه كفر بكم، أو إن كفرا بكم أن ترغبوا عن آبائكم، ثم إن رسول الله صلى الله عليه وسلّم قال: لا تُطروني كما أُطري ابن مريم وإنما أنا عبد فقولوا: عبده ورسوله»[٢].

فهل بعد هذا كله سيجرؤ شخص ما على القول بأن القرآن لم يتبدل منه ولو حرف واحد؟ إن فكرة حفظ القرآن هي فكرة مثالية، لكنها تصطدم اصطداما كليا مع الواقع ومع النصوص، وبالتالي قد تصلح لخطيب يريد أن يلهب مشاعر الناس لكنها بالنسبة للباحث الجاد ماهي إلا شعار مطاط لا يثبت أمام الأدلة.

سور مفقودة

تحدثنا عن فقدان آيات كثيرة من القرآن ولمحنا إلى نسيان سور كاملة من القرآن كما قال ابن مسعود، وفي هذا الموضع سنشير إلى بعض السور التي أشار الكتاب إلى وجودها في بعض المصاحف لكنها اختفت من مصاحف أخرى، حيث نجد مثلا مصحف أبي بن كعب قد ضم سورتي الخلع والحفد وجعلهما قرآنا يتلى، حيث يقول النص: «وفي مصحف أبيّ بن كعب في مصحفه فاتحة الكتاب والمعوذتين واللهم إنا نستعينك واللهم إياك نعبد وتركهن ابن مسعود»[٣]. إذن منذ العهد الأول للقرآن نجد اختلافا بين المصاحف، فهل هذا الاختلاف يخدم مصلحة من قالوا بحفظ القرآن من التبديل والتغيير؟ أما في النص التالي فإننا نقرأ شيئا آخر: «عَنْ أَبِي حَرْبِ بْنِ أَبِي الأَسْوَدِ عَنْ أَبِيهِ، قَالَ: بَعَثَ أَبُو مُوسَى الأَشْعَرِيُّ إِلَى قُرَّاءِ أَهْلِ الْبَصْرَةِ. فَدَخَلَ عَلَيْهِ ثَلاَثُمِائَةِ رَجُلٍ قَدْ قَرَأُوا الْقُرْآنَ. فَقَالَ: أَنْتُمْ خِيَارُ أَهْلِ الْبَصْرَةِ وَقُرَّاؤُهُمْ. فَاتْلُوهُ. وَلاَ يَطُولَنَّ عَلَيْكُمُ الأَمَدُ فَتَقْسُوَ قُلُوبُكُمْ كَمَا قَسَتْ قُلُوبُ مَنْ كَانَ قَبْلَكُمْ. وَإِنَّا كُنَّا نَقْرَأُ سُورَةً. كُنَّا نُشَبِّهُهَا فِي الطُّولِ وَالشِّدَّةِ بِسُورَةِ بَرَاءَةَ. فَأُنْسِيتُهَا. غَيْرَ أَنِّي قَدْ حَفِظْتُ مِنْهَا: لَوْ كَانَ لاِبْنِ آدَمَ وَادِيَانِ

١. سنن الترمذي كتاب المناقب عن رسول الله، باب مناقب مُعَاذِ بن جَبَلٍ وَزَيْدِ بن ثَابِتٍ وَأُبَيٍّ بن كَعْبٍ وأبي عُبَيْدَةَ بن الْجَرَّاحِ

٢. مسند أحمد، مسند عمر ابن الخطاب رضي الله عنه.

٣. الإتقان في علوم القرآن جزء ١ ص ٦٦

منْ مَالٍ لاَبْتَغَى وَادياً ثَالثاً. وَلاَ يَمْلأُ جَوْفَ ابْنِ آدَمَ إلاَّ التُّرَابُ. وَكُنَّا نَقْرَأُ سُورَةً كُنَّا نُشَبِّهُهَا بِإحْدَى المُسَبِّحَات. فَأُنْسيتُهَا. غَيْرَ أَنِّي حَفظْتُ منْهَا: يَا أَيُّهَا الَّذينَ آمَنُوا لمَ تَقُولُونَ مَا لا تَفْعَلُونَ. فَتُكْتَبُ شَهَادَةً في أَعْنَاقكُمْ. فَتُسْأَلُونَ عَنْهَا يَوْمَ الْقيَامَة.[1] إذن من خلال هذا النص نجد أبا موسى الأشعري يعترف بأن سورة بكاملها قد نسيها ولا يتذكر منها إلا آية واحدة وكانت في الطول توازي سورة التوبة، فهل اختفاء سورة بكاملها تتكون من حوالي ١٢٩ آية (طول سورة التوبة) لا يكفي كدليل على تعرض القرآن للنسيان والتغيير والتبديل؟

سور أو آيات مضافة

يخبرنا النص التالي أن مصحف أبي كانت فيه آيات مضافة للقرآن الحالي الذي نعرفه:

«عن عمرو عن بَجَالَةَ أَوْ غيره قالَ: مَرَّ عُمَرُ بنُ الخطاب رضي الله عنه بغلام وهو يقرأُ في المُصْحَف {النَّبيُّ أَوْلَى بالمُؤْمنينَ منْ أَنْفُسهمْ وَأَزْوَاجُهُ أُمَّهَاتُهُمْ وهوَ أَبٌ لَهُمْ}، فقالَ: يا غلامُ حُكَّهَا، قالَ: هَذَا مُصْحَفُ أُبَيّ، فَذَهَبَ إليه فَسَأَلَهُ، فقالَ: إنَّهُ كانَ يُلْهيني القرآنُ، ويُلْهيكَ الصَّفْقُ بالأسواق.»[2]

الآيات المشار إليها في النص هي من سورة الأحزاب آية ٦ لكنها لا تحوي «وهو أب لهم» ويؤكد أبي بن كعب أنها جزء من القرآن وهو أعلم من عمر بن الخطاب في هذا الأمر لأن القرآن كان اهتمامه الأول حين كان اهتمام عمر منصبا نحو الأسواق.

والجميع يعرف قصة ابن مسعود مع المعوذتين حيث لم يتضمنهما مصحفه، وأشار إلى ذلك العديد من الكتاب المسلمين، حيث أورد السيوطي في كتابه الإتقان: «وفي مصحف ابن مسعود مائة واثنتا عشرة سورة لأنه لم يكتب المعوذتين»[3] وأخرج أحمد والبزار والطبراني وابن مردويه من طرق صحيحة عن ابن عباس وابن مسعود «أنه كان يحك المعوذتين من المصحف ويقول: لا تخلطوا القرآن بما ليس منه، إنهما ليستا من كتاب الله، إنما أمر النبي صلى الله عليه وسلم أن يتعوذ

---

١. صحيح مسلم، كتاب الزكاة، باب لو أن لابن آدم واديين لابتغى ثالثا

٢. السنن الكبرى للبيهقي، باب ما خص به من أن أزواجه أمهات المؤمنين وأنه يحرم نكاحهن من بعده على جميع العالمين.

٣. الإتقان في علوم القرآن جزء ١ ص ٦٦

بهما، وكان ابن مسعود لا يقرأ بهما»[١]. وأخرج أحمد والبخاري والنسائي وابن الضريس وابن الأنباري وابن حبان وابن مردويه عن زر بن حبيش قال: أتيت المدينة فلقيت أبي بن كعب فقلت: يا أبا المنذر إني رأيت ابن مسعود لا يكتب المعوذتين في مصحفه، فقال: أما والذي بعث محمدا بالحق قد سألت رسول الله صلى الله عليه وسلم عنهما وما سألني عنهما أحد منذ سألته غيرك. قال: «قيل لي قل فقلت فقولوا»، فنحن نقول كما قال رسول الله صلى الله عليه وسلم. وأنبأ أبو عبد الله الحافظ أنبأ أبو بكر بن إسحاقَ أنبأ بشر بن موسى ثنا الحُمَيْدِيُّ ثنا سفيانُ ثنا عَبْدَةُ بنُ أبي لُبَابَةَ وعاصم ابنُ بَهْدَلَةَ أنهما سمعا زِرَّ بنَ حُبَيْش يقولُ: سألتُ أُبَيَّ بنَ كَعْب عن المُعَوِّذَتَيْنِ فقلتُ: يا أبا المُنْذِرِ: إنَّ أَخَاكَ ابنَ مسعود يَحُكُّهُما من المُصْحَف، قالَ: إنِّي سألتُ رسولَ الله قال: (فقالَ: «قيلَ لي فقلتُ»). فنحنُ نقولُ كَمَا قَالَ رسولُ الله. رواه البخاري في الصحيح عن قُتَيْبَةَ وعليِّ بنِ عبد الله عن سفيانَ.[٢]

فهاهو ابن مسعود الذي قال عنه محمد أنه أحد الأربعة الذين ينبغي أن يأخذ المسلمون عنهم القرآن[٣] يقول بأن المعوذتين ليستا من القرآن وكان يحكهما من مصحفه، ومهما قدم المسلمون من تبريرات فإن السؤال الذي يطرح نفسه: إن كانت هذه الاختلافات حدثت في العصر الأول للإسلام وفي سور من المفروض أنها أقصر السور وأكثرها شهرة وأسهلها حفظا فما الذي حصل ياترى لآيات وسور أخرى لم تحظ بنفس المميزات؟

قراءات مختلفة

الدليل الآخر الذي أسوقه هنا للاستدلال على أن القرآن قد تبدل وتغير بسبب عوامل متعددة، هو القراءات المختلفة للعديد من الآيات القرآنية والتي تقلب المعنى أحيانا كثيرة وتجعل من الصعب على الباحث أن يتقبل فكرة أن القرآن لم يتبدل فيه أي حرف أو آية، لن أسوق إلا بعض الأمثلة من سور متفرقة حتى أتجنب الإطالة في هذا الباب:

---

١. الدر المنثول لجلال الدين السيوطي، في حديثه عن سورة الفلق الآية ١ (ج ٨ ص ٦٨٣)

٢. السنن الكبرى للبيهقي، جماع أبوب القراءة، باب في المعوذتين (جزء ٣ ص ٣٧٧)

٣. «خُذوا القرآنَ من أربعةٍ، من عبدِ الله بن مسعودٍ، وسالمٍ مَولى أبي حُذيفةَ، ومُعاذِ بن جبلٍ، وأبيِّ بن كعبٍ» . صحيح البخاري

من سورة البقرة نجد الآية تقول: {فَأَزَلَّهُمَا الشَّيْطَانُ عَنْهَا فَأَخْرَجَهُمَا مِمَّا كَانَا فِيهِ}[١] يقول الطبري في تفسيره «قال أبو جعفر: اختلف القرّاء في قراءة ذلك فقرأته عامتهم: فأزلَّهما بتشديد اللام، بمعنى استزلهما من قولك: زلّ الرجل في دينه: إذا هفا فيه وأخطأ فأتى ما ليس له إتيانه فيه.. وقرأه آخرون: «فأزالهما»، بمعنى إزالة الشيء عن الشيء، وذلك تنحيته عنه»[٢] إذن فهل الأصل هو أزلهما أم أزالهما؟ ألا يدل هذا الاختلاف أن القرآن قد تغير من شخص لآخر؟

أما الآية التالية {وَلِكُلٍّ وِجْهَةٌ هُوَ مُوَلِّيهَا}[٣] وهي في سورة البقرة أيضا فقد جاء عنها في المصادر الإسلامية ما نصه «حدثنا ابن حميد، قال: حدثنا جرير، قال: قلت لمنصور: وَلِكُلٍّ وِجْهَةٌ هُوَ مُوَلِّيها قال: نحن نقرؤها: ولكلّ جعلنا قبلة يرضونها»[٤] أليس هذا تغيير لثلاث كلمات: «وجهة» ليست هي «قبلة»، و«موليها» ليست هي «يرضونها»، ثم إضافة كلمة «جعلنا»، فهل هذا يوافق مقولة من يقولون أن القرآن لم يتغير فيه حرف واحد؟

جاء في سورة النساء: {فَمَا اسْتَمْتَعْتُم بِهِ مِنْهُنَّ فَآتُوهُنَّ أُجُورَهُنَّ فَرِيضَةً}[٥] هكذا نقرؤها اليوم في مصحف عثمان، لكن نقرأ في كتاب المصاحف عن سعيد بن جبير «فما استمتعتم به منهن إلى أجل مسمى، وقال هذه قراءة أبي بن كعب»[٦]. ها هي ثلاث كلمات أخرى مضافة إلى الآية في مصحف أبي بن كعب، وهذه الثلاث كلمات ليست مجرد حروف جر أو شيء من هذا القبيل بل كلمات تضيف مسألة الأجل للآية مما يؤثر على المعنى الأصلي، وهذا يتعارض كليا مع أحلام من يؤمن بأن القرآن لم يتغير فيه ولو حرف واحد.

أما في سورة المائدة فإننا نقرأ اليوم في المصحف الذي بين أيدينا قول القرآن: {فَصِيَامُ ثَلاثَةِ أَيَّامٍ ذَلِكَ كَفَّارَةُ أَيْمَانِكُمْ}[٧] لكن هذا لم يكن عليه الحال في مصحف أبي بن كعب حيث نقرأ: «حدثنا عبد الله بن أبي جعفر، عن أبيه، عن الربيع قال:

---

١. البقرة ٣٦
٢. تفسير الطبري للبقرة ٣٦
٣. البقرة ١٤٨
٤. كتاب المصاحف لابن أبي داود، مصحف ابن مسعود، وأيضا تفسير الطبري لسورة البقرة آية ١٤٨
٥. سورة النساء آية ٢٤
٦. المصاحف لابن أبي داود، مصحف أبي بن كعب
٧. المائدة ٨٩

كانت «في قراءة أبي بن كعب (فصيام ثلاثة أيام متتابعات في كفارة اليمين) قال عبد الله بن أبي داود: لا نرى أن نقرأ القرآن إلا لمصحف عثمان الذي اجتمع عليه أصحاب النبي صلى الله عليه وسلم، فإن قرأ إنسان بخلافه في الصلاة أمرته بالإعادة»[١] إذن نجد قراءة أبي بن كعب تضيف كلمة «متتابعات» مما يضيف شرطا زمنيا آخر لصيام الكفارة، ثم هناك تغيير من «كفارة أيمانكم» إلى «كفارة اليمين»، فهل هذا ليس كافيا للباحث المنصف أن يدرك كل الإدراك بأن القرآن قد تغير بسبب عوامل كثيرة؟ قد أقبل أنا شخصيا بأن الخطوط الرئيسية للقرآن قد بقيت ولم تتبدل لكن المعلومات المتوفرة لدينا اليوم لا تؤيد على الإطلاق من يريد أن يثبت العصمة الكلية للقرآن من تغيير أي كلمة فيه.

أما سورة العصر فهي كالتالي: {وَالْعَصْرِ، إِنَّ الإِنسَانَ لَفِي خُسْرٍ، إِلاَّ الَّذِينَ آمَنُوا وَعَمِلُوا الصَّالِحَاتِ وَتَوَاصَوْا بِالْحَقِّ وَتَوَاصَوْا بِالصَّبْرِ}[٢] لكن نقرأ أن ابن مسعود قرأها بشكل آخر يتضح من خلال الرواية التالية: «حدثنا جعفر بن برقان قال: سمعت ميمون بن مهران يقول، وتلا هذه السورة : «والعصر. إن الإنسان لفي خسر. وإنه فيه إلى آخر الدهر. إلا الذين آمنوا وعملوا الصالحات وتواصوا بالصبر، ذكر أنها في قراءة عبد الله بن مسعود»»[٣] لقد أضيف إلى السورة قوله «وإنه فيه إلى آخر الدهر» وقد تم حذف قوله {وتواصوا بالحق} فهل هذا لا يكفي دليلا على أن التغيير قد طال القرآن في كلمات وآيات كثيرة.

جاء في سورة البقرة {حَافِظُواْ عَلَى الصَّلَوَاتِ وَالصَّلاَةِ الْوُسْطَى وَقُومُواْ لِلّهِ قَانِتِينَ}[٤] لكن السيدة عائشة زوج محمد تخبرنا أنها سمعت من زوجها الآية بشكل آخرحيث جاء في صحيح مسلم: «وحدّثنا يَحْيَى بْنُ يَحْيَى التَّمِيمِي . قَالَ: قَرَأْتُ عَلَى مَالك عَنْ زَيْدِ بْنِ أَسْلَمَ عَنِ الْقَعْقَاعِ بْنِ حَكِيمٍ عَنْ أَبِي يُونُسَ مَوْلَى عَائِشَةَ، أَنَّهُ قَالَ: أَمَرَتْنِي عَائِشَةُ أَنْ أَكْتُبَ لَهَا مُصْحَفاً. وَقَالَتْ: إِذَا بَلَغْتَ هذه الآيَةَ فَآذِنِّي: {حَافِظُوا عَلَى الصَّلَوَاتِ وَالصَّلاَةِ الْوُسْطَى} (البقرة الآية: ٢٣٨) فَلَمَّا بَلَغْتُهَا آذَنْتُهَا. فَأَمْلَتْ عَلَيَّ قَوْلَهُ تَعَالَى: حَافِظُوا عَلَى الصَّلَوَاتِ وَالصَّلاَةِ الْوُسْطَى وَصَلاَةِ

١. المصاحف لابن أبي داود، مصحف أبي بن كعب

٢. سورة العصر

٣. المصاحف لابن أبي داود، مصحف عبد الله ابن مسعود

٤. البقرة ٢٣٨

الْعَصْرِ، وَقُومُوا لله قَانِتِينَ. قَالَتْ عَائِشَةُ: سَمِعْتُهَا مِنْ رَسُولِ اللَّهِ»[١] فعائشة ترى بأن الآية الأصلية تحتوي على كلمتين إضافيتين «وصلاة العصر» فهل قول عائشة يؤكد لنا بأن القرآن لم يتبدل ولم تتغير أي كلمة فيه؟

سأكتفي بهذا القدر من الآيات على سبيل المثال لا الحصر، لأن عددها كثير جدا في هذا المقام وكلها تؤكد لنا بأن القرآن قد تغير وتبدل، وأن الاختلاف حولها موجود سواء بين العلماء أو الصحابة أو القراء، وهذا الاختلاف هو الدليل الأكبر على أن القرآن قد تغير وتبدل وحذف منه وزيد عليه.

١. صحيح مسلم، كتاب الصلاة، باب الدليل لمن قال الصلاة الوسطى هي صلاة العصر

١٤
مثـــل القـــرآن

"وهل يستطيع اليوم أمهر الكتاب وأعلاهم شأنا أن يأتي بمثل القرآن أو بمثل سورة من سوره؟ بل إنه لا أحد من الشعراء اليوم يمكن أن يأتي بشعر يماثل شعر المتنبي مثلا، ولا بخطبة مماثلة لخطبة قس بن ساعدة، أو بمقامة من جنس مقامات الهمذاني أو الحريري، بل ولا بقصائد تتطابق مع قصائد نزار قباني"

محمد عابد الجابري

مثل القرآن

يقول الدكتور محمد عابد الجابري: «وهل يستطيع اليوم أمهر الكتاب وأعلاهم شأنا أن يأتي بمثل القرآن أو بمثل سورة من سوره؟ بل إنه لا أحد من الشعراء اليوم يمكن أن يأتي بشعر يماثل شعر المتنبي مثلا، ولا بخطبة مماثلة لخطبة قس بن ساعدة، أو بمقامة من جنس مقامات الهمذاني أو الحريري، بل ولا بقصائد تتطابق مع قصائد نزار قباني. ذلك لأن الإبداع في القول، كما في الرسم والنحت، كما في الفكر والفلسفة، لا يمكن تقليده، لسبب بسيط هو أن التقليد هو بالتعريف: غير الإبداع»[١]. أتفق كليا مع الدكتور الجابري في قوله هذا إن كان المقصود فقط أن كل عمل إبداعي هو تجربة فريدة، وأن كل محاولة لمحاكاتها ستكون مجرد تقليد ونقل ليس إلا، وبالتالي فتحدي القرآن لا معنى له في هذا الإطار، لأن أي محاولة للإتيان بسورة من سور القرآن سيقول عنها الناس أنها مجرد تقليد وليست بالعمل الأصلي، فهل

١. مدخل إلى القرآن الكريم، الجزء الأول ص ٩٤

يمكن أن تأتي بلوحة مماثلة لأعمال بيكاسو أو ليوناردو دافينشي مثلا؟ كل لوحة تحاول محاكاة تلك الأعمال ستكون مجرد تقليد لها وبالتالي لن تكون لها نفس القيمة، بل ويمكنني أن أقول وبكل ثقة أن أي إنسان على وجه الأرض لن يستطيع أن يأتي بمثل أي كتاب كيفما كان هذا الكتاب، لأنه إن حاول سيقع في مصيدة التقليد لا محالة! ولهذا كان ينبغي على التحدي أن يكون دقيقا ومحددا، لا مجرد تحدي فضفاض يصح قوله على أي كتاب أو أي عمل مهما كان نوعه، ومع ذلك سنحاول في هذا الإطار سرد بعض الآيات التي كانت مشابهة للقرآن بل أكثر قوة منه وأن التاريخ الإسلامي حاول قدر الإمكان طمس معالمها ليحاول التأكيد على تفرد القرآن واعتبار ذلك التفرد معجزة خالدة!

عبد الله بن أبي سرح

{ومن أظلم ممن افترى على الله كذبا أو قال أوحي إلي ولم يوح إليه شيء ومن قال سأنزل مثل ما أنزل الله}[1] قال الطبري في تفسيره لهذه الآية: «نزلت في عبد الله بن سعد بن أبي سرح أسلم، وكان يكتب للنبيّ صلى الله عليه وسلّم، فكان إذا أملى عليه «سميعا عليما»، كتب هو: «عليما حكيما» وإذا قال: «عليما حكيما» كتب: «سميعا عليما». فشكّ وكفر، وقال: إن كان محمد يوحى إليه فقد أوحيَ إليّ، وإن كان الله ينزله فقد أنزلت مثل ما أنزل الله، قال محمد: «سميعا عليما»، فقلت أنا: «عليما حكيما».»[2] وفي رواية أخرى: «كان يكتب للنبي صلى الله عليه وسلّم، وكان فيما يُملِي «عزيز حكيم»، فيكتب «غفور رحيم»، فيغيره، ثم يقرأ عليه كذا وكذا لما حوّل، فيقول: «نَعَمْ سواء» فرجع عن الإسلام ولحق بقريش وقال لهم: لقد كان ينزل عليه «عزيز حكيم»، فأحوّله ثم أقول لما أكتب، فيقول نعم سواء»[3]. أما القرطبي فيعطينا وجهة نظر أخرى في الموضوع نفسه حيث قال: «والمراد عبد الله بن أبي سَرْح الذي كان يكتب الوَحْيَ لرسول الله صلى الله عليه وسلّم، ثم ارتدّ ولَحق بالمشركين. وسبب ذلك فيما ذكر المفسرون: أنه لما نزلت الآية التي في «المؤمنون»: {وَلَقَدْ خَلَقْنَا الْإِنسَانَ مِن سُلَالَةٍ مِّن طِينٍ} المؤمنون: ١٢ دعاه النبيّ صلى الله عليه وسلّم فأملاها عليه؛ فلما انتهى إلى قوله {ثُمَّ أَنشَأْنَاهُ خَلْقاً آخَرَ} عَجِب عبد الله في تفصيل خلق الإنسان

١. الأنعام آية ٩٣
٢. تفسير الطبري للأنعام ٩٣
٣. تفسير الطبري لسورة الأنعام ٩٣

فقال: {تَبَارَكَ اللَّهُ أَحْسَنُ الْخَالِقِينَ}. فقال رسول الله صلى الله عليه وسلّم: «هكذا أنزلت عليّ» فشك عبد الله حينئذ وقال: لئن كان محمد صادقاً لقد أوحِيَ إليّ كما أوحِي إليه، ولئن كان كاذباً لقد قلتُ كما قال. فارتدّ عن الإسلام ولحِق بالمشركين؛ فذلك قوله: «وَمَنْ قَالَ سَأُنْزِلُ مِثْلَ مَا أَنْزَلَ اللَّهُ» رواه الكلبي عن ابن عباس»[١].

لقد ارتد عبد الله بن أبي سرح وكان من بين حالات الارتداد الأولى التي حدثت في بداية الإسلام وقد كان من بين كتبة الوحي، وعلم كيف تتم عملية الكتابة وكان وقع تلك الردة شديدا على محمد خصوصا وأنه أفشى حتى أسرار عملية الوحي، وقال أنه كان يكتب ما شاء فيجاريه محمد ويقول له هكذا أنزلت، ولذلك نفهم لماذا أمر محمد بقتله عندما دخل مكة لأنه لم ينس جرح تلك الحادثة: «فلما دخل رسول الله صلى الله عليه وسلّم مكة أمر بقتله وقتل عبد الله بن خَطَل ومِقْيَس بن صُبَابة ولو وُجدوا تحت أستار الكعبة؛ ففرّ عبد الله بن أبي سرح إلى عثمان رضي الله عنه، وكان أخاه من الرضاعة، أرضعت أمُّه عثمانَ، فغيّبه عثمان حتى أتى به رسول الله صلى الله عليه وسلّم بعد ما اطمأن أهل مكة فاستأمنه له؛ فصمَت رسول الله صلى الله عليه وسلّم طويلاً ثم قال: «نعم». فلما انصرف عثمان قال رسول الله صلى الله عليه وسلّم: «ما صَمَتُّ إلا ليقوم إليه بعضُكم فيضربَ عُنُقَه».»[٢]

الأسئلة التي تطرح نفسها في هذه القصة كثيرة وتجيب على مواضيع أخرى طرحت في هذا الكتاب:

لماذا لم نر تعجب عبد الله بن أبي سرح من هذا الكلام الذي يخرج من فم أمي لا يعرف القراءة والكتابة؟ بل على العكس من ذلك نرى أنه قد ارتد وتأكد بأن وحي محمد ما هو إلا ادعاء وتأليف، لماذا لم يشر من بعيد ولا من قريب إلى إعجاز «الأمية» الذي صار حجة يكاد لا يخلو منها أي كتاب إسلامي؟ وإن قال عبد الله بن أبي سرح بأنه يستطيع أن ينزل (مثل ما انزل الله) فلماذا لم نر من محمد قبول هذا التحدي خصوصا وأنه طالب الناس بفعل ذلك إن استطاعوا

---

١. تفسير القرطبي للأنعام ٩٣

٢. تفسير القرطبي للأنعام ٩٣، ووردت في عدة مراجع أخرى من بينها: أسد الغابة باب العين والباء، البداية والنهاية لابن كثير ج ٤ ص ٢٩٢

{قل فاتوا بسورة مثله وادعوا من استطعتم من دون الله ان كنتم صادقين}[١]، بل على عكس المتوقع نجد أن السيف كان هو الجواب على التحدي لم يطلب محمد تشكيل لجنة تقارن بين ما سينزله عبد الله وبين القرآن، بل إن محمدا كان مصرا على قتله حتى لو كان تحت أستار الكعبة «أقدس مقدسات العرب»، بل وكان يتمنى أن يقتله واحد من أصحابه وهو صامت ينتظر إعطاء جواب لعثمان، وفي الأخير كان عفوا على مضض ليس عن اقتناع بل لأجل عثمان بن عفان وهو أمر يدعو للكثير من التساؤلات ليس هذا مكانها، إن عبد الله بن أبي سرح كان من الأوائل الذين تيقنوا أنهم قادرون على الإتيان بمثل القرآن، وفهموا قواعد اللعبة لأنها خيانة من الداخل وإفشاء لأسرار الوحي، هذا ما يفسر ذلك الحقد المطلق الذي كان متمكنا من محمد للتخلص من بن أبي سرح.

مسيلمة بن حبيب الحنفي

شخصية تاريخية أخرى حيك حولها الكثير وكتب عنها الكثير، لكن ما فقدناه عن هذه الشخصية يعد مرجعا من أكبر المراجع التي خسرناها والتي كان من شأنها أن تكشف لنا الكثير من أسرار الدعوة المحمدية، مسيلمة الذي ألحقت به المصادر الإسلامية لقب «الكذاب» حتى صار مرادفا لاسمه يعد أكبر نموذج يرينا ما حصل في التاريخ الإسلامي من طمس وتزييف للكثير من الحقائق والمعطيات.

سنستعرض بعضا من الأقوال التي نسبت لمسيلمة بن حبيب في مختلف المصادر الإسلامية:

«يا ضفدع بنت الضفدعين نقي لكم نقين لا الماء تكدرين ولا الشارب تمنعين رأسك في الماء وذنبك في الطين»

«والمبذرات زرعا والحاصدات حصدا والذاريات قمحا والطاحنات طحنا والخابزات خبزا والثاردات ثردا واللاقمات لقما إهالة وسمنا لقد فضلتم على أهل الوبر وما سبقكم أهل المدر رفيقكم فامنعوه والمعتر فآووه والناعي فواسوه»

«والفيل وما أدراك ما الفيل له زلوم طويل»

«والليل الدامس والذئب الهامس ما قطعت أسد من رطب ولا يابس»

«لقد أنعم الله على الحبلى اخرج منها نسمة تسعى من بين صفاق وحشى»

---

١. يونس ٣٨

«ياوبر ياوبر إنما أنت ايراد وصدر وسائرك حفر نقر»[١]

«والليل الأطخم، والذئب الأدلم، والجذع الأزلم، ما انتهكت «أسيد» من محرم».

«والشاة ألوانها، وأعجبها السود وألبانها، والشاة السوداء واللبن الأبيض: إنه لعجب محض، وقد حرم المذق، فما لكم لا تجتمعون».

«لنا نصف الأرض ولقريش نصفها، ولكن قريشاً قوم يعتدون»[٢]

«إن الله خلق النساء أفواجاً، وجعل الرجال لهن أزواجاً، فنولج فيهن قعساً إيلاجاً، ثم نخرجها إذا شئنا إخراجاً، فينتجن لنا سخالاً نتاجاً»[٣].

هذه مجموعة من أغلب الكلام الذي نُسب لمسيلمة، ويستغرب المرء كيف لشخص كان له كتاب مثل القرآن وكان له دعوة دينية قبل محمد وكان له أتباع يفوقون أتباع محمد أن يكون كلامه ساذجا وسخيفا بهذا الشكل؟ وقد أدرك علماء سخافة هذه الأقوال فلذلك قال الباقلاني:

«فأما كلام مسيلمة الكذاب، وما زعم أنه قرآن، فهو أخس من أن نشتغل به، وأسخف من أن نفكر فيه.. وإنما نقلنا منه طرفاً ليتعجب القارئ، وليتبصر الناظر، فإنه على سخافته قد أضل، وعلى ركاكته قد أزل، وميدان الجهل واسع، ومن نظر فيما نقلناه عنه، وفهم موضع جهله، كان جديراً أن يحمد الله على ما رزقه من فهم، وآتاه من علم.»[٤]

لكن ماخفي على الباقلاني هو أن هذا الكلام منسوب لمسيلمة وإلا فأين كتابه؟ ولماذا تم طمسه من الوجود؟ ألم يكن من الأجدر أن تبقى أقواله محفوظة حتى يظهر للجميع أن أقوال القرآن تفوقها بلاغة وبيانا؟

وقد بلغ برواة المسلمين الحقد على مسيلمة والاستهزاء به أن نسبوا له معجزات سلبية أغربها ما ذكره ابن كثير في البداية والنهاية:

«بلغه أن رسول الله صلى الله عليه وسلم بصق في بئر فغزر ماؤه فبصق في بئر فغاض ماؤه بالكلية وفي أخرى فصار ماؤه أجاجا وتوضأ وسقى بوضوئه نخلا

١. البداية والنهاية لابن كثير، ج ٦ ص ٣٢٥

٢. إعجاز القرآن للباقلاني، نماذج لبلاغة الصحابة والبلغاء، من كلام مسيلمة الكذاب.

٣. إعجاز القرآن الباقلاني، نماذج لبلاغة الصحابة والبلغاء، اجتماع سجاح المتنبئة بمسيلمة الكذاب

٤. إعجاز القرآن الباقلاني، نماذج لبلاغة الصحابة والبلغاء، لا نشتغل بكلام مسيلمة لأنه أسخف ما أن نفكر به

فيبست وهلكت وأتى بولدان يبرك عليهم فجعل يمسح رؤوسهم فمنهم من قرع رأسه ومنهم من لثغ لسانه ويقال إنه دعا لرجل أصابه وجع في عينيه فمسحهما فعمي وقال سيف بن عمر عن خليد بن زفر النمري عن عمير بن طلحة عن أبيه أنه جاء إلى اليمامة، فقال أين مسيلمة؟ فقال: مه! رسول الله، فقال لا حتى أراه، فلما جاء قال: أنت مسيلمة؟ فقال: نعم، قال: من ياتيك؟ قال: رجس، قال: أفي نور أو في ظلمة؟ فقال: في ظلمة، فقال: أشهد أنك كذاب وأن محمداً صادق»[١].

فهل هذا الكلام معقول؟ إن كانت كل معجزاته وكراماته تؤذي الناس فتجعل مياه الآبار تغور وتيبس النخل وتجعل القرع في الرؤوس وتعمي الناس ويأتيه «رجس» في ظلمة.. فهل من المعقول أن يكون له من الأتباع ما يفوق أتباع محمد؟ وهل من المعقول أن يكون له جيش يدافع عنه حتى الموت؟ (بلغ جيش مسيلمة حوالي أربعين ألف مقاتل، في حين أن جيش محمد في أوجه «عام الفتح» لم يتعد عشرة آلاف مقاتل، وهذا يعني حتما أن عدد أتباع مسيملة فاق عدد أتباع محمد على الأقل بثلاثة أضعاف) فهل من المعقول أن يكون لشخصية مهلهلة كالتي يرسمها المسلمون كل هذا التأثير في تابعيه؟ إن المبادئ التي دعا إليها محمد في بداية دعوته مستقاة من مسيلمة في الأصل، ولذلك عندما سمع القريشيون محمدا يقول بسم الله الرحمن الرحيم قالوا: «هذا محمد يذكر رحمان اليمامة» يعنون مسيلمة[٢] ويقول خليل عبد الكريم: «فمما سجلته دواوين السيرة أن من بين السفالات التي كان يوجهها صناديد قريش إلى محمد أنه يستقي معارفه من رحمان اليمامة وهو أحد ألقاب مسيلمة ومنه يمكن أن نستخلص وجوده كنبي كذوب أو متنبئ قبل أن يبشر محمد بدعوته ويجهر بها وأن المكاكوة (أهل مكة) كانوا يعرفون ما يذيعه ولذا نسبوا إليه المبادئ أو الآراء التي فاجأهم بها محمد فيما بعد»[٣] ولذلك نجد من الصعب أن نقبل الأقوال التي نسبت إلى رجل عظيم بهذا المقدار بين بني قومه وقائد ديني وعسكري محنك وهذا ما أدركه كتاب آخرون أيضا حيث قال خليل عبد الكريم في هذا السياق:

«من أبيات الشعر الإباحية المكشوفة التي حملتها بعض الكتب التراثية

---

١. البداية والنهاية لابن كثير، ج٦ ص ٣٢٦

٢. ذكره القرطبي في مقدمة تفسيره

٣. دولة يثرب بصائر في عام الوفود، خليل عبد الكريم ص ١٥٨

ونسبتها إلى مسيلمة يغري بها سجاح على الزواج منه فهي والأسجاع الهزلية التي نسبت إليه والتي قيل أنه ضاهى بها القرآن... فهي من الإضافات المتأخرة لتشويه صورته إذ لا يعقل أن من يسيطر على قبيلتين كبيرتين ويدفع أفرادهما إلى بذل تلك التضحيات الجسام ويكبد أعداءه تلك الخسارات الفوادح، أن يكون بتلك الصورة المزرية وعندما ندرك أنه ما من متنبئ حظي بمثل ما حظي به مسيلمة من تشهير وتحقير وسخرية وهزء من جانب الإخباريين والمؤرخين وأصحاب السير فلا تعليل لذلك إلا أنه رد فعل لتلك المقاومة العنيدة وضرب من الأخذ بالثأر للمئات الذين أهرقت دماؤهم من جرائها»[١].

ويمضي خليل عبد الكريم متحدثا عن مسيلمة قائلا:

«فهو الذي هدد دولة قريش في مفتتح خلافة ابن أبي قحافة تهديدا منكرا ولولا مهارة خالد بن الوليد لكانت في الأمور أمور فلقد قاوم مسيلمة ومعه بنو حنيفة مقاومة ضارية شرسة جيوش الدولة القرشية وبدون الاستراتيجية البارعة التي خططها ابن الوليد المخزومي لما انتصر المسلمون عليهم في معركة بالقرب من عقرباء في حديقة الموت بيد أنه نصر مكلف غاية التكلفة إذ ضحى فيها عدد جسيم من خيار الصحابة والتابعين وخاصة حفظة القرآن (القراء) بأرواحهم»[٢].

وهذا رأي اختاره كتاب آخرون رأوا أن الرويات الإسلامية لم تكن موضوعية في تطرقها لشخصية مسيلمة حيث نجد رشيد الخيون مثلا يقول في كتابه جدل التنزيل:

«ومع ما يراه باحثون عديدون أن الرواية التاريخية كانت منحازة جدا، لأن التاريخ يكتبه المنتصرون، فهزأت بحنيفة وقائدها وأظهرتهم بصورة مهلهلة. ويظهر تناقضها عندما تذكر مظاهر الاستعداد للقتال، وتمجيد خالد بن الوليد قائدا، وتذكر القتلى من قريش وأطرافها بخلق كثير، وتمحو ذنب وحشي قاتل الحمزة بمعركة أحد، عبد من عبيد آل سفيان، بقتله مسيلمة»[٣].

أين قرآن مسلمية إذن؟ أين اختفى ولماذا تم تدميره وطمسه؟ ولماذا تم شن الحرب عليه لو لم يكن يشكل منافسا قويا للإسلام آنذاك؟ ألم يكن إعجاز القرآن

---

١. دولة يثرب بصائر في عام الوفود، خليل عبد الكريم ص ١٥٩

٢. دولة يثرب بصائر في عام الوفود خليل عبد الكريم ص ١٥٧

٣. جدل التنزيل، رشيد الخيون، ص ٨٣

كافيا لثني الآلاف عن اتباع مسيلمة وتحويلهم إلى الإسلام؟ لماذا نجد السيف كان أكثر إقناعا من الإعجاز؟ أيهما أخضع الناس أكثر للإسلام هل السيف أم الإعجاز؟

في كل تاريخ الإسلام، كل من قال رأيه في القرآن واعتبره مجرد كلام عادي يستطيع أن يحاكيه يتعرض للتهديد والقتل، فهذا النضر بن الحارث الذي قال عنه القرآن: {وَإِذَا تُتْلَى عَلَيْهِمْ آيَاتُنَا قَالُواْ قَدْ سَمِعْنَا لَوْ نَشَاء لَقُلْنَا مِثْلَ هَذَا إِنْ هَذَا إِلاَّ أَسَاطِيرُ الأوَّلِينَ}[١] ثم قتله صبرا (جوعا وعطشا) يوم بدر، ورأينا أيضا ما كان سيكون عليه مصير بن أبي سرح لولا تدخل عثمان بن عفان، ورأينا كذلك مصير مسيلمة وغيره، والتاريخ الإسلامي كله يشهد بأن من نقص من القرآن سيكون مصيره القتل إن لم يتب، واليوم يكفي أن يقول أي شخص في أي دولة إسلامية أنه سيأتي بمثل القرآن وأن القرآن كلام بشر وسترى حينها ما سيلاقيه، فأيهما ياترى أكثر إقناعا في التاريخ الإسلامي من بدايته إلى اليوم؟ إعجاز القرآن أم السيف الذي يقنع الناس رغما عنهم بإعجاز القرآن؟

١. سورة الأنفال آية ٣١

خاتمة

إنني أجد نفسي بعد هذا البحث أتساءل عن هذا القرآن الذي يود أن يجعله المسلمون معجزة رغما عنه، ما الذي يؤهل هذا الكتاب لأن يدعى كلام الله؟ أي مقاييس اعتمدها علماء الإسلام؟ هل هو معجز حقا بعد كل ما رأيناه من أدلة؟ وما هو وجه الإعجاز فيه؟ هل ياترى تمسك العلماء بإعجاز القرآن ليغطوا على فشل محمد في الإتيان بمعجزة حسية؟ وهل تحدي القرآن ما هو إلا جعجعة أحدثها محمد ليغطي على أصوات العرب التي ظلت تطارده كل حياته قائلة «ما أنت إلا بشر مثلنا فأت بآية إن كنت من الصادقين»[1] وفي الحقيقة لم أجد أبسط من هذا التحدي الذي عرضوه عليه وهم يعلمون كل العلم إن هو إلا واحد مثلهم ليس لديه ما يميزه عنهم، إذ حتى الكلام المقفى الذي يتلوه عليهم لا يرقى إلى ما ردده أباؤهم وأسلافهم من أشعار تباهوا بها عند الكعبة، وظلوا مصرين على تحديهم قائلين: «فليأتنا بآية كما أرسل الأولون»[2] نعم لقد أرسل الأولون بكتب لكنهم لم يتخذوا هذه الكتب دليلا على صدقهم، لقد كانت الكتب تضم محتوى رسالتهم ولم تكن في يوم من الأيام

---

١. سورة الشعراء آية ١٥٤

٢. سورة الأنبياء آية ٥

آية أو معجزة، ولذلك احتاجوا إلى معجزات وبراهين يثبتون بها صدقهم وصدق كلامهم الذي تم تسطيره فيما بعد في كتب، ولولا تلك المعجزات والآيات لكانت تلك الكتب غير مقدسة، لأن القداسة التي اكتسبتها في نظر الناس لم تكن من الكتب في حد ذاتها بقدر ماكانت بسبب تأكدهم من خلال الآيات أنها كتب ربانية مصدرها الإله الخالق لهذا الكون، وحدهم المسلمون اليوم يريدون منا أن نصدق كلام محمد «القرآن» على أنه وحي من الله وحين نطالبهم بالدليل الخارجي يقولون القرآن هو الدليل! وهكذا ندور في حلقة مفرغة، لقد آن الأوان أن نكسر هذه الحلقة ونضع كل شيء أمام البحث والتمحيص حتى يعرف الجميع هل هذا القرآن فعلا يرقى إلى مستوى المعجزة أم هو مجرد كتاب تعرض لما تعرضت له الكثير من الكتب في تاريخ البشرية، لذلك لن يتوقف بحثي هنا بل سيستمر إلى أوجه أخرى من أوجه الإعجاز المزعوم.

إذن أنهي هذا الجزء عن إعجاز القرآن، لأبدأ الجزء الثاني منه والذي سأخصصه بمشيئة الله عن باقي أوجه الإعجاز القرآني المزعوم.

للتواصل مع الكاتب المرجو الكتابة على هذا الإيميل

MQSA@islamexplained.com